看懂中國及藏傳佛教

呂冬倪——著

前言

當我的第一本拙作《看懂心經》再版，接下來的《看懂禪機》和《看懂證道歌》也有不錯的銷售成績，我就發下一個誓願：我要把我這三十幾年來，對於各大宗教的研究心得，寫成一套「看懂宗教系列叢書」，來和「有緣的讀者們」分享。

我的心願是，希望讓「讀者們」用最短的時間，看懂各大宗教的教義和內涵，讓「讀者們」可以從中選擇自己喜歡的宗教來信仰。在當今世界的政治、經濟和氣候環境，越來越惡劣的情況下，選擇一個讓自己的心靈安心的宗教來信仰，是非常重要的事情。

於是，我花了一年八個月的時間，剛好是在「新冠疫情的期間」，陸續完成《看懂猶太教》、《看懂基督教》、《看懂伊斯蘭教》、《看懂道家》、《看懂道教》、《看懂印度佛教》、《看懂中國及藏傳佛教》、《看懂一貫道》和《看懂北海老人全書》等書，總計九本探討「猶太教」、「基督教」、「伊斯蘭教」、「道家」、「道教」、「印度佛教」、「中國佛教」、「藏傳佛教」和「一貫道」這些宗教的教義和內涵。

這一本《看懂中國及藏傳佛教》，除了簡介「中國及藏傳佛教」之外，還介紹「佛教」的經典，以及「佛教」的《唯識學》。

起初執筆想要寫一本《看懂佛教》，希望夠把「佛教」的內涵，介紹給想要了解「佛教的世界」，以及有興趣「學習佛法」的「讀者們」。

我雖然不是什麼「佛學大師」，但是畢竟在「浩瀚的佛法」裡，也鑽研了三十年之久，總有一些微薄的心得。我想要分享給有緣的「讀者們」，也想要盡一點力量來弘揚「佛法」。

沒想到當我一頭栽進「寫書的世界」裡，源源不絕地把多年的「學佛心得」挖出來的時候，才寫了三分之一，就發現我的「學佛心得」，不是一本書可以裝訂的下的。可是，我又不想用「套書」的方式來出版。

最後幾經思量，決定把「學佛心得」分成兩本書：《看懂印度佛教》和《看懂中國及藏傳佛教》。另外把三個單元：「佛教」的修行心法、「佛教」的經典以及「佛教」的《唯識學》，分別附帶在這兩本書裡。

「釋迦牟尼佛」說，「世間萬法」都是「因緣和合」而成，從構思到成書，無中生有，《看懂印度佛教》和《看懂中國及藏傳佛教》這兩本書，終於問世了，我的內心眞得是法喜充滿。

這兩本書的書名，都冠以「看懂」兩個字，就是希望能夠讓「讀者們」，「看懂」佛教的內涵。

我之前還有出版《看懂心經》、《看懂禪機》和《看懂證道歌》這三本書，再加上《看懂印度佛教》和《看懂中國及藏傳佛教》這兩本書，總計有五本有關「佛教」、「佛法」和「修持心法」的一系列書籍。

我只有一個心願，希望有緣的「讀者們」，在閱讀完這五本《看懂》佛教系列的書籍之後，能夠對學習「佛法」大有幫助。

最後，「讀者們」可以掃描本書背面的QR Code，或者上網瀏覽我設立的《看懂系列叢書網頁》，可以獲得更多的資訊，網址如下：https:\\www.kandonbook.com\

呂冬倪

二〇二三年七月寫於 澳洲．布里斯本．家中

導讀

「佛教」的源頭在「印度」，後來傳到「中國」及「西藏」，融入當地的文化，產生「中國佛教」及「藏傳佛教」。

這本《看懂中國及藏傳佛教》，總共有六大單元，深入探討「中國佛教」及「藏傳佛教」的內涵。

這六大單元探討的重點如下：

（一）第一單元：介紹「中國佛教」的歷史，從「先秦時期、東漢時期、三國時期、魏晉時期、南北朝時期、隋唐時期、五代十國時期、宋朝時期、元朝時期、明朝時期、清朝時期、民國時期」，一直到「台灣時期」。

（二）第二單元：簡介「中國佛教」的派別，包括：「成實宗、地論宗、天台宗、涅槃宗、攝論宗、禪宗、三論宗、律宗、華嚴宗、俱舍宗、毘曇宗、法相宗、淨土宗」和「密宗」。

（三）第三單元：簡介「藏傳佛教」的歷史，包括：「藏傳佛教」的「前弘期」和「後弘期」。

（四）第四單元：介紹「藏傳佛教」的派別，包括：「寧瑪派（紅教）、噶舉派（白教）、薩迦派（花教）、格魯派（黃教）、噶當派、覺朗派、苯教（黑教）」。

（五）第五單元：介紹「佛教」的經典，包括：《佛經》簡介、《般若波羅蜜多心經》、《金剛般若波羅蜜經》、《六祖大師法寶壇經》、《佛說阿彌陀經》、《地藏菩薩本願經》、

《佛說觀彌勒菩薩上生兜率天經》、《佛說彌勒下生經》、《藥師琉璃光如來本願功德經》。

（六）第六單元：介紹「佛教」的《唯識學》，包括：《瑜伽師地論》簡介、《唯識三十頌》簡介、《成唯識論》簡介、《八識規矩頌》簡介、《八識規矩頌》解析。

目錄

第二單元　「中國佛教」的派別

第一單元

「中國佛教」的歷史

公元前五六五年，「釋迦牟尼佛」在「古印度」誕生，三十五歲開悟後，創立了「佛教」。目的是引導衆生了知「宇宙人生的眞相」、「苦樂的眞諦」，以及「離苦得樂的方法」。

「佛教」傳入「中國」和發展，大約是在「東漢明帝」時期，約在公元六十七年左右。最流行的傳說是，「東漢明帝」夢見「金人」，於是遣使求法，立「白馬寺」於「洛陽城」雍門西。「佛教」剛傳入「中國」時，被稱爲「浮屠教」。根據文獻記載，「佛像」可能在此同時傳入「中國」。

根據《善見律毗婆沙》的記載，在「阿育王時代」，「佛教」第三次結集後，曾經派大德「摩訶勒棄多」至「臾那世界（漢地）」；派「末世摩」至「雪山邊國」。

「佛教」由「古印度」傳入「中國」，經過長期的傳播發展，而形成具有中國民族特色的「中國佛教」。由於傳入的時間、途徑、地區和民族文化、社會歷史背景的不同，「中國佛教」形成三大系，卽「漢地佛教（漢語系）、藏傳佛教（藏語系）、雲南地區上座部佛教（巴利語系）」。

「佛教」在「中國」的「南北朝時期」得以弘揚，至「唐代」達到鼎盛。但是，「佛教」在「印度」，卻於十三世紀初消亡，被「印度教」的「商羯羅」趕出了「印度」，而在「中國」卻遍地開花，成爲「大乘佛教」的發展地。「大乘佛教」提倡「發菩提心，行菩薩行。」，利益一切衆生的「菩薩道精神」。

一、先秦時期

實際上，「佛教」在「漢朝」之前，就已經傳入「中國」。例如：「東晉」時期，「王嘉」編寫的「神話志怪小說集」《拾遺記卷四》記載：昭王乃徹色減味，居乎正寢，賜甘需羽衣一襲，表其墟爲「明眞理」也。七年，「沐胥之國」來朝，則「申毒國」之一名也。道術人名「尸羅」。問其年，云：「百三十歲。」荷錫持瓶，云：「發其國五年乃至燕都。」善衒惑之術。於其指端出「浮屠」十層，高三尺，及「諸天神仙」，巧麗特絕。人皆長五六分，列「幢蓋」，鼓舞，繞塔而行，歌唱之音，如「眞人」矣。

意思是說：燕昭王七年（公元前三一七年），「沐胥（即印度）」之國來朝，有道術人名「尸羅」荷錫持瓶，說：「發其國五年乃至燕都」，這可能是「佛法」進入中國的開始。

《列子·仲尼篇》記載：「丘聞西方有聖人焉」，因此「唐代」的「道宣律師」認爲「孔子深知佛爲大聖」。

「東漢」的知名道士「費長房」在《歷代三寶紀》卷一記載：「又始皇時。有諸沙門『釋利防』等十八賢者。賫經來化。『始皇』弗從。遂禁『利防』等。夜有『金剛』丈六人來破獄出之。『始皇』驚怖稽首謝焉。」

意思是說：秦始皇四年（公元前二四三年），沙門「釋利防」等十八位「賢者」，攜帶「佛經」來渡化「秦始皇」，「秦始皇」不信「佛教」，把他們關進牢裡。半夜，有「金剛」打破「牢獄」，把「釋利防」等人救走。

唐代「法琳」的《破邪論》也有此說：「『始皇』之時。有外國沙門『釋利房』等一十八賢者。齎持佛經來化『始皇』。『始皇』弗從。遂囚禁房等。夜有『金剛』丈六人。來破獄出之。『始皇』驚怖。稽首謝焉。」

二、東漢時期

歷史上，大多以「東漢明帝」感夢求法，作爲「佛教」正式傳入「中國」的開始。考察現有的資料，「東漢明帝」感夢求法的傳說，還是比較可信的，但它不是「佛教」傳入「中國」的開始。

《魏書．釋老志》記載：及開「西域」，遣「張騫」使「大夏」還，傳其旁有「身毒國」，一名「天竺」，始聞有「浮屠之教」。「哀帝」元壽元年，博士弟子「秦景憲」受「大月氏王」使「伊存」口授「浮屠經」。「中土」聞之，未之信了也。

根據《魏書．釋老志》的記載，「漢哀帝」元壽元年（公元前二年），「大月氏」的使臣「伊存」，向博士弟子「秦景憲」口授《浮屠經（佛經）》。可見「佛教」早在公元前，就傳到「中國」了。

另外，在《三國志》裡，也有同樣記錄，其中記有「東漢末葉」，哀帝元壽元年（西元前二年），博士弟子「景盧」，從「大月氏王」的使者「伊存」，口授《浮屠經（佛經）》，這也是有關「佛教」傳入「中國」的最古資料。

《三國志．魏書三十．烏丸鮮卑東夷傳第三十．西戎傳》記載：「罽賓國、大夏國、高附國、天竺國」皆並屬「大月氏」。「臨兒國」，《浮屠經》云其國王生「浮屠」。「浮屠」，太子也。父曰「屑頭邪」，母云「莫邪」。

「浮屠」身服色黃，髮青如青絲，乳青毛，蛉赤如銅。始「莫邪」夢「白象」而孕，及生，從母「左脅」出，生而有結，墮地能「行七步」。此國在「天竺城」中。「天竺」又有「神人」，名「沙律」。

昔「漢哀帝」元壽元年，博士弟子「景盧」受「大月氏王」使「伊存」口受《浮屠經》曰復立者其人也。《浮屠》所載「臨蒲塞、桑門、伯聞、疏問、白疏間、比丘、晨門」，皆「弟子」號也。《浮屠》所載與中國《老子經》相出入，蓋以爲「老子」西出關，過「西域」之「天竺」、教胡。

但是，「佛教」正式傳入「中國」的年代，是從「東漢明帝」感夢求法開始算起。

《後漢書．列傳．西域傳》記載：世傳「明帝」夢見「金人」，長大，頂有光明，以問群臣。或曰：「西方有神，名曰佛，其形長丈六尺而黃金色。」帝於是遣使「天竺」問佛道法，遂於「中國」圖畫形像焉。「楚王英」始信其術，「中國」因此頗有奉其道者。後「桓帝」好神，數祀「浮圖」、「老子」，百姓稍有奉者，後遂轉盛。

《魏書．釋老志》記載：後「孝明帝」夜夢「金人」，項有日光，飛行殿庭，乃訪群臣，「傅毅」始以「佛」對。「帝」遣郎中「蔡愔」、博士弟子「秦景」等使於「天竺」，寫「浮屠」遺範。「愔」仍與沙門「攝摩騰、竺法蘭」東還「洛陽」。「中國」有「沙門」及「跪拜之法」，自此始也。「愔」又得「佛經四十二章」及「釋迦立像」。「明帝」令「畫工」圖佛像，置「清涼臺」及「顯節陵」上，「經」緘於「蘭臺石室」。「愔」之還也，以「白馬負經」而至，「漢」因立「白馬寺」於「洛城」雍門西。「摩騰、法蘭」咸卒於此寺。

「韓愈」在上書「唐憲宗」的《論佛骨表》中也說，「佛者，……自後漢時流入中國……『漢明帝』時始有佛法。」

把「古書」的記載，用白話文來解釋如下：在「東漢」永平七年（公元六十四年），某一天夜裡，漢明帝「劉莊」作了一個夢。他夢見一個身形高大，脖子有日光的「金人」，在空中飛行，最後落到自己的殿庭之前。自己見到「金人」後，心裡十分愉快。

第二天早朝，「漢明帝」召集群臣「解夢」。太學聞人「傅毅」回答說：「周昭王時，西方有『佛』出世，其身長一丈六尺，遍體金色。『陛下』夢中所見的『金人』，或許就是『佛』吧！」「漢明帝」念念不忘自己在夢中見到「金人」時，心中感受到的歡樂，聽了「傅毅」的解說後，決定派遣使臣到「西方」去尋求「佛法」。西行求法的使臣有：中郎將「蔡愔」，博士「秦景、王遵」等十八人。

（二）「攝摩騰」和「竺法蘭」

當他們辛辛苦苦趕到與「天竺」毗鄰的「月氏國」時，遇見了正在弘揚佛法的「天竺」沙門「攝摩騰」和「竺法蘭」，於是便懇請兩位「沙門」，到「漢地」傳法。「攝摩騰」和「竺法蘭」兩人同意，便和「蔡愔、秦景」等一行人，偕用「白馬」馱著「佛經、佛像」，一起東還到「中國」。終於，在永平十年（公元六十七年），他們一行人回到了「洛陽」。

相傳，「攝摩騰」等人帶來的「佛像」，形貌與「漢明帝」夢中的「金人」一般無二。「漢明帝」看見後十分高興，下令把「佛像」安放在「南宮清涼台」供養，「佛經」則收藏在「蘭台石室」裡，兩位「沙門」住在招待外國人的「鴻臚寺」中。

第二年，「漢明帝」又下詔書，令在城西「雍門」外建造「精舍」，作爲兩位「梵僧」居住和譯經的場所，其遺跡就是現在「洛陽市」的「白馬寺」。此後，外來的「僧人」增多，處處修立「佛寺」，「佛教」便在「中國」迅速傳播開來。

所以結論，在「佛教歷史」上，大多以「東漢明帝」永平十年（公元六十七年），「攝摩騰」與「竺法蘭」以「白馬馱經像」來「中國」，定爲「佛教」傳入「中國」之年。

而歷來，都以「東漢」永平年間（公元五十八年到七十五年），「漢明帝」遣使「西域」取回《四十二章經》，爲「佛法」傳入「中國」的開始。《四十二章經》是「攝摩騰」和「竺法蘭」，兩人所共同翻譯。

《四十二章經經序》稱：昔「漢孝明皇帝」夜夢見「神人」，身體有金色，項有日光，飛在殿前，意中欣然，甚悅之。明日問群臣：「此爲何神也？」有通人「傅毅」曰：「臣聞天竺有得道者，號曰佛，輕舉能飛，殆將其神也。」於是上悟，卽遣使者「張騫」、羽林中郎將「秦景」、博士弟子「王遵」等十二人，至「大月支國」寫取「佛經四十二章」。

（二）「安世高」和「支婁迦讖」

在「東漢時期」，有四位最重要「翻譯佛經」的僧人，除了上述的「攝摩騰」與「竺法蘭」之

外，還有「安世高」和「支婁迦讖」。

東漢「漢桓帝」建和元年（公元一四七年），「安息國」太子「安世高」東來「洛陽」，致力譯經二十餘年，翻譯有《安般守意經》、《陰持入經》、《四諦經》、《八正道經》、《切流攝守因經》、《本相猗致經》等三十餘部，後歷經散失，現存二十二種，二十六卷。「安世高」是中國翻譯佛經的第一人，傳譯以「小乘經論」為主。

東漢「漢桓帝」末年，「大月支國」的「支婁迦讖」至「洛陽」，翻譯有經典十四部二十七卷，皆「大乘佛學」，為最早將「大乘佛教」典籍，翻譯成中文的「譯經僧」，為「大乘經典」漢譯的開始。其中，以《道行般若經》、《首楞嚴三昧經》和《般舟三昧經》為最。

三、三國時期

在「魏、吳、蜀」三國鼎立的時代，活躍於江北的「翻譯家」，有中印度的「曇柯迦羅」、康居的「康僧鎧」、安息的「曇諦」等，先後來到魏都「洛陽」，從事「譯經」。在江南則有吳國的「支謙」、康居的「康僧會」等。

（一）「曇柯迦羅」、「康僧鎧」、「曇諦」、「朱士行」

其中的「曇柯迦羅」，於「魏廢帝」嘉平二年（公元二五〇年），在「洛陽」譯出《僧祇戒本》，「曇諦」則在「白馬寺」譯出《四分律》的受戒作法《曇無德羯磨》，主張僧眾應遵佛制，稟受歸戒，爲「漢地佛教」有「戒律、受戒」的開始。

在此之前，「中國僧尼」僅知「剃髮」，而不熟悉正規的「受戒」作法，名爲「羯磨法（出家進入僧團的儀式）」，據說依此法而首先出家的中國人，就是「朱士行」。

「朱士行」是「潁川（河南省）」人，精通《般若經》，偶爾在「洛陽」講《道行般若經》，發覺與原典不同，而知道不完全，便於「魏國」的甘露五年（公元二六〇年），從「雍州（陝西省長安）」出發，遠赴「于闐」，得二萬五千頌《般若經》的原典。

「康僧鎧」則譯出《鬱伽長者所問經》和《無量壽經》等四部。

(二)「支謙、康僧會」

「支謙、康僧會」等前往吳都「建業（今江蘇南）」弘法，「支謙」深得「孫權」禮遇，拜爲「博士」，並爲「康僧會」建立寺塔。

「吳國」翻譯佛經，開始於「武昌」，盛行於「建業」。「支謙」專以「譯經」爲務，所譯典籍廣涉大小科經律，共八十八部，一百一十八卷，現存五十一部，六十九卷；「康僧會」譯出《六度集經》九卷等。

當時譯經，大小乘並重。「小乘經典」強調「禪法」，注重「守意」；「大乘經典」偏重「般若」。這個階段的「譯經工作」和對教義的宣傳、研究，爲「魏晉南北朝時期」佛教的發展，打下了初步的思想基礎。此外，這個時期的「寺塔建築、佛像雕塑」也各具規模，但今存極少。

至於當時的「蜀地」，尚未有「佛教」傳入。

四、魏晉時期

「魏晉時期」的「佛教」，有了極大的發展。「北魏時期」是「中國佛教」發展史上，一個極為重要的階段。由於政府的保護和提倡，「佛教」有了迅速的發展，「佛教藝術」的發展也是蒸蒸日上。這一時期留傳下來的「金銅佛像」數量很多。

此外，聞名於世的「大同雲岡、洛陽龍門」兩大石窟，都是在這時期由國家主持開鑿的，所以規模巨大，空前絕後。「大同（古稱「平城」）」作為當時北方的政治、經濟中心，在「佛教藝術」發展過程中，還形成了被稱為「平城模式」的藝術風格，對當時「中原地區」佛教藝術的發展，起了指導性的作用。

「魏國」滅「蜀國」，魏將「司馬炎」奪帝位，於公元二六五年，建都「洛陽」，國號為「晉」。更於公元二八〇年，滅「吳國」，約五十餘年，統一天下，是為「西晉」。

下面簡介「魏晉時期」八位著名的「高僧大德」。

（一）「竺法護」

在「西晉時期」，作為「翻譯僧」的代表人物為「竺法護」，亦名「曇摩羅刹」。他是「月支人」的後裔，但他本人出生於「敦煌」，因而世稱之為「月支菩薩」。因為他有一位竺姓之師「竺高座」的傳承，故名「竺法護」。

他八歲出家，聽說當時的「西域」，有很多「方等經典」，便進而巡歷「西域」，得到多量的

「梵本」，自「敦煌」至「長安」，沿路譯出，自「晉武帝」泰始元年（公元二六五年）至「晉懷帝」永嘉二年（公元三〇八年），以七十八歲的高齡入寂之際，約四十餘年之間，悉心從事於「譯經」，翻譯《光讚般若經》、《正法華經》、《無量清淨平等覺經》等凡一百五十四部，三百零九卷，這給「中國佛教界」提供了很大的貢獻。

在「鳩摩羅什」尚未來到「中國」以前，「中國佛教」初期，最偉大的「譯經家」就是「竺法護」。「大乘佛教」最重要的經典《法華經》，即「竺法護」以《正法華經》爲題所翻譯出，而流佈於世。在「鳩摩羅什」以前，到「中國」的「譯經師」雖然很多，但是以「譯經部數」來看，「竺法護」的成績最爲可觀。

接著「西晉」之後，競起於「中國北方」的「五胡（匈奴、鮮卑、羯、氐、羌）之亂」，而使「西晉」滅亡，「西晉」的一族，於公元三一七年，南下建都於「建康」，號爲「東晉」。

(二)「戴逵」

在「東晉」，以「戴逵（ㄎㄨㄟˊ）」爲代表的「佛像雕塑家」的出現，標誌著「中國佛教藝術」發展到了一個新的水平。這一時期出現的各種「佛像」，包括「塑像」和「畫像」，已經不再是單純地模仿西方傳來的「佛像圖樣」，而是融合了「中國」的民族風格，開始走上了獨立發展的道路。

「五胡」所建之國，則有二趙（前趙、後趙）、三秦（前秦、後秦、西秦）、四燕（前燕、後燕、南燕、北燕）、五涼（前涼、後涼、西涼、南涼、北涼）、夏，共爲十六國。其中的「前涼、

西涼、北涼」，雖爲「漢族」，但是總稱之爲「五胡十六國」。

因爲北地諸族，相互爭奪，戰亂不絕，致使人心極不安定，「佛教」則較之前更爲盛行。究其原因，對於「五胡」的人民，因爲沒有自己原來的文化，所以容易接受「佛教」。

另外，「統治者」招聘多數的「佛教」高僧，以資助發展其本國的文化。其間以「後趙、前秦、後秦、北涼」等四國，「佛教」之昌隆，最爲顯著。

(三)「佛圖澄」

「後趙（公元三一九到三五一年）」，建都於「鄴（今河南省臨漳縣西）」，一時統一了北地全域。其「佛教界」，則以來自「龜茲國」的「佛圖澄」爲代表人物。

「佛圖澄」大師，「龜茲國」人，九歲在「烏萇國」出家，兩度到「罽賓（今喀布爾河流域）」學法，「西域人」都稱他已經得道。

《高僧傳》中，敍述「佛圖澄」的「神通事蹟」頗多，說他「顯密兼修」，志弘大法，善誦神咒，能役使鬼神，徹見千里外事，又能預知吉凶，兼善醫術，能治痼疾應時瘳損，爲人所崇拜。

「晉懷帝」永嘉四年（公元三一〇年），「佛圖澄」來到「洛陽」，時年已經七十九歲。他本想在「洛陽」建立寺院，適值「前趙」的「劉曜」攻陷「洛陽」，地方擾亂，因而潛居草野。

西晉「晉懷帝」永嘉六年（公元三一二年）二月，「後趙」的「石勒」屯兵「葛陂」，準備南攻「建業」。這時「佛圖澄」因爲「石勒」大將「郭黑略」的關係，會見了「石勒」，「佛圖澄」勸他少行殺戮。

「石勒」以凶暴出名，問「佛圖澄」說：「什麼是佛法？」「佛圖澄」回答：「佛法不殺。」並以「佛教」慈悲戒殺之教義，來感化「石勒」，救人無數。當時將被殺戮的，十有八九都是經「佛圖澄」的勸解而獲免。「石勒」尊之爲「大和尙」，使「佛法」漸佈於北方。

「佛圖澄」對於「石勒」多所輔導，「石勒」既稱帝，事奉「佛圖澄」甚篤，有事必諮而後行。「石勒」死後，「石虎」廢其子「石弘」而自立稱「天王」，「石虎」是「後趙」開國君主「石勒」的侄兒，「石虎」對「佛圖澄」更加敬奉。

「佛圖澄」在「後趙」推行「佛化」，所經州郡，建立佛寺，凡八百九十三所。其教誨甚誠篤，「石虎」的尙書「張離、張良」家富奉佛，各起大塔。

但是，在當時的北地，在「建國」與「亡國」的動亂之下，社會混亂，民衆流亡者多，入寺出家者也激增，「中國佛教」的「教團」，也就因而形成。接著，便是面對爲了維持「教團」的秩序，如何採用作爲「印度教團」規範的戒律問題。致力於此者，便是「佛圖澄」門下的「道安」。

「佛圖澄」的門下弟子，經常超過數百人，先後多達萬人，其中以「道安、法和、竺法汰、竺法雅、法常等」，負起了教導第二代「中國佛教教團」的責任，特別是「道安」。

(四)「道安」

「道安」十二歲出家，師事「佛圖澄」而露頭角，爾後爲了躲避「後趙」及「前燕」的兵亂，率領同學五百餘人南下，住在「襄陽（今湖北省襄陽縣）」的「檀溪寺」時，慕其名聲者極多。

「道安」住在「襄陽」的十五年當中，當時，統一江北者爲「前秦」的「苻堅」，聽到「道

安」之名，竟然派「十萬大軍」進攻「襄陽」，將「道安」迎至「長安」。此後住於「長安」的「五重寺」，在七年間，盡力弘教，僧徒投門者，常達數千人。結果以七十四歲，寂於該寺。

這裡值得一提的是，「道安」是修習「彌勒淨土法門」，曾於「彌勒像」前立誓，願生「彌勒淨土」所處的「兜率天內院」，將來參與「彌勒佛」的「龍華三會」，護持「佛法」，廣度眾生。在《高僧傳》卷五裡記載，「道安」生前曾向「異僧」詢問「來生處所」：「安請問來生所往處。彼乃以手虛撥天之西北。卽見雲開。備睹兜率妙勝之報。爾夕大衆數十人悉皆同見。」

接著「前秦」之後的「後秦」，「佛教」也很隆盛，代表人物是「法顯」和「鳩摩羅什」。

（五）「法顯」

先介紹「法顯」，在後秦「姚興」弘始元年（公元三九九年），六十多歲高齡的「法顯」，與同學「慧景、道整、慧應、慧嵬」等四人結伴，從「後秦」的都城「長安」出發西行。到「張掖（今甘肅省）」，又遇見「智嚴、慧簡、僧紹、寶雲、僧景」等人，結伴共同到「敦煌」。

一行人渡過沙河（今塔克拉瑪干沙漠），經「鄯善」，至「烏耆、于闐國」。此時，與「法顯」同行的「僧人」，或至「高昌」，或至「罽賓」，「法顯」與其他三人渡過「蔥嶺（今帕米爾高原）」，到達「北天竺（北印度）」。

「法顯」與「慧景、道整」，欲前往「中天竺（中印度）」，求取「戒律」。結果南渡「小雪山」時，遇到暴雪，「慧景」死於「小雪山」。「法顯」與「道整」到達「中天竺」，在「摩竭提國」的「巴連弗邑（華氏城）」的「摩訶衍僧伽藍」等處，得到《大般泥洹經》、《摩訶僧祇律》、《薩婆多衆律》、《雜阿毗曇心》、《綖經》二千五百偈、《摩訶僧祇阿毗曇》等佛經。

「法顯」在「中天竺」待三年，學習「梵語」。「道整」後來決定留在「中天竺」，「法顯」則繼續南行，到達「東天竺」的「多摩梨帝國（約在今日的加爾各答）」，繼續學習、抄經和畫佛像。

後來，「法顯」渡海到達「獅子國（斯里蘭卡）」，在此停留兩年，得到《彌沙塞律》、《長阿含經》、《雜阿含經》及《雜藏經》等。

最後，「法顯」在到處參學後，於義熙八年（公元四一二年）帶了多部原文典籍，從海路回國，途中遇到暴風雨，經「耶婆提國（今印度尼西亞爪哇島或蘇門答臘島，或兼稱此二島。）」等地，最後在「青州長廣郡」的「牢山」南岸（今青島市嶗山區）上岸。

「法顯」回國後，定居「建康（今南京）」，與「佛馱跋陀羅」合譯《摩訶僧祇律》、《大般泥洹經》、《雜藏經》、《雜阿毗曇心》等經、律、論共六部二十四卷。

「法顯」著有《法顯傳》，又名《佛國記》，是今日研究古代「中亞、南亞」歷史、地理、風俗和佛教等的重要資料。

（六）「鳩摩羅什」

接下來，介紹另一個代表人物「鳩摩羅什」。

「鳩摩羅什」的父親是印度人「鳩摩羅炎」，母親爲「龜茲國王」的妹妹「耆婆伽」。「鳩摩羅什」七歲出家，九歲隨母赴「罽賓國」，跟從王弟「槃頭達多」學「小乘法」，又跟「莎車」的

「須利耶蘇摩」研修「大乘法」，並遊於其他諸師之門，歸到「龜茲國」則盡心力於「大乘法」之研究及宣揚。他在青年之時名聲卽聞於「西域」諸國，甚至遠及「漢土」。

「前秦」的「苻堅」，聽聞「西域」有「鳩摩羅什」爲大德智人，他想要聽「鳩摩羅什」講經，於是遣使相求，求之不得，於建元十八年（公元三八二年），派大將「呂光」領兵七萬討伐「龜茲國」。

建元二十年（公元三八四年），「呂光」俘獲「鳩摩羅什」。「呂光」是不信佛的，非但如此，他還很瞧不起「佛教徒」的「清規戒律」。所以，一直想逼「鳩摩羅什」破戒，最後甚至佈置了一個洞房，將一絲不掛的「龜茲國公主」和被灌醉的「鳩摩羅什」一起送入洞房，導致「雙戒」俱捨。

後來，「呂光」要帶「鳩摩羅什」返回「長安」時，卻傳來「苻堅」在「淝水之戰」大敗，「呂光」只得待在今天的「甘肅」一帶自立爲王，國號「大涼」。此後十八年間，「鳩摩羅什」被「呂光、呂纂（ㄗㄨㄢˇ）」軟禁在「涼州」，他在這段期間學會了「中土語言」。

「呂光」病死兩年後，當時占據「關中」的「後秦王」「姚興」，和「苻堅」一樣，再度因爲仰慕「鳩摩羅什」而出兵，並且成功地將「鳩摩羅什」迎回「長安」，以「國師」之禮待之，信徒數千人，「公卿」以下皆奉佛。

「姚興」並且爲他建立了一座「譯經場」，產出的作品中包括《金剛經》、《心經》等，在「華夏世界」中被引用最多的佛經，和被視爲中國文學瑰寶的《維摩詰經》。

後來，「姚興」覺得像「鳩摩羅什」這樣的大師，若無「子嗣」繼承他的佛法，實在是一件非常可惜的事情。爲了給「鳩摩羅什」留下後代，「姚興」挑選了十幾個漂亮的「妓女」，並給「鳩摩羅什」修建了華麗的庭院，讓他在庭院中享受「妓女」的服務。

「鳩摩羅什」拒絕這些誘惑，但是「姚興」用各種方法逼迫「鳩摩羅什」就範。最終，「鳩摩羅什」不得不接受「姚興」的賞賜，與「妓女」住在庭院中。

當時，「僧人們」見「鳩摩羅什」大師，竟然能夠妻妾成群，於是紛紛仿效。爲了杜絕這種現象，「鳩摩羅什」召集了「僧衆」，在自己的面前擺上一口缽，在其中塞滿了「鋼針」。

「鳩摩羅什」對「僧衆」說道：「不是每個僧人都有資格和女人在一起，只有像我一樣吞下所有鋼針的僧人才可以。」說罷，「鳩摩羅什」不緊不慢地吞下所有的「鋼針」。諸「僧衆」被「鳩摩羅什」折服，爲了更好地修行，堅定了持戒的信念，不再接觸女人了。

此後，在數十年間，「鳩摩羅什」將「梵文經卷」翻譯成「漢文經卷」，他在譯經之暇，還常在「草堂寺」講說衆經。

弘始十五年（公元四一三年），「鳩摩羅什」在「長安」圓寂。入室弟子有「僧肇，僧叡，道生，道融，慧觀」等三千餘人。「鳩摩羅什」臨命終時發願：「若我所譯經典，合乎佛意，願我死後，荼毘（ㄆㄧˊ，火葬）」時，舌根不壞。」果然「荼毘」時，全身壞盡，只剩下「舌頭」，紅如蓮花。

「鳩摩羅什」除了大量的翻譯作品外，廬山「慧遠」曾向「鳩摩羅什」請學義理，是爲《大乘大義章》，又稱爲《鳩摩羅什法師大義》。「鳩摩羅什」著有《實相論》二卷已佚失，又講解過《維摩詰經》，其解釋收錄在《注維摩詰經》中。

「鳩摩羅什」譯經，能夠兼顧文字的原意和流暢，並非逐字直譯。其譯文精美，形成獨特的「四字句」行文風格，被稱爲「譯經體」。

「鳩摩羅什」翻譯的主要經典有：《金剛經》、《妙法蓮華經》、《維摩詰所說經》、《阿彌陀經》、《大品般若經》、《小品般若經》、《坐禪三昧經》、《大智度論》、《中論》、《百論》、《十二門論》、《成實論》等。

「鳩摩羅什」對「中國佛教」的經典貢獻巨大，其翻譯作品涵蓋「佛教」的「經、律、論」三藏以及「禪經」，而且新譯許多「大乘經典」，使之更爲準確，介紹了「說一切有部」的「律藏」。

在「義學」方面，引介《成實論》及「龍樹、提婆」的「中觀學派」著作，又傳下以「說一切有部禪要」爲基礎的「大乘禪法」。在譯經史上，「玄奘」等人的譯經，稱爲「新譯」，「鳩摩羅什」稱爲「舊譯」，比「鳩摩羅什」更早的則爲「古譯」。

另外，「鳩摩羅什」還創立「成實宗」。「成實宗」是以研習《成實論》爲主的佛教學派，被稱爲「小乘空宗」，與被稱爲「大乘空宗」的「三論宗」，有很密切的關係。因爲「三論宗」的影響，「成實宗」被視爲是「小乘」，但實際上它是屬於「小乘佛教」與「大乘佛教」之間的綜合性學派。

「成實宗」起源於「鳩摩羅什」，「鳩摩羅什」在「長安」，得「僧叡、曇影」的幫助，翻譯出《成實論》。後來，門人「僧導、道亮」以宏揚《成實論》爲主，遂成「成實」一宗，「成實宗」成爲「梁代佛教」的主流。

但是，到了「陳代」，「興皇法朗」著《山門玄義》，以「三論宗」意旨，辯破「成實宗」，認爲「成實宗」屬於「小乘」，以「中觀派」的看法，並不屬究竟。

因爲，「三論宗」的影響，「成實宗」在「隋代」及「唐初」慢慢的失去影響力，但是，仍然有許多僧侶在研習它，最著名的就是「玄奘」。

「玄奘」曾經師從「趙州」的「道深法師」研習《成實論》，後至「印度」求學時，在「那爛陀寺」中，又曾經對《成實論》加以研習。「玄奘」回國之後，在「慈恩寺」講學，又把「印度」的「法相宗」傳入中國。

「法相宗」，又名「唯識宗、慈恩宗、中道宗」，屬於「瑜伽行唯識學派」，爲漢傳佛教宗派之一，由「玄奘」自「印度」傳入「中國」，傳統上以「彌勒菩薩」爲初祖，實際上是由「窺基」所創立。

最後，「成實宗」遂附屬於「法相宗」之下。

（七）「道生」

「鳩摩羅什」的門下弟子「道生」，也稱爲「竺道生」，時稱「鳩摩羅什」門下四傑（道生、僧叡（ㄖㄨㄟˋ）、道融、僧肇）之一。「道生」以「慧解」著稱，注重「佛性」的探討，認爲「眾生皆有佛性」，提出「佛性常有」與「頓悟學說」，主張「頓悟」，倡導《善不受報論》，其教義成爲後世「涅槃宗」的依據。

當時，「法顯」與「佛陀跋陀羅」翻譯出《大般涅槃經》初分，率先傳來六卷，經中說除一

「闡提（指斷絕一切善根，毀謗佛法者。）」外，皆有「佛性」。

「道生」剖析經理，認爲：既然一切衆生悉有「佛性」，「闡提」既是「有情」，自然也可成佛。於是提倡「一闡提人皆得成佛」，此說引起群情大譁，受到「舊學僧黨」的攻擊。「道生」便離開「建康」，來到「蘇州」的「虎丘山」。

有一次，「道生」在幽靜的林間，對著一堆的石頭講《大般涅槃經》。當他講到「闡提有佛性」的經文處，對著「群石」述說爲何「一闡提之人」可成佛的道理，說完對著「群石」說道：「如我所說，契佛心否？」「群石」竟然都點頭認同。這一幕奇景，被在附近工作的「虎丘山民」看到了，紛紛皈依於他，這便是有名的「生公說法，頑石點頭」典故的來源。

後來，「北涼」的「曇無讖」翻譯完整的《大般涅槃經》傳到「建康」，經中提到「闡提也有佛性」，於是「道生」的說法得到證實。消息傳揚開，僧俗士庶，無不深服「道生」的先知先覺。「道生」得到這部完整的《大般涅槃經》，便決定開始說法。此後，在「廬山」講《大般涅槃經》，弘揚「佛性學說」。

「道生」對「佛性」的解說，和所倡導的「頓悟成佛說」，對「中國佛教」「涅槃佛性理論」的發展，有很大影響，與後來「禪宗」的「明心見性理論」，有直接的關係。

宋元嘉十一年（公元四三四年），「道生」在「廬山精舍」說法。「道生」講解精妙，「僧衆」頓時開悟，十分欣悅。「法會」將完時，「道生」正襟危坐，面容端莊，悄然而逝，彷彿入定一般。消息傳到京城，那些狂熱地排斥他的僧衆，頓覺慚愧歉疚，紛紛懺悔過失，並信服其說。

「道生」一生著有《二諦論》、《佛性常有論》、《法身無色論》、《佛無淨土論》等，並且輔佐「鳩摩羅什」翻譯《大品般若經》、《小品般若經》。

(八)「慧遠」

「廬山」的「慧遠」，是「中觀般若學」大師，與「長安」的「鳩摩羅什」，共稱「雙璧」，他是江南的代表人物之一，也是「道安」的高足弟子。「慧遠」曾居「廬山」的「東林寺」，人稱「廬山慧遠」或「東林慧遠」。

「慧遠」二十一歲時，與其俗弟「慧持」，同入「道安」之門。建元十四年(公元三七八年)，秦將「苻丕」攻「襄陽」，「道安」被太守「朱序」所拘，不能離去，遂分散徒眾各隨所之。「慧遠」奉「道安」之命，到「江南」弘教。

「慧遠」辭別「道安」，南向訪問同學「慧永」，因爲「慧永」棲止廬山「西林寺」，遂亦居止「廬山」。後來，「慧永」請江州刺史「桓伊」建「東林寺」。寺建成，「慧遠」就移居「東林寺」。

「廬山」的「東林寺」爲當時南地的「佛教中心」，當時名仕「謝靈運」欽佩敬仰「慧遠」，替他在「東林寺」中，開闢東西兩池，遍種「白蓮」，「慧遠」所創之社，遂稱「白蓮社」，因此，後來「淨土宗」又稱爲「蓮宗」，「慧遠」被後世「淨土宗」追尊爲「淨土宗初祖」。

「慧遠」於「廬山」期間，整肅僧團、聚徒講學，並組織譯經事業。曾請「僧伽提婆」翻譯出《阿毘曇心論》四卷、《三法度論》二卷；「佛馱跋陀羅」翻譯出《修行方便禪經》，「慧遠」都爲新譯經作序。

「慧遠」又常以書信，與「鳩摩羅什」往返研討義理。「曇摩流支」來中華時，「慧遠」曾遣弟子「曇邕（ㄊㄢˊ ㄩㄥ）」參與譯出《十誦律》。「慧遠」居「東林寺」直到圓寂。「慧遠」的主要著作有《法性論》、《沙門不敬王者論》、《大乘大義章》、《大智度論鈔》等。

五、南北朝時期

「南北朝（公元四二〇年到五八九年）」是「南朝」和「北朝」的統稱。「南北朝時期」中國的「南方」和「北方」處於分裂狀態，自「東晉十六國」至「隋朝」，開始於公元四二〇年「劉裕」建立「南朝宋」，止於公元五八九年「隋朝」滅「南朝陳」。

「南朝」承自「東晉」，有「南朝宋、南朝齊、南朝梁、南朝陳」四個朝代，都以「建康（今江蘇南京）」為首都；「北朝」承自「十六國」，有「北魏、東魏、西魏、北齊、北周」五朝，「北魏」分裂為「東魏、西魏」，「北齊」取代「東魏」，「北周」取代「西魏」，「北周」滅「北齊」。

「南朝宋」的「宋武帝」禮遇「鳩摩羅什」門下的「慧嚴」及「僧導」等，至「宋文帝」，躬自就「道生」及「求那跋摩」等探究佛理，並下問尚書令「何尚之」有關「因果報應」之理，請「高僧」至「內殿」講經，又設「八關齋」於「中興寺」等，大加保護。

又有「慧琳」參與國政，而被世人稱為「黑衣宰相」。由此可知，當時「朝廷」和「佛教」的

關係極佳，「建康」的「佛教」亦因此盛行。

在「南朝宋」的時代，從事「翻譯佛經」的「梵僧」很多，有遠來「中土」翻譯出《五分律》的「罽賓佛陀什」；翻譯出《觀無量壽經》的西域人「畺（ㄐㄧㄤ）良耶舍」；至「建康」，僅九個月卽以六十五歲圓寂，而翻譯出了《菩薩善戒經》、《四分比丘尼羯磨法》等的「求那跋摩」，他使「中國僧尼教團」之「受戒」，成爲可能。

另外，有從「海路」自「廣州」登陸，再到「建康」，受到「宋武帝」優遇，後來在「荊州」從事譯經，翻譯出有《雜阿含經》、《勝鬘經》、《過去現在因果經》等五十二部，一百四十四卷的「求那跋陀羅」等。

「南朝齊」的「齊高帝」及「齊武帝」，同樣厚待「佛教」，甚至有「僧慧、玄暢」，受重於「齊武帝」而參與國政，被稱爲「黑衣二傑」。

「譯經家」則有翻譯出《無量義經》的「曇摩伽陀耶舍」，翻譯出《善見律毘婆沙》的「僧伽跋陀羅」，翻譯出《百喩經》的「求那毘地」，翻譯出《法華經．提婆達多品》的「達摩摩提」等人。

「南朝梁」的「梁武帝」在位的四十八年之間，他信奉「佛教」的程度，是歷代帝中，絕無僅有的。

「梁武帝」捨身到「同泰寺」做「三寶之奴僕」，群臣出錢一億萬爲「梁武帝」贖身而歸，如此的捨身行爲，此後又舉行了三次，故「梁武帝」被稱爲「皇帝菩薩」。

當時，可以出入宮廷，與「梁武帝」共同研究佛法的「家僧」，有「僧旻（ㄇㄧˊㄣ）、法寵、

法雲、慧超、寶誌、僧祐、寶唱、智藏、慧約」等名僧，都是「梁武帝」的知遇。其中的「寶誌」以神異知名，與「光宅寺」的「法雲」、「開善寺」的「智藏」、「莊嚴寺」的「僧旻」，並稱爲「南朝梁」之「三大法師」，爲「成實」及「涅槃」之學匠而有高名。

「南朝梁」有許多高僧的著述，如「法雲」著有《法華義疏》，「僧祐」著有《出三藏記集》、《弘明集》、《釋迦譜》等史書，其弟子「寶唱」，亦受其影響，著《名僧傳》、《比丘尼傳》，「慧皎」便參考《名僧傳》而撰述《高僧傳》。

《比丘尼傳》及《高僧傳》兩書，與《出三藏記集》的僧傳，同爲現存僧傳中最古而占有極高評價的著作。

「梁武帝」的家族，也繼續篤信「佛教」，長子卽是《昭明文選》的撰者太子「蕭統」，以及三子簡文帝「蕭綱」、七子元帝「蕭繹」等，亦不亞於「梁武帝」，都精通「佛教」並有著述。特別是「昭明太子」的《解三諦義》，爲有名之作品。

這裡要特別介紹「菩提達摩、傅大士、寶誌禪師」三位「梁武帝」時代的佛教高僧，合稱爲「梁代三大士」。另外，還有「眞諦波羅末陀」、「慧思」、「慧文」三位著名的高僧大德。

「南北朝時期」還發生「三武一宗法難」的事件，導致「佛教」衰敗。但是，此時期「佛像」的雕刻與繪畫，卻非常的興盛。

（一）「菩提達摩」（禪宗初祖）

「菩提達摩」，簡稱「達摩」，原是「南天竺國」國王的第三個兒子，後出家爲僧。經「海路」將「大乘佛教禪宗」帶入「中國」，爲「中國禪宗」之開創者，被尊稱爲「達摩祖師」、「東土第一代祖師」，法脈傳承有二祖「慧可」、三祖「僧璨」、四祖「道信」、五祖「弘忍」、六祖「惠能」。

「菩提達摩」自「海路」來到「中國」後，聞說「梁武帝」信奉佛法，於是至「金陵（今江蘇南京）」與其談法。

「梁武帝」是篤信「佛教」的帝王，他即位以後建寺、抄經、度僧、造像甚多，是以詢問「菩提達摩」：「我做了這些事有多少功德？」「菩提達摩」卻回答說：「無功德」。「梁武帝」又問：「何以無功德？」「菩提達摩」回答說：「此是有爲之事，不是實在的功德。」「梁武帝」不能理解，因爲雙方的理念不合。

之後，「菩提達摩」北渡「北魏」，止於嵩「山少林寺」，於寺中面壁九年，教授「禪法」，人稱「壁觀婆羅門」。他所傳授的「禪法」，在當時受到很大的爭議，主要的門徒只有「道育、慧可、曇林」等人。

「菩提達摩」被「禪宗」尊爲「釋迦牟尼佛」的第二十八代弟子，同時是「天竺禪宗」的第二十八代祖師，屬於「南天竺」的「一大乘空宗」。「菩提達摩」以四卷本《楞伽經》傳授徒衆，除了《楞伽經》之外，「菩提達摩」也相當重視《般若經》和《維摩詰經》，「菩提達摩」撰有《少室六門集》。

教居士。

（二）「傅大士」

「傅大士」原名「翕（ㄒㄧ）」，字「玄風」，自號「善慧大士」，婺州義烏縣人，著名的佛教居士。

「傅大士」十六歲時，娶妻「劉氏」，生有二子「普建、普成」，以漁業爲生，隱居於「雲黃山」，師承不明。他自稱「雙林樹下當來解脫善慧大士」，已經得到「首楞嚴三昧」與「無漏智」，宣揚「彌勒信仰」，暗示他爲「彌勒菩薩」的化身，後來爲「梁武帝」所崇信，有許多神異的事蹟流傳，他創立「彌勒教」。

「傅大士」初到達京師「金陵」，「梁武帝」在「善言殿」接見了他。「傅大士」和「梁武帝」第一次接觸，卽談得很投機。「傅大士」向「梁武帝」建議建造「雙林寺」，並得到「梁武帝」的同意和支持，下詔於「雙檮樹」旁設寺。

「傅大士」講解《金剛經》，獨樹一格，後世推崇他是「禪宗」的先驅人物，有《心王銘》傳世。

「傅大士」的佛學思想，主要收入現存的《傅大士錄》中。《傅大士錄》凡四卷，是唐代「樓穎」編錄，又稱《善慧大士語錄》、《善慧大士錄》、《大士錄》。

（三）「寶誌禪師」

「寶誌禪師」被尊稱爲「誌公禪師、誌公祖師」，「寶誌禪師」與「傅大士」被認爲是「禪宗」的先驅人物。「寶誌禪師」在民間有神通廣大的形象，以「神通」及「不修邊幅」的言行而聞名，後世流傳的「濟公傳說」，起初的原型可能就是來自「寶誌禪師」。

「寶誌禪師」爲「梁武帝」的「帝師」，極受崇信。相傳「梁武帝」曾使「張僧繇（一ㄠˊ）」爲他畫像，「寶誌禪師」現出了「十二面觀音像」，因此他又被認爲是「觀世音菩薩」的化身。

相傳「寶誌禪師」曾經向「梁武帝」引薦「菩提達摩」，但是「梁武帝」與「菩提達摩」話不投機，後來「菩提達摩」東渡至「北魏」。

相傳「寶誌禪師」還設計了「海青」的「縫合袖」，民間傳說「梁武帝」的皇后「郗（ㄒㄧ）氏」對「衆僧」惡作劇，假意布施僧用齋，但悄悄在「齋食」中放入「肉包」，「寶誌禪師」得知後，爲僧人的衣服「海青」設計了縫合的袖袋，命「僧侶」在內中盛放饅頭，伺機把肉包藏到袖子中，只食白饅頭。

另外，相傳「郗氏」因爲時常嗔怒「後宮妃子」，死後靈魂墮入「地龍（蟒蛇）」之身，「梁武帝」請求「寶誌禪師」等僧超度。現代流傳的《梁皇寶懺》卽是「寶誌禪師」與「十位高僧」爲超度「郗氏」所作。

（四）「眞諦波羅末陀」（攝論宗初祖）

「江南」的譯經事業，以「齊梁」二代的「佛教」昌隆而言，算是緩慢的。一直到了末期，因爲從「海路」迎來了「譯經家」，才趨於隆盛，代表人物便是「眞諦波羅末陀」。

「眞諦波羅末陀」是「西印度人」，應「梁武帝」之請，從「海路」到「廣州」，再到「建康」，受到「梁武帝」的知遇。後來，因爲「侯景之亂」，移住「富春（浙江省）」，曾經一度回到「建康」，旋避梁末戰亂，開始輾轉於「豫章（江西省南昌）」等地，在流浪當中，圓寂於「廣州」。

然而，在此顛沛流離之中，「眞諦波羅末陀」仍然專念於「經論」的翻譯，達四十九部，一百四十二卷。尤其譯出《攝大乘論》、《攝大乘論釋》、《大乘起信論》、《十七地論》、《決定藏論》、《中邊分別論》、《轉識論》、《金光明經》、《佛性論》、《唯識論》、《三無性論》、《阿毘達磨俱舍論釋論》等，而使「中國」出現了「攝論宗」及「俱舍宗」，同時爲「唯識學」開了研究的開端。

「攝論宗」，又稱爲「攝論學派、法性宗」，屬於「瑜伽行唯識學派」。該宗源起於「眞諦波羅末陀」，因爲奉「無著」的《攝大乘論》爲根本論書，故被稱爲「攝論宗」，後來被「法相宗」所吸收。

在「南朝陳」五世三十三年間，爲「南朝梁」佛教的繼承者。「南朝陳」的「陳武帝」將於「梁末戰亂」中，遭到破壞的「金陵」七百座「佛寺」修復，又在「莊嚴寺」等，屢設「無遮大會」。

「無遮大會」是「佛教」舉行的以「佈施」爲主要內容的法會，每五年一次。「無遮」指寬容一切，解脫諸惡，不分貴賤、僧俗、智愚、善惡，一律平等看待。「陳文帝、陳宣帝、後主」，也作如此仿傚，並行捨身供養。

（五）「慧思」

在「南朝陳」時代，尚有一位「慧思」，他從「北齊」的「慧文」，得到了「法華妙理」。「南朝梁」時，梁元帝承聖三年（公元五五四年），進入「光州（河南省）」的「大蘇山」。「南朝陳」時，陳光大二年（公元五六八年），「慧思」始入「衡山」，移居「南嶽」，留止十餘年間，專事行化，故世人稱爲「南嶽大師」，「天台宗」尊奉爲二祖。「慧思」著有《大乘止觀法門》、《無諍三昧法門》、《安樂行義》等。

「慧思」的著作有《諸法無諍三昧法門》、《立誓願文》、《隨自意三昧》、《法華經安樂行義》、《四十二字門義》、《次第禪要》、《釋論玄門》、《三智觀門》。僅前四部流傳下來，其餘皆散佚。

「慧思」撰寫的《立誓願文》，爲中國「末法思想」的開端，文中述及已經進入「末法時期」。他對「佛滅年代」的推算，以及「末法時間」的推想，尚在《大集月藏經》譯出之先，這種撰述也是在「北周廢佛」之前的事。

「慧思」的弟子「智顗（一）」，創立了以《法華經》爲中心的佛教「天台宗」（也被稱爲「法華宗」）。另外一個弟子「靜琬（智苑）」繼承「慧思」的遺願，與其弟子，從「隋朝」開始刻經，即今之「房山石經」。

在「南朝」，佛教的代表人物輩出，而在「北朝」，只有「北齊」的高僧「慧文」一位。

（六）「慧文」（天台宗初祖）

「慧文」，又稱「慧聞」，為北齊「鄴城」的得道高僧。「慧文」幼年進入「天台㑽寺」，苦學深思，天眞獨悟，遂樹立「一心三觀」，開啟「天台宗」之源。

「慧文」依據「龍樹」《大智度論》內，所引《大品般若經》的一段話：「欲以道智具足道種智，當學般若；欲以道種智具足一切智，當學般若；欲以一切智具足一切種智，當學般若；欲以一切種智斷煩惱及習，當學般若。」領悟「一心三智」、「一心三觀」的「圓融觀」佛理，開創「天台禪行」的心法。「天台宗」尊奉為初祖，世稱「北齊尊者」。

「慧文」以「心觀」口授南嶽「慧思」，「慧思」授「智顗（一ˇ）」，成一代「天台宗師」。

（七）「三武一宗法難」

「南朝」的皇帝都信奉「佛教」，而「北朝」的皇帝，總的來說，歷代帝王也都扶植「佛教」。但是，在「北朝」的「北魏」和「北周」卻發生「禁佛」事件。

「北朝」的「北魏」和「北周」，再加上「唐朝」和五代十國時期的「後周」，在中國歷史上，總共發生四次「禁佛」事件，史稱「三武一宗法難」。

「三武一宗」是指「北魏太武帝」拓跋燾（ㄉㄠˋ），「北周武帝」宇文邕（ㄩㄥ），「唐武宗」李炎和「後周世宗」柴榮。這四位皇帝，曾經發動過「毀滅佛教」的事件，這四次的「滅佛事件」，使得「佛教」在「中國」的發展，受到很大打擊，因此在「佛教史」上，被稱為「三武一宗法難、三武一宗之厄」等等。

在這四次「法難」當中，「北魏太武帝」是因爲信奉中國本土的「道教」，要消滅外來的佛教，所以是「宗教信仰」不同的原因；而「北周武帝」、「唐武宗」和「後周世宗」是基於「經濟」上的理由。

「佛教」歷代的發展，給寺廟和僧人帶來巨大的經濟利益，加上「佛教」寺廟往往享有免稅、田地等特權。另外，「僧侶」不事生產，不服勞役，還擁有大量「僕役」，這造成了社會財富向「佛寺」的極大集中，嚴重影響了社會經濟的發展，「唐武宗」在「會昌滅佛」時就說「十分天下財，而佛有七八」。

而部分「僧侶」不守戒律，霸占田產，魚肉百姓的行爲，更積累了大量社會矛盾，終於導致「統治階級」通過「政治手段」加以解決。所謂的「三武一宗法難」，就是這種「矛盾鬥爭」激化的結果。

(1)北魏太武帝滅佛

「北魏」爲了統一北方，鞏固在「中原」的地位，以全民爲兵。那時，由於「沙門」歷來可以免除租稅、徭役。所以，「太武帝」就下詔，凡是五十歲以下的「沙門」一律還俗服兵役。

「太武帝」還聽從宰相「崔浩」的勸諫，改信「寇謙之」的「天師道」，排斥「佛教」，並逐漸發展爲「滅佛」的行動。

「太武帝」的「廢佛行動」，開始自太平眞君五年（公元四四四年）的「鎮壓沙門」，他下令上自王公，下至庶人，一概禁止私養「沙門」，並限期交出私匿的「沙門」，若有隱瞞，誅滅全門。翌年，「盧水」的胡人「蓋吳」在「杏城（陝西黃陵）」起義，有衆十餘萬人。

太平眞君七年（公元四四六年），「太武帝」親自率兵前去鎭壓，到達「長安」時，在一所「寺院」發現兵器，懷疑是「沙門」與「蓋吳」通謀，大爲震怒，下令誅殺全寺僧衆。

「崔浩」勸帝滅佛，於是「太武帝」進一步推行苛虐的「廢佛政策」：誅戮「長安」的「沙門」，焚燬天下一切經書和佛像。一時之間，舉國上下，風聲鶴唳。魏國境內的「寺院塔廟」，無一倖免於難，史稱「太武法難」。廢佛後六年，「太武帝」駕崩，「文成」帝卽位，下詔復興「佛教」，「佛教」才又逐漸恢復發展。

⑵北周武帝滅佛

北周武帝「宇文邕（ㄩㄥ）」，他當了十八年皇帝，死時僅三十五歲，是南北朝時期著名的政治家和軍事統帥。「北周武帝」是「南北朝時期」的一代英主，可惜正當他打算「平突厥，定江南」，實現統一全國理想的時候，卻病逝於出征前夕，令後人唏噓。

「北周武帝滅佛」，這和當時「北周武帝」推行的一系列的「改革政策」有很大的關係。

當時北方地區的「僧、道階層」過於龐大，不少民衆，爲避苛役重賦，相繼投入空門；此外，其時社會政治動亂的加劇，亦令普通百姓尋求相對安全的宗教庇護。以致全國的「佛寺」竟有三萬之多，「僧、尼」數目則有兩百萬人，這在當時北中國的人口比例上，達到了極高的程度。這促使「北周武帝」必須採取極端的手段，以擴大經濟來源，充實國力。

公元五七二年，「北周武帝」誅殺「宇文護」，把大權收歸己有之後，於次年十二月，召集「道士、僧侶、百官」再次討論「佛、道、儒」三教的問題。結論是：「以儒爲先，道教爲次，佛教爲後。」。「北周武帝」把「佛教」抑爲最末，事實上這已是「滅佛」的前奏。

建德三年（公元五七四年），「北周武帝」下詔「斷佛、道二教，經像悉毀，罷沙門、道士，並令還民。並禁諸淫祀，禮典所不載者，盡除之。」一時間，「北周」境內「融佛焚經，驅僧破塔……寶剎伽蘭皆爲俗宅，沙門釋種悉作白衣。」。

建德六年（公元五七七年），「北周」滅「北齊」之後，「北周武帝」立卽推行全面性的「滅佛政策」，毀寺四萬間，強迫三百萬「僧、尼」還俗，這對急需兵源和財力的「北周」來講，是強國富民的上策。

由於「北周」成功的推行「滅佛運動」，才使它的國力大大增強，爲「北周」滅「北齊」，以及「北周」統一北方都奠定了堅實的基礎。

值得一提的是，「北周武帝滅佛」和其他三個「滅佛事件」不同。因爲，「北周武帝」個人十分認可，甚至是推崇「宗教思想」。但是，當「宗教發展」與「國家運作」發生衝突時，他能夠果斷抉擇，而不拘泥於傳統。

「北周武帝」毀佛斷道，但是並不屠殺「僧侶」，顯示了他統治的高度靈活性。這一點獲得歷史學家很高的評價。不像最信奉「佛教」的「梁武帝」，最後落得餓死的下場。

但是，「北周武帝滅佛」這個事件，對「佛教」來說，卻是一個大劫難。所以，在「佛教史」上，將「北魏太武帝」及「北周武帝」和「唐武宗」的「毀佛政策」，並稱爲「三武之禍」。

(3)唐武宗滅佛

元和十四年（公元八一九年），「唐憲宗」敕迎「佛骨舍利」於鳳翔「法門寺」。先在宮中供養三天，然後送「京城」各寺，供僧俗禮敬，從而再次掀起全國性的宗教熱潮。

對此，「韓愈」從「儒家」的立場出發，予以堅決反對。他上表認爲，「佛教」只是「夷狄之法」，非「中國」所固有，只是在「東漢」時才傳入「中國」，因而不符合「先王之道」。又說，「佛教」的流行使「亂亡相繼，運祚不長」，對「封建統」治有害而無益。

「韓愈」的上表，正與「唐憲宗」的「奉佛心意」相牴觸，因而招致「唐憲宗」的盛怒，欲處「韓愈」以極刑。後來，經「裴度、崔群」等人的說情，最後「韓愈」被貶爲「潮州刺史」。

其實，「韓愈反佛」的出發點和立論根據，是爲了「強化中央政權」的「政治經濟利益」，確立「儒家文化」的正統地位。爲了實現他的「儒家政治理想」，他在所撰的《原道》中提出「人其人，火其書，廬其居」的口號，試圖以「行政手段」，徹底廢除「佛教」。

而「韓愈」這個思想，爲後來「唐武宗」的「滅佛」，提供了重要的依據。而他所提出的獨尊「儒學」和「儒家道統」，則對「宋代理學」的形成，有明顯影響。

「唐憲宗」在「唐朝中期」，還算是個有作爲的皇帝。此後，朝政腐敗，朋黨鬥爭，國勢日衰，而繼任的「唐穆宗、唐敬宗、唐文宗」照例提倡「佛教」，「僧尼」的數目持續上升，「寺院經濟」持續發展，大大削弱了「唐朝」的國力，加重了國家的負擔。

「唐武宗」繼位後，在整頓朝綱、收復失地、穩定邊疆的同時，決定「廢除佛教」。他認爲，「廢佛」是「懲千古之蠹源，成百王之典法，濟人利衆」的唯一辦法，這是「唐武宗」決心「滅佛」的主要原因。

「唐武宗」卽位後，開始整頓「佛教」。而「唐代」有名的道士「趙歸眞」，這時便利用「唐武宗」對「道教」的偏信，於宮中經常毀謗「佛教」。他向「唐武宗」薦引了道士「鄧元起、劉玄靖」等人，同謀毀佛。加強了「唐武宗」滅佛的決心。

「唐武宗滅佛」，實際上開始於「會昌初年」，而至「會昌末年」達到高潮。會昌二年（公元八四二年），「唐武宗」已經下令，「僧尼」中的「犯罪者」和「違戒者」還俗，並且沒收其全部財產。會昌三年四月，「唐武宗」下令，「命殺天下摩尼師，剃髮令著袈裟作沙門形而殺之」。

會昌四年七月，「唐武宗」敕令，毀拆天下凡是房屋不滿二百間，沒有敕額的一切寺院、蘭若、佛堂等，命其僧尼全部還俗。會昌五年三月，「唐武宗」敕令，不許天下「寺院」建置「莊園」，又令勘檢所有「寺院」及其所屬「僧尼、奴婢、財產」之數，爲徹底「滅佛」作好準備。

同年四月，卽在全國範圍內，展開全面性的「毀佛運動」。「僧尼」不論有牒或無牒，皆令還俗；一切「寺廟」全部摧毀；所有「廢寺」的銅像、鐘磬悉交「鹽鐵使」銷熔鑄錢，鐵交本州鑄爲農具。

同年八月，下詔宣佈「滅佛結果」：天下「所拆寺廟」四千六百餘所，「還俗僧尼」二十六萬五百人，收充兩稅戶；拆「招提、蘭若」四萬餘所，收膏腴上田數千萬頃，收「奴婢」爲兩稅戶十五萬人。

「會昌滅佛」給「佛教」沉重的打擊，「山東、河北」一帶的「寺院」，到處是「僧房破落，佛像露坐，寺舍破落，不多淨吃；聖蹟陵遲，無人修治」的景象。在江南地區，也是「剎宇頹廢，積有年所」的狀況。

⑷後周世宗滅佛

在這四次的「滅佛事件」中，「後周世宗滅佛」是最有影響的一次。其實在「五代十國時

期」，很多政權都前後採取過一些「禁佛」的措施，但是「後周世宗滅佛」，則是比較大的一次。「後周世宗」此次的「滅佛」，並沒有「大量屠殺僧尼、焚燬佛經」，而是帶有一種「整頓佛教」的性質，還保留著很多「寺院」與「僧尼」。但是，由於整個「中國佛教」的發展，已經走向了「勉強維持」的階段，經過這次的打擊之後，就更顯得蕭條衰落了。

(八) 佛像的雕刻與繪畫

有關「佛像」的雕刻與繪畫，在「敦煌、雲岡、龍門」等地，遺留著開鑿於當時的「大石窟群」，從其壁面所存許多「佛像」及「佛塔」等的觀察，便可知道當時建築、雕刻、繪畫之一般了，「敦煌莫高窟、雲岡石窟、龍門石窟」並列爲中國三大石窟。

⑴ 敦煌莫高窟

「敦煌莫高窟」俗稱「千佛洞」，位於甘肅省「敦煌市」東南二十五公里處「莫高鎭」的「鳴沙山」東麓斷崖上。

「敦煌莫高窟」最初是於十六國的「前秦時期」，苻秦建元二年（公元三六六年），由沙門「樂僔」開始經營，歷經十六國、北朝、隋、唐、五代、西夏、元等歷代的興建。現有「洞窟」七百三十五個、「壁畫」四萬五千平方米、「泥質彩塑」二千四百一十五尊，是世界上現存規模最大、內容最豐富的佛教藝術地。

「敦煌莫高窟」安置有許多的「石雕」及泥塑的「佛菩薩像」乃至「諸天像」，四壁以及天井，均曾用油漆粉刷之後，加以繪製當時盛行的「釋迦、彌陀、藥師」等像，淨土「變相」、《法

華經》、《維摩經》、《報恩經》、《觀音經》、《華嚴經》等的「變相」，並描寫有「本生譚、佛傳」等的圖畫，故被稱作佛教藝術的寶庫。所謂「變相」，是用圖畫形像的變化，來表現經文中所說的種種故事。

近代以來，又發現了「藏經洞」，內有從四世紀到十一世紀（卽十六國到北宋）的歷代文書和紙畫、絹畫、刺繡等文物五萬多件。

⑵雲岡石窟

「雲岡石窟」位於山西省「大同市」西郊，主要建於北魏興安二年（公元四五三年）到太和十九年（公元四九五年）間，是中國第一處由「皇室顯貴」主持開鑿的大型石窟，整個窟群分東、中、西三部分。

「東部」的石窟多以「佛塔」爲主，又稱「塔洞」；「中部」「曇曜五窟」是「雲岡」開鑿最早，氣魄最大的窟群；「西部」窟群的時代略晚，大多是「北魏」遷都「洛陽」後的作品。

石窟依山開鑿，在「武州」河北岸東西綿延一公里，主要洞窟達五十一個，整個窟群共有大小佛蹲一千一百多個，大小佛像五萬一千多尊，「最大佛像」高達十七公尺，「最小佛像」僅有二厘米高。最大石窟是第六窟，「北魏孝文帝」時開鑿，由地面到窟頂高達二十公尺。

「北魏太武帝滅佛」之後，沙門「統曇曜」，於「北魏文成帝」興安二年（公元四五三年）至「平城」，自「北魏文成帝」興光元年（公元四五四年）之秋開始，爲「北魏」建國以來的五帝（太祖道武帝、太宗明元帝、世祖太武帝、恭宗景穆帝、高宗文成帝），作「追善菩提」和「懺悔滅罪」，開鑿五個大窟（第十六至二十窟）。

此後這種工作，連續到「唐代」爲止，所開石窟，蜿蜒長達十二公里。經過一千數百年的現在，已有不少被破損。自「北魏」到「隋唐」的二十餘石窟及無數的石佛，一面屬於「敦煌石窟」的風格系統，一面則另增加了「胡族君主」雄渾的風貌，故有高達十五公尺的石雕立像及坐像。

(3)龍門石窟

「龍門石窟」位於河南省「洛陽市」南郊十二公里處的伊水兩岸的「龍門山」和「香山崖壁」上，主要開鑿於「北魏」至「北宋」的四百餘年間，至今仍存有「窟龕」二千一百多個，造像十萬餘尊，碑刻題記三千六百餘品，多在「伊水」西岸。數量之多，位於中國各大石窟之首。其中「龍門二十品」是書法魏碑精華，唐代著名書法家「褚遂良」所書的「伊闕佛龕之碑」則是初唐「楷書」藝術的典範。

「龍門石窟」是「北魏孝文帝」於太和十七年（公元四九三年）自「大同」遷都「洛陽」後，爲紀念「母后」開始營造。歷時二十多年，投入巨額經費而告竣功。

另外，從《高僧傳》中可以見到，「南北朝時期」的「彌陀信仰」者，可舉的有「法曠、慧度、僧顯、慧宗、曇鑒、慧通」等，也有願生「兜率天」的「彌勒信仰」，例如「道安」及其門人「爲始」，又有「僧輔、智儼、道法」等。

六、隋唐時期

從「印度」傳來的「佛教」，經過「魏晉南北朝」的發展，無論在思想上和經濟上，都爲「隋唐時期」創立具有「中國特色」的佛教宗派，創造了條件。

「魏晉南北朝時期」處於長期的分裂狀態，到了「隋唐時期」，國家統一，政經穩定，社會、文化、生活，各方面都很豐裕，國泰民安。再加上「朝廷」對宗教的包容，促成「大乘佛教」各宗派的蓬勃發展，「禪宗、淨宗、律宗、密宗、天台宗、華嚴宗、唯識宗、三論宗」等，「大乘八宗」皆大成。這些宗派創立之後，隨著「隋唐時期」，「中國」對外交通的開拓，不久卽傳播海外。

「隋唐時期」的「佛教藝術」，有了明顯的轉變，形成了「中國佛教藝術」發展的一個新階段。這一時期出現的各種「佛教造像」，在風格上已經擺脫了以前的那種呆滯、平板的表清和神秘氣氛的籠罩。開始出現一種新的，顯得溫和圓潤、生動柔和的風格。人物造型也從「南北朝時期」的「清瘦飄逸」轉向「豐滿端麗」。

「隋文帝」統一「南北朝」之後，卽下詔在「五嶽勝地」修建「寺院」各一座，並恢復了在「北周禁佛時期」所破壞的寺廟和佛像。在首都「大興城」建立了執行「佛教政策」的國家寺院「大興善寺」，又在全國建立了多座「舍利塔」，並廣置「佛經翻譯場」，羅致中外的「譯師」和「名僧」進行翻譯、疏解「佛教經典」。

「隋煬帝」繼「隋文帝」的「保護佛教政策」，在「揚州」建立了著名的「慧日道場」等，作爲傳播「佛教」的據點，並繼續發展「譯經事業」，「佛教」因此十分興盛。

「唐朝」建國開始，對於「佛教」的態度，是採取嚴格的政策。由於太史令「傅奕」，爲謀「富國利民」，上奏「政策二十一條」，減省「寺塔僧尼」，故「唐高祖」下令淘汰揀選「佛道

二教」。「長安」殘留「佛寺三所、道觀兩所」；地方諸州，殘留「寺觀各一所」，讓勤於修練的「僧道」居住，此外所有「寺觀」一律廢止，「僧道」則命之還俗。這是延續「北魏」和「北周」之後，「破佛」的嚴厲政策，可是到「唐太宗」即位，這個政令就中止了。

「唐太宗」感慨天下優秀的「僧道」人數減少，故命以二千人爲限度，藉以選度「僧道」的人才。並且，對於「佛道」二教的行政，制定了「寺觀」的制度，由「戒壇場所」發給「戒牒（僧尼受大戒的憑證）」，以「戒牒」和國家的「度牒」的兩種文書，證明出家的身分。同時規定「出家者」必須攜帶這兩種公度文書，以便嚴密取締私度的「僞濫僧」。

「唐太宗」貞觀三年正月，下詔「長安」的「沙門」，於每月二十七日，轉讀《仁王經》，以祈念「唐室」的安泰與資福國家。這些由於「皇帝的敕命」而作的「臨時建齋法會」，以及「月例法會」和「年中行事的齋供」，都是由國家支給。

在「唐代」的「官寺」以及「一般佛寺」，都會舉行「佛誕、佛成道、佛涅槃、盂蘭盆」等法會，由於作爲年中例行之事的「佛教儀禮」，朝野人士參加這種盛儀的風氣，非常盛行。尤其，「六朝」以來，就流行的「無遮大會」，是不分道俗及貧富而平等設齋的施食法會。

另外，「唐代」的「佛教」，對於一般社會的「孤獨者、貧窮者、疾病者」，做著種種的「社會救濟事業」。從對愛護生物的「放生」，對「刑滿出獄者」的保護，「凶年饑饉」時的衣食賑給，以及「義井、義船、義橋」的設施，乃至推展到「免費休憩宿泊所」等，各種「社會福祉」的工作，發揚「佛教」偉大的慈悲精神。

「佛經」裡有「正法時期、像法時期、末法時期」的三期之說，剛好遇到「北魏破佛」至「北周破佛」事件的發生，讓當時的百姓，聯想到是不是「末法時期」已經來到。

下面簡介「隋唐時期」九位著名的「高僧大德」。

（一）「智顗」（天台宗四祖）

「智顗（ㄧˇ）」是中國佛教的「天台宗四祖」，也是實際的「天台宗」創始者。俗姓陳，隋代「荊州華容（今湖北鄂州市）」人，世稱「智者大師、天台大師」。

「智顗」七歲卽好往「伽藍（佛教寺院）」，諸僧口授《普門品》一遍，卽誦持之。年十八，投「果願寺」的「法緒」出家。未久，隨「慧曠」學習「律藏」，兼通「方等」，後入「太賢山」，誦「法華、無量義、普賢觀」諸經，通達其義。

後來，「智顗」入光州「大蘇山」，參謁「慧思」，「慧思」爲示「普賢道場」，講說「四安樂行」。一日，誦《法華經藥王品》，豁然開悟。既而代「慧思」講課，更受其付囑入「金陵」弘傳「禪法」。

「智顗」住「瓦官寺」八年，除了講《法華經》之外，還講《大智度論》和《次第禪門》，寫出《六妙法門》等，從而樹立新宗義，判釋經教，奠定了「天台宗」教觀的基礎。

「智顗」廣弘教法，創「五時八教」的判教方法，他強調「止觀雙修」的原則，發明「一心三觀、圓融三諦、一念三千」的道理，成立「天台宗」的思想體系。

「智顗」成爲中國佛教宗派史上第一個宗派「天台宗」的始祖，也是實際的創始者。因爲，「智顗」晚年居住「天台山」，故稱爲「天台宗」。又因爲以《法華經》爲主要教義根據，故亦稱

爲「法華宗」。

「智顗」在「天台山」修行十一年，據說他在「天台山」居住時，爲使臨海的居民放棄以「捕魚殺生」爲業，勸募衆人購置「放生池」，復傳授池中族類「三皈戒」，爲彼等說《金光明經》、《法華經》等，以結法緣，從而開佛教「放生會」的濫觴。

在「天台宗」的傳承系譜上，尊「龍樹」爲初祖，以北齊「慧文」爲二祖，「慧思」爲三祖，「智顗」是四祖。自「智顗」以來，代代相傳。

十一世紀初，因爲爭論智顗《金光明玄義》廣本的眞僞，分爲「山家」和「山外」兩派。「山外派」不久衰微，今所傳者都是「山家派」。

「智顗」生前度僧四千餘人，傳業弟子三十二人，以「灌頂、智越」等最著名。「智顗」弘法三十餘年，其著作小部分是親自撰寫的，大部分由弟子「灌頂」隨聽隨錄整理成書。

「智顗」的著作衆多，著有《法華經玄義》二十卷、《法華經文句》二十卷、《觀音玄義》二卷、《觀音義疏》二卷、《金光明經玄義》二卷、《金光明經文句》六卷、《維摩經玄疏》六卷、《維摩經疏》二十八卷、《維摩經略疏》十卷、《四教義》十二卷、《三觀義》二卷、智顗前出《淨名玄義》十卷；後爲晉王「楊廣」著疏，並別制《玄疏》。

因爲將前出《玄義》分爲三部，即《四教義》六卷、《四悉檀義》二卷、《三觀義》二卷）、《請觀音經疏》一卷、《觀無量壽佛經疏》一卷、《阿彌陀經義記》一卷、《仁王護國般若經疏》五卷、《金剛般若經疏》一卷、《菩薩戒義疏》二卷、《摩訶止觀》（初名《圓頓止觀》）二十卷、《釋禪波羅蜜次第法門》十卷、《六妙法門》一卷、《小止觀》一卷、《四念處》四卷、《五方便唸佛門》一卷、《禪門口訣》一卷、《禪門章》一卷、《禪門要略》一卷、《觀心論》一卷、《觀心誦經法》一卷、《觀心食法》一卷、《釋摩訶般若波羅蜜經覺意三昧》一卷、《方等三昧行法》一卷、《法華三昧懺儀》一卷、《請觀音懺法》一卷、《金光明懺法》一卷、《天台智者大師發願文》一卷、《普賢菩薩發願文》一卷。

此外，「智顗」的著述還有《大智度論疏》二十卷、《彌勒成佛經疏》五卷等，現已散佚。又有《淨土十疑論》一卷。

「智顗」的著述，建立了「天台宗」的解行規範，其中主要的是《法華經玄義》、《法華經文句》、《摩訶止觀》世稱爲「天台三大部」；又《觀音玄義》、《觀者義疏》、《金光明經玄義》、《金光明經文句》、《觀無量壽佛經疏》，稱爲「天台五小部」。

「智顗」的「心法特點」，在於「教觀雙運，解行並重。」」。在發揮《法華經》的要旨方面，他以「化儀四教」和「化法四教」判釋「釋迦」的教義，用「五重玄義」解釋「經題」，述爲《法華玄義》；以「四釋（因緣釋、約教釋、本跡釋、觀心釋）」詮經的文句，述爲《法華文句》；以「一心三觀、十乘觀法」開顯「圓頓止觀法門」，述爲《摩訶止觀》。「智顗」的學說，在「中國佛教史」上影響很大。

（二）「吉藏」（三論宗初祖）

「隋代」的「吉藏」，他的父親是「安息」人，母親則爲「金陵」里女馮氏，他生於「梁武帝」時期的「金陵」，被稱爲「胡吉藏」。依金陵「興皇寺」的「法朗」學習「三論」，研究其奧

義。由於「陳末之亂」，避難至「越州（浙江省）」，住「嘉祥寺」，弘講「三論」。所謂「三論」，是指印度「龍樹」所著的《中論》、《十二門論》，和「提婆」的《百論》，合稱爲「三論」。

後來，「吉藏」應「晉王廣」之請，入「揚州（江蘇府）」的「慧日道場」，著《三論玄義》。此後，移住「長安」的「日嚴道場」，盛弘「八不中道」的妙理，成爲「長安十大德」中的第一位，歷住「實際、定水、延興」諸寺，「三論」之教學，因而在「長安」的「佛教界」，取得了壓倒優勢的地位。

「吉藏」的著述，除了《三論玄義》之外，尚有《中論疏》、《百論疏》、《十二門論疏》，以及關於《華嚴經》、《大品經》、《法華經》、《無量壽經》、《涅槃經》等經典的註釋書，凡二十餘部。

「三論宗」在「吉藏」圓寂之後，雖然仍盛行於「長安」，可是在稍後，由於「玄奘」帶回「唯識論書」，予以傳譯與研究之盛行，「三論宗」遂趨於衰頹。

(三)「善導」（淨土宗初祖）

在「唐朝」，「佛教」的「淨土宗」興起。隨著「佛經」的傳來，好多宣說「阿彌彌陀本願」及其「西方淨土」的經典，也被譯成了漢文，因此萌芽往生「西方極樂世界」的信仰，從公元五世紀前後開始，「阿彌陀佛」的造像也盛行了起來。

「趙宋」以後，「淨土宗」又稱爲「蓮宗」，以東晉「廬山慧遠」爲其始祖，其第二祖，則立

唐長安「光明寺」的「善導」，爲「淨土宗」的傳燈。

「善導」爲「淨土宗」的首位實際創立者，「淨土宗」推崇他爲二祖。「善導」初習「三論宗」，間讀《法華經》、《維摩詰經》諸經，見「西方變相圖」，深受感動，很早即發願往生「西方淨土」。

公元六四一年，「善導」跟隨「玄中寺」的「道綽大師」，學「淨土宗」，習《觀無量壽經》，徹底覺悟，認爲「淨土法門」是眞入佛的關鍵，修行其他法門，難有成就，惟此法門，速超生死。

「道綽大師」圓寂之後，「善導」轉赴「長安」，在「慈恩寺」盛弘「淨土法門」，激發僧俗諸同修念佛，求生「西方極樂淨土」。「善導」書寫了《阿彌陀經》十萬卷，廣作流佈，也著有作爲讀誦作法的《法事讚》二卷。

「善導」又造了「淨土變相」三百餘張，用以莊嚴佛寺的壁面。「淨土變相」是描繪「阿彌陀佛」在西方的「極樂淨土」，以無數「聖衆」爲對象的說法圖景。同時藉著「淨土變相圖」，向文盲的婦女孩子們，鼓吹發起願生「西方淨土」的信心。「武則天」在東部「龍門」的「奉先寺」，造立「大石佛」，也命「善導」擔負其檢校的重任。

「善導」的著作，現存的世稱「五部九卷」：《觀經四帖疏》（《觀無量壽經疏》）四卷、《觀念法門》一卷、《法事讚》二卷、《往生禮讚》一卷、《般舟讚》一卷。其中《觀經四帖疏》古今大德皆尊稱爲「楷定疏」或「證定疏」，奉爲金科玉律，視爲神聖寶典。

「佛教」自古重視「戒、定、慧」三學，「學佛者」以學習「戒律」爲修習「定學」的基礎，

再學習「禪定」，才能進入「慧學」，所以，「戒、定、慧」三學，是修習「佛法」的過程。

關於「佛教」對「戒律」的傳承，相傳佛滅後，由「優波離尊者」結集「律法」，分八十次誦出「根本律制」，再傳「迦葉、阿難、商那和修、末田地、優波崛多」等五大尊者。佛滅大約一百年，「法正尊者」用「上座部律藏」中之契同己見者，採集成文，前後四度結集，分爲「四夾」，稱爲「四分律」。

「四分律」出自「曇無德部」，「曇無德」是「法藏部」的梵文音譯，原爲印度「上座部」系統「法藏部」所傳的戒律，故又稱「曇無德律」。

《四分律》由四部分構成：

⑴「初分」爲「比丘戒」，共二十一卷；

⑵「第二分」爲「比丘尼戒」和二十《犍度》中的前三個半《犍度》，共十六卷；

⑶「第三分」爲「安居自恣」等法，包括《皮革犍度》等十四個半《犍度》，共十二卷；

⑷「第四分」爲「房舍」等雜法，包括《房舍犍度》、《雜犍度》及「五百集法」、「七百集法」、「調部毘尼」、「毘尼增一」，共十一卷。

所謂「犍度」是梵語的音譯，「犍度」原意爲「軀幹」，引申爲「彙編而成的篇章」，爲關於「僧團戒規」和「僧尼戒規」的彙編。

在「釋迦牟尼佛」涅槃後，五百位「阿羅漢」舉行了「第一次集結」與「第二次集結」。在集結中，除了集結出「波羅提木叉（指遠離諸煩惱惑業而得解脫所受持之戒律）」之外，還有「七十五學處（即比丘、比丘尼學習戒律時，所遵循之戒條，如五戒、八戒、十戒等）」，也被記

錄下來，分門別類，形成了《犍度》。

在「唐朝」實施「中央集權」的國家體制時，對於「佛教政策」趨於嚴格，注重「僧侶」的品德操行，遂使《四分律》遍及全體的「中國佛教」，確保了「戒律」的地位。此時，「道宣」以《四分律》爲基礎創立了「律宗」。

(四)「道宣」(律宗初祖)

「道宣」是江南「丹徒(江蘇省)人」，生於「長安」，爲「律宗」南山宗初祖，又稱「南山律師、南山大師」，世稱「律祖」。初依「智首律師」學習「律藏」，受具足戒。「長安」的「西明寺」竣工後，即被敕任爲該寺「上座」。

「道宣」以《四分律》爲基礎，再參考其他各部「律典」，綜合各家之所長，會通「大乘」和「小乘」，形成自己獨到的見解。

「道宣」爲盡力於「律學」的振興，著有《四分律刪繁補闕行事鈔》、《四分律羯磨疏》、《四分律戒本疏》，稱爲「律宗三大部」；再加上他的《拾毗尼義鈔》及《比丘尼義鈔》，合稱爲「律之五大部」，可說是集「律宗」之大成，被尊稱爲「南山律師」，稱呼其「律學」的系統爲「南山宗」。晚年於「終南山」的「淨業寺」，設置「戒壇」，並著《關中創立淨業戒壇圖經》。

另外，「道宣」在「佛教文史學」上貢獻也很大，撰《續高僧傳》三十卷和《釋迦方誌》二卷。

「中國佛教」對《華嚴經》的研究很早，自「東晉」的「佛陀跋陀羅」，翻譯出六十卷《華嚴

經》以來，就有人研究了。

到了「唐朝」，產生依據《華嚴經》來修習佛法的「華嚴宗」。「華嚴宗」在「中國佛教」的傳統上，一般的說法有「五祖」相傳，即「初祖杜順、二祖智儼、三祖法藏、四祖澄觀、五祖宗密」。

（五）「杜順」（華嚴宗初祖）

「杜順」，「雍州（今陝西省）」萬年人，俗姓「杜」，法號「法順」，十八歲依止「因聖寺」的「僧珍禪師」出家，時人稱號爲「燉煌菩薩」，「唐太宗」尊稱爲「帝心尊者」。

「杜順」擅長於「禪觀」，因爲他不滿當時的學風，便將他自己體證到《華嚴經》的玄旨，著成《五教止觀》，以示其悟入法界的觀門；更著《法界觀門》，將《華嚴經》的思想，歸納整理爲「三觀」。他是一位新教學的創說者，也是一位實踐的宗教家，德行極高，深受「唐太宗」的信任。

「杜順」曾經長住於「南山」，故又稱爲「終南法順」。重要著作有《華嚴五教止觀》一卷、《華嚴法界觀門》一卷，其他尚有《十門實相觀》、《會諸宗別見頌》各一卷。門下聞名的弟子有「智儼、動意、達法師、樊玄智」等人。

「杜順」開創的「華嚴宗」，對於後來「宋學」的成立，以及「禪宗思想」的形成，擔任了很大的先驅使命。

（六）「惠能」（禪宗六祖）

在「唐朝」，「禪宗」很盛行，一直盛行到今日。「禪」是梵語「禪那」的略稱，翻譯為「靜慮」，是一種宗教的實踐行為。「禪宗」，卽以「禪」為修行法門而得名。

其實，「禪法」很早就從「印度」傳來「中國」，「東漢」桓帝建和二年（公元一四八年），有「安世高」從西北「印度」來到「洛陽」，翻譯出坐禪方法的《禪行法想經》、《大安般守意經》、《陰持入經》等，傳來了「小乘的禪法」。

根據《高僧傳》的記載，當時有很多「修行人」，是依據這些「禪經」來修習的。到後秦之際，「鳩摩羅什」翻譯出《坐禪三昧經》；「東晉」之世，北印度出身的「佛陀跋陀羅」，在「廬山」翻譯出《達摩多羅經》，因為其門下弟子的努力而萌芽了「大乘禪法」。另外，北魏的「孝文帝」，從「印度」厚禮迎取了「佛陀禪師」，在「洛陽」之東，為建「嵩山少林寺」居之，受業弟子有百人，直到「菩提達摩」來華，便為「中國」的「祖師禪」，開了基業。

「惠能」，生於「唐代」的「嶺南道（今廣東）」新興縣，是「禪門南宗祖師」，與「北宗神秀」分庭抗禮，世稱「禪宗六祖」。「惠能」提出「直指人心、見性成佛」之旨，一掃僧徒繁瑣章句之學。其弟子眾多，嗣法四十三人，度化四十二人。

「惠能」父親早亡，家境貧窮以賣柴為生，不識一字。一次，「惠能」在客店賣柴後，聽到有人讀誦《金剛經》，當下卽便開悟，問經從何來。「念誦者」告訴他是從「黃梅山」的「五祖弘忍」而來，於是「惠能」前往「黃梅山」拜謁「五祖弘忍」。「五祖弘忍」知道「惠能」根性大利，派他在廚房做工。「惠能」八月有餘，只是「舂米，砍柴」，未曾上過一次正殿，聽過一次法會。

後來，「五祖弘忍」有意傳法，命弟子作偈以呈，以檢驗他們的修爲。「神秀」上座呈偈曰：「身是菩提樹，心如明鏡台，時時勤拂拭，莫使惹塵埃。」「五祖弘忍」告訴大家應照著這個偈修習，能得大利益。但是私下裡，他告訴「神秀」，並未開悟，再呈一偈。

「惠能」聽後亦誦一偈，請人代勞題於壁上：「菩提本無樹，明鏡亦非台，本來無一物，何處惹塵埃。」大衆皆驚，弘忍「五祖弘忍」見後，告訴大家並未開悟，將偈子擦乾淨。

後來，「五祖弘忍」於三更招「惠能」秘授《金剛經》，於「應無所住而生其心」大徹大悟。「五祖弘忍」於是傳衣鉢，定爲傳人。並且囑咐「六祖惠能」坐船南下，等時機成熟後再弘法，「衣鉢」就到你爲止不要再傳了。

後來，「六祖惠能」隱蔽十五年，才在廣州「法性寺」，由「印宗」剃度，開始弘法。「禪宗」開枝散葉，形成「五宗七派」的輝煌時期。

「唐玄宗」開元二年（公元七三〇年），在河南「滑台（今滑縣）」的「無遮大會」上，「六祖惠能」的弟子「荷澤神會」辯倒了「神秀」的門人「崇遠、普寂」，使得「南宗」成爲「中國禪宗」的正統。

（七）「玄奘」（俱舍宗初祖）

在「唐朝」，有一位赫赫有名的取經大師「玄奘」，去「印度」留學和取經回來中土。「玄奘」師事「戒賢論師」，而傳受了「無著」與「世親」的「唯識學」及「俱舍學」，開啟了「法相宗」和「俱舍宗」的基業。

「玄奘」是河南「陳留」人，童年出家，遊歷各地，學過「涅槃、毘曇、攝論、成實、俱舍」等學，因鑑於異說無定，便想找到《阿毘達磨論》和「唯識學」的原典，加以考究，故於「唐太宗」貞觀三年（公元六二九年），獨自從「長安」出發西行。

冒著途中的許多危險，沿著「新疆省」的「天山北路」，經過「西土耳其斯坦」及「阿富汗尼斯坦」，進入「印度」，最後住於「那爛陀寺」。

當時的「那爛陀寺」，是「大乘佛教」的大本營，「亞洲」各地，有很多的「修道者」和「留學僧」，齊集到該處去，因爲主持該處的「戒賢論師」，已經有一百零六歲了，是位最傑出的高僧。「玄奘」師事「戒賢論師」，學習了「瑜伽、顯揚、婆沙、俱舍」等諸論，以及「護法」的「唯識學」。

此後，「玄奘」訪問了「印度」各地的「佛陀遺跡」，留學「印度」先後經歷十七年，於貞觀十九年，回到帝都「長安」之時，帶回的東西，除了「佛舍利」之外，還有「大乘經論」、「小乘諸派」的「三藏」、「因明學」、「外道的哲學原典」等，共計六百五十七部。「玄奘」受到朝野人士的熱烈歡迎，記載他當時旅行見聞的《大唐西域記》，非常有名。

「玄奘」回到「長安」之後，全力推廣他的所學，由尤其是「唯識學」及「俱舍學」，開啟了「法相宗」和「俱舍宗」兩個宗派。

先說「法相宗」，「法相」的起源，是發源於「印度」的「瑜伽派」。「無著」承襲「彌勒菩薩」之說，撰寫《攝大乘論》及《顯揚論》等，宣揚「唯識」的奧義。「無著」的弟弟「世親」，撰寫《唯識二十頌》及《唯識三十頌》，成就「唯識」的教理。

其實，「世親」的「唯識學」，早在「南北朝時期」，就傳譯到了「中國」。在北方，有「菩提流支」及「勒那摩提」；在南方，則有「眞諦波羅末陀」，並且產生根據《十地經論》和《攝大乘論》而成立的「攝論宗」和「倶舍宗」學派，而「攝論宗」後來被「法相宗」所吸收。

還有曾在「那爛陀寺」跟隨「戒賢論師」學習的中印度人「波羅頗迦羅蜜多羅」，於「唐太宗」貞觀元年（公元六二七年），來到「長安」，傳譯「清辨」的《般若燈論釋》以及「無著」的《大乘莊嚴經論》等。

「法相宗」是根據「阿賴耶識緣起」的理論，宣揚「萬法唯識」的教義爲宗旨，否定對「心外之物」的「分別執著」，以徹悟到「唯識」的「無分別智」爲目的。這個「唯識學」，是依據「六朝時代（指中國歷史上三國至隋朝的南方的六個朝代。即孫吳、東晉、南朝宋、南朝齊、南朝梁、南朝陳）」，傳來中國的《地論》及《攝論》等學派所說的「緣起論」，加上「玄奘」攜歸的「印度佛教學」融合而成。

到了十九世紀，其中最有名的是：窺基、圓測、普光、法寶、神泰、靖邁、慧立、玄悰、神昉、宗哲、嘉尚等人。此後，雖然沒有研究「梵文原典」的後繼人才，但是以傳承「玄奘」的「唯識學」而成爲「法相宗」初祖的「窺基」作中心，他的門下極盛。

（八）「窺基」（法相宗初祖）

「窺基」是「法相宗（唯識宗）」的創始人，被尊稱爲「慈恩法師」。十七歲出家，奉敕爲「玄奘」的弟子，入「弘福寺」，後移住「慈恩寺」，跟從「玄奘」學習「梵文」及「佛教經論」。

「窺基」與「玄奘」參與譯經，「玄奘」翻譯「唯識論」時，與「神昉、嘉尚、普光」三人共同檢文、纂義，以議不合，「玄奘」就遣出三人而獨留「窺基」，遂參糅「印度十大論師」的釋論而完成《成唯識論》。

「窺基」後來遊「太行山、五台山」，宣講大法，及返「慈恩寺」傳授「玄奘」的佛法，著述甚多，時稱「百本論師」，而以《唯識論》爲宗，故又稱爲「唯識法師」。「窺基」的著作有《法苑義林章》、《瑜伽論略纂》、《百法明門解》、《因明入正理論疏》、《攝大乘論鈔》、《勝宗十句義章》等。

接下來談「俱舍宗」，「玄奘」的教學，主要可分作「法相」及「俱舍」兩流。「普光、法寶、神泰」，爲「玄奘」翻譯出的《俱舍論》加以註釋，敷衍其精義，成立了「俱舍宗」。

「俱舍」是「對法藏」的意思，「對法藏」即是對於佛在諸經中所開示的法，加以考察的意思；即是由各種角度，對佛陀的教法，探討究的態度。《俱舍論》是包含了採用這種態度的諸多論書思想的一部論書，所以稱爲「對法藏」。

其實，「俱舍宗」在「玄奘」之前，就已經有「眞諦波羅末陀」的譯本，但是沒有盛行。直到「玄奘」的新譯《俱舍論》一出來，又有「普光」爲著《俱舍論記》，「法寶」及「神泰」各撰《俱舍論疏》，廣爲弘揚之後，「俱舍宗」的研究風氣，便因之大開。

「俱舍宗」的教義，在「法相宗」以外的各宗，也和「唯識學」同被視爲佛教學的基礎。故至今日，不問是那一宗派的學者，均可能研究《俱舍論》。

最後，介紹「唐朝」盛行的「密教」。「密教」之傳來，早在「東晉」前期，即有「龜茲國」

的「帛尸密多羅」，譯出《大灌頂神咒經》，又有在「東晉孝武帝」年間，「西域」的「曇無蘭」譯出《時氣病經》、《咒齒經》、《咒目經》、《咒小兒經》、《請雨咒經》、《止雨咒經》、《咒水經》等許多的「密教」經典。

從這些經典的名稱，就可知道是為治療齒痛、眼疾，以及求雨等的咒文，亦為總持了「諸天之神」的咒文，因此形成了「咒術」的盛行。這種與「道教」的「符咒」相通，而被「中國人」所能理解的「咒術」，即所謂的「雜密」，還不能算作是「密教」，卻為「密教」的接受和成長，奠下了基礎。

（九）「善無畏、金剛智、不空」（密教三初祖）

到了「唐玄宗」的時代，由於號稱「開元三大士」的「善無畏、金剛智、不空」來到「中國」，使得「密教」的「教理、儀軌、曼荼羅」等，完成了組織化及體系化。

「善無畏」出身於印度「摩揭陀國」的王族，由於內亂而出家，師事「那爛陀寺」的「達摩鞠多」學習「密教」。後來，經「中亞細亞」，於「唐玄宗」開元四年（公元七一六年）到達「長安」，受到「唐玄宗」的歡迎。在宮中修行「真言祕密之法」，譯有《大日經》七卷，同時，以其口述，由弟子「一行」編成了《大日經疏》二十卷。

「金剛智」是南印度「摩賴耶國」人，「婆羅門」種姓，由於「南印度」大旱，應其「國王」邀請，「金剛智」前去祈雨。而後「國王」為「金剛智」專門建造寺院。三年後，「金剛智」前往「師子國」瞻禮聖跡。回來後，準備前往「東土」。

「南印度國王」派人護送「金剛智」，並帶上了許多的「梵文經典」，以及許多珍寶。從「海路」經「師子國、佛誓、裸人國」等二十餘國，歷經艱險，歷時三年，終於開元七年（公元七一九年）到達「廣州」，「節度使」派數百船隻前來迎接。次年初，到達東都「洛陽」，而後在兩京傳教。先後在「慈恩寺、薦福寺、資聖寺、大薦福寺」等處，或建立壇場，或翻譯經典，度化四衆。

「金剛智」的著作有《金剛頂經大瑜伽祕密心地法門義訣》，爲《金剛頂瑜伽中略出念誦經》的註釋，是由「金剛智」口說，弟子「不空」筆受而成。

「不空」是南天竺「師子國」人，十四歲時，在「闍婆國」依止「金剛智」。後來，隨「金剛智」到「洛陽」。由於才華出衆，通曉多種語言，「金剛智」出經時，常請「不空」作翻譯。

開元二十九年（公元七四一年），「唐玄宗」准許「金剛智」返回「天竺」，八月行至「洛陽」時，「金剛智」圓寂。十二月，「不空」率弟子「含光、惠辯」等三十七人從「廣州」出發，歷經艱險，於次年到達「獅子國」，受到國王的隆重歡迎。

而後，「不空」拜見「普賢」阿闍黎（導師），恭敬供養，求十八會金剛頂瑜伽法門「毗盧遮那大悲胎藏」，「普賢」遂給「不空」及「含光、惠辯」授五部灌頂，此外還傳授了其他一些「密法」。「不空」非常勤奮，經過三年，將各種儀軌、造像、壇法，都學得很精通。通過到「天竺」各地遊歷，搜集了許多經論梵本。

天寶五年（公元七四六年），「不空」帶著「獅子國」國王的國書以及各種法寶，回到了大唐首都「長安」，奉敕暫住「鴻臚寺」。不久，入宮爲「唐玄宗」灌頂。後來，移居「淨影寺」，進行翻譯、傳法等。因祈雨止風有神效，「唐玄宗」贈號「智藏」。

「不空」在「唐肅宗、唐代宗」時，翻譯出《金剛大教王》等經，共計一百四十二卷。「不空」特別著力於「金剛頂瑜伽部」，以及「雜密」中的《金剛大道場經》的「一字佛頂法」，和「文殊咒藏」的「閻曼德迦法、金翅鳥法、摩利支法」等，撰有《總釋陀羅尼義讚》等著作。

「密教」重視「曼荼（ㄊㄨˊ）羅」，它是「法身如來」的「淨」，即是指的「自證境界」。因此，它亦意味著「衆生」本有的「自性清淨心」。這個形而上的「曼荼羅世界」，爲了要用普通的經驗的知識來理解它，故用易於領會的「象徵圖繪」，把「曼荼羅」表示出來。

「曼荼羅」有「胎藏界」和「金剛界」兩部，「善無畏」與「一行」，主要是傳「胎藏界」；「金剛智」與「不空」，主要是傳「金剛界」。兩部本來不二，不過是表現出唯一法的表裡關係而已。

「胎藏界曼荼羅」，中央是「大日如來」，在其東、西、南、北的四方有「四佛」，更在其外部，配置「菩薩」四百十四尊。

「金剛界曼荼羅」，劃分「九部」，成爲「九會」，各會配之以「諸尊」，計一千四百六十一尊。由此而言「密教」，可說是多神的，從佛教的諸佛及諸尊，以迄教外的諸尊及諸天，均被置於其中；乃至修法用的道具法器，也被包攝其中。

「胎藏界」和「金剛界」是「開悟」後的境界，「開悟」後，觀察眼前的一切事物，全體是絕對的顯現；也就是說，除了「大日如來」之外，一切都空無不在。

七、五代十國時期

進入「五代十國」時期，由於「後周世宗」於顯德二年（公元九五五年）廢除天下的「佛寺」，他的毀佛行爲，是史稱「三武（北魏太武帝、北周武帝和唐武宗）一宗（後周世）」的「一宗」。

在「五代十國」時期，佛教的各宗派皆沒落，唯獨「禪宗」一支開爲「五宗」。「歐陽修」說：「五代無人物。」，「王安石」說：「人才皆入禪門。」因爲政局不穩定，「五代十國」的「佛教」也就難望有何進展了。

相較於北方，「佛教」的各宗派皆沒落，南方的「吳越」和「南唐」的佛教，卻是一片欣欣向榮的景象。

建都於「杭州」的「吳越」，歷代君王尊信佛法，尤其是忠懿王「錢俶」，是一位極虔敬的佛教徒，他以「天台宗」的「德韶」及「永明延壽」爲師，並且遠向「高麗」求取佛典，又仿印度「阿育王」的故事，作「銅製小寶塔」八萬四千，於「後周世宗廢佛」之年，頒送各地。由於「吳越」的政局，前後安定達七十年之久，故建立一大「佛教王國」。

因此，比起處在政情不安定的局面下，並由「廢佛」而受打擊的「北方佛教」，「江南」地方特別繁榮，以「禪宗」和「淨宗」二宗爲中心，替中國的「近代佛教」，打下了成長的基礎。

另外，建都於「金陵」的「南唐」，也經歷「李昪（ㄅㄧㄢˋ）、李璟、李煜（ㄩˋ）」三位君主，總計三十九年的太平治世，「佛教」在當地得以盛況繁榮。

「李昇」將「李通玄」的《新華嚴經論》四十卷，放入了《大藏經》；又因爲受「法眼宗」初祖「清涼文益」的教化，給了後世很大的影響。爲宋初的譯經事業，作了貢獻的「惟淨」，是「李璟」的外甥。

總之，「五代十國」時期的「江南」各國，「佛教」是相當繁榮的。

（一）「禪宗」的「五家七宗」

「禪宗」的初祖「菩提達摩」，在傳法二祖「慧可」的偈語中說：「吾本來茲土，傳法救迷情，一花開五葉，結果自然成。」偈中的「一花開五葉」，所指就是六祖「惠能」的「南宗頓教禪法」這一枝花，發出了後來的「五家之葉」。

「南宗禪」各派的總稱，又稱爲「五派七流」，卽「臨濟宗、曹洞宗、溈仰宗、雲門宗、法眼宗」等「五家」，加上由「臨濟宗」分出的「黃龍派」和「楊岐派」，合稱爲「七宗」。

「禪宗」自初祖「菩提達摩」，經二祖「慧可」、三祖「僧璨」、四祖「道信」、五祖「弘忍」之後，分爲六祖「惠能」的「南宗禪」及「神秀」的「北宗禪」。「北宗禪」主張「漸悟」，不久卽衰落；「南宗禪」主張「頓悟」，在「中唐」以後逐漸興起，成爲「禪宗」主流，而傳衍出「五家七宗」諸派。

「禪宗」的「禪法」至「晚唐、五代」出現「五家宗派」，進入了興盛時期。這「五家宗派」，都是由六祖「惠能」的兩大弟子「南嶽懷讓」和「青原行思」所分出。

「南嶽懷讓」一系，就分出有「臨濟宗、溈仰宗」兩家；「青原行思」一系，分出了「曹洞宗、雲門宗、法眼宗」三家。後來，「臨濟宗」下又衍生出「黃龍派」和「楊歧派」。

唐宋時期，尤以「臨濟宗」和「曹洞宗」爲盛，有「臨（臨濟宗）天下，洞（曹洞宗）一隅」之說。「禪宗」的「五宗七派」，只有這兩宗還比較完整，其他的派別，都漸漸失傳了。

各家宗派的「門風」各有特色，接引學人的手法各自不同，傳承自成完備的體系。其中「溈仰、法眼」二宗，在「宋、元」時代相繼斷絕衰微，「臨濟、曹洞、雲門」三宗則延續至今。

尤其以「臨濟宗」的「楊歧派」門庭繁茂，於「宋代」五祖「法演」以後，幾乎囊括了「臨濟宗」的全部道場，至今後嗣仍燦若繁星，成爲「中國佛教」的主流。

有關「禪宗」的「五家七宗」的詳細介紹，請參閱拙作《看懂禪機》，這是分爲三集的套書，對「五家七宗」有非常詳盡的介紹。本書限於篇幅，僅對「五家七宗」作簡介如下：

（二）曹洞宗

「曹洞宗」屬於「青原行思」一系，創始人爲「唐代」的「良价禪師」和「本寂禪師」師徒二人。因爲「良价」住「江西宜豐」的「洞山」，「本寂」住「江西撫州宜黃縣」的「曹山」，故稱「曹洞宗」。

該宗門風「溫和細密，言行相應，隨機應物，就語接人」。其「門庭」設施爲「五位之說」。在「禪宗」五家之中，其門葉雖不及「臨濟宗」的繁盛，但是「法脈」綿延不斷，直至當今。

（三）潙仰宗

「潙仰宗」屬於「南嶽懷讓」一系，創始人爲「唐代」的「靈佑禪師」和「慧寂禪師」師徒兩人，因爲「靈佑」住湖南「潙山」，「慧寂」住江西「仰山」，故稱爲「潙仰宗」。本宗「禪風」爲「方圓默契」，接機多用「明似爭奪而實則默契」的交談，看似平衍，實則深邃奧密，事理並行。常用九十六種「圓相」接引後學。其修行理論認爲「萬物有情，皆具佛性」，所謂「父慈子孝，上令下從；隔山見煙知是火，隔牆見角知是牛。」人若「明心見性，卽可成佛」。

在「禪宗」的五家中，「潙仰宗」興起最早，衰亡也最早。傳承六代以下，史籍不載，湮沒無聞。其法脈延續大約一百五十年左右（「唐代」下半葉至「北宋」初年）。

（四）雲門宗

「雲門宗」屬於「青原行思」一系，創始人爲「晚唐五代」的「文偃禪師」，因爲他住「廣東韶關」的「雲門山」，故稱作「雲門宗」。該宗以「雲門三句（函蓋乾坤、截斷衆流、隨波逐流）」和「一字禪」等施設接引學人，孤危聳峻，簡潔明快，隻言片語，無盡鋒芒，隨機拈示，常出人意料，無從理解。

「雲門宗」在「五代、北宋」十分興盛，至「南宋」逐漸衰微，可是其法脈仍能延續至今。

（五）法眼宗

「法眼宗」屬於「青原行思」一系，創始人爲「五代」的「文益禪師」。「文益」逝世後，

「南唐」中主「李璟」曾賜諡號「大法眼禪師」，故此宗稱爲「法眼宗」。

該宗的門風詳明似「雲門宗」，隱秘似「曹洞宗」，講求「理事圓融，聞聲悟道，見色明心，句裏藏鋒，言中有物」，往往隨順「學人根器」，量體裁衣，對病施藥。

注重「學習古教」，主張引「華嚴法門」融入「禪宗」，後來又以「禪」來融攝「淨土法門」，開後世「禪淨合一」之風。尤爲「中國佛教」從教禪競弘轉入諸宗融合的一個重要轉折點。在「禪宗」五家中，該宗創立最晚，衰微也較早，「宋代」中葉，法脈斷絕，立宗共一百年左右。

(六) 臨濟宗

「臨濟宗」屬於「南嶽懷讓」一系，創始人爲「唐代」的「希運禪師」，「希運禪師」住持宜豐「黃檗山」的「黃檗寺」時暫露端倪，因此「黃檗山」成爲「臨濟宗」的祖庭聖地。

(七) 黃龍派

「黃龍派」爲「臨濟宗」的支派，又稱爲「黃龍宗」。創始人爲「慧南禪師」，因爲他住在「江西」修水的「黃龍山」，盛弘教化，故稱爲「黃龍派」。「慧南」是「臨濟宗」的第七世「石霜楚圓」的門下，「石霜」接化手段一向「峻嚴潑辣」，「慧南」得其骨髓，亦有嚴厲之風，人稱其宗風如龍。

「慧南」常設「生緣、佛手、驢腳」三轉語來勘辨學者，三十餘年無人能契會其要旨，稱爲「黃龍三關」。門下「大慧宗杲」火燒「楊岐派」「圓悟克勤」編的《碧巖錄》，對於「南宋」

時，「臨濟宗」一統「南方禪宗」起了很大的作用。

宋淳熙十三年（公元一一八六年），「日本」僧人「明庵榮西」來華，受學於此派，歸國後開「日本臨濟宗」「建仁寺」一派，成爲「日本禪宗」二十四流中的「黃龍派」。進入「元朝」之後，「黃龍派」受到壓制，併入了「楊歧派」。

（八）楊歧派

「楊歧派」爲「臨濟宗」的支派，以「臨濟宗」第七世「石霜楚圓」的弟子「楊歧方會禪師」爲開宗者。「楊歧方會」住在「江西」萍鄉市上栗縣的「楊歧山」，舉揚「臨濟、雲門」兩家宗風，接化學人，門庭繁茂，蔚成一派，人稱其宗風如虎，與同門「慧南禪師」的「黃龍派」同時並立。門下有十三人，以「白雲守端、保寧仁勇」爲上足。

「白雲守端」下有「五祖法演」，住「黃梅五祖寺」，名振全國，人稱「五祖再世」。其門下俊秀輩出，如人稱「三佛」的「佛眼清遠、佛果克勤、佛鑑慧」，又有「五祖表白」及「天目齊、雲頂才良」等。

「佛眼清遠」三傳至「蒙庵元聰」，有「日本」僧人「俊茄」來其門下受學，回國後，開「日本楊歧禪」之首端。「日本禪宗」二十四流中，有二十流源自「楊歧法系」。「佛果克勤」編有《碧巖錄》聞名於世，法嗣七十五人。「元朝」以後，「楊歧派」幾乎囊括「臨濟宗」的全部道場，成爲「中國禪宗」的代表。

同樣是從六祖「惠能」的法系傳承下來，卻分出了這麼多宗派，這是因諸位禪師，各自所稟的個性不同，所以產生了不同的「禪風」。

這五家的「禪風」與六祖「惠能」的「禪風」，已經有很大的不同。六祖「惠能」的「禪風」樸質無華，不加文飾，直接倡導「直指人心、見性成佛」，即所謂的「明心見性」。

而五家宗風則不同，門庭各異，以「機鋒、棒喝」等手段，取代了六祖「惠能」樸質的「直指人心」，「禪風」於是爲之一變。

八、宋朝時期

節度使「趙匡胤」即帝位，建都於「開封」，便是「宋朝」的開始，是爲「宋太祖」。他在「後周世宗破佛」之後，建立「宋朝帝國」，爲了掌握民心，於是推行「復興佛教」的政策。

「宋朝」時期，「朝廷」對「佛教」採取「保護政策」。普度僧人八千人，又派遣一百五十七人赴「印度」求法，並且設立「譯經院」，恢復了從「唐朝」以來，中斷達一百七十年之久的「佛經翻譯」工作。同時，「西域、古印度」僧人攜經赴華者絡繹不絕，譯經規模超過「唐朝」，但是成就稍遜。

在「宋朝」以前，「佛經」的流傳，是用「人工書寫」的方式。由於「寺院」及「僧尼」的增加，「佛經」的需求量，也隨著上升。到了「宋朝」，由於發明了「木版印刷術」，將經文雕刻成「木版」，再用「木版」印刷出大量的「佛經」經典。從此，「佛經」的流傳，便由「人工書寫」進化到「木版的印刷」，普及了「佛教」的文化，對於近世「佛教」而言，這是一大殊勝的貢獻。

「宋朝」開始木版印刷「大藏經」，是「世界印刷史」上的大事。「宋朝」並賜予「日本、高麗、西夏」諸國，視爲國寶珍藏。

「佛教」宗派以「禪宗」，特別是「臨濟、雲門」兩派最盛，「天台、華嚴、律宗、淨土」諸宗稍次。由於各宗互相融合，形成「教（天台、華嚴）禪一致」和「淨禪一致」的現象，因而廣爲流行「華嚴禪、唸佛禪」等等。

另外，在「天台宗」中分爲「山家、山外」兩派，而在民間「唸佛結社」特別興盛，影響極大。到了天禧五年（公元一〇二一年），天下僧尼近四十六萬人，寺院近四萬所，爲「北宋佛教」發展的高峰。

到了「宋徽宗」時，由於「朝廷」篤信「道教」，曾經一度下令「佛道合流」，改「寺院」爲「道觀」，「佛教」一度受到打擊。

「南宋」偏安之後，「江南佛教」雖仍保持一定的盛況，但是由於官方限制「佛教」的發展，除了「禪宗」和「淨土宗」兩宗之外，其他各宗已經日益衰微，遠非昔比。

「宋代」的「淨土宗」，並非獨立活動的宗門。當時「淨土宗」的學者，有名的人物，都是屬於「禪宗、天台宗、華嚴宗、律宗」的名僧。其中，活動最有力的，是「天台宗」的僧人。

「禪宗」不立文字，不重經論，因而在「會昌禁佛」和「五代兵亂」時，所受影響較小；「淨土宗」強調「稱名唸佛」，一心專念「阿彌陀佛」名號，簡單易行，所以「禪宗」和「淨土宗」兩宗，能夠綿延相續，直至近世，仍然盛行。

「宋朝」的「理學」在此時崛起，融合「佛、道」的哲理，而發展出新的思想學派，至「明朝」的「王陽明」而大成。「理學」諸子如「朱熹、二程」等思想，受「佛法」的影響甚鉅，但是他們表面上卻是排斥「佛法」，一時間「儒子排佛」成爲風氣。

九、元朝時期

「元朝」的「統治者」，崇尚「藏傳佛教」，但是對「漢地佛教」也採取「保護政策」。「佛教」中的「禪宗、淨土宗」等繼續流傳發展，寺院林立，僧尼約有二十一萬人，「中央」和「地方」設有嚴密的「僧官制度」。

元世祖「忽必烈」尊「八思巴」爲「國師」，依「藏文」創立「蒙古文」。中統五年（公元一二六四年），「元世祖」以國師「八思巴」擔任「總制院院使」，掌管「全國佛教事務」，自此「藏傳佛教」地位穩固。

「元朝」以「喇嘛教（藏密）」爲國教，「帝王」必須經由「喇嘛」灌頂。「喇嘛」享有特權，諸家不振，唯有「禪宗、淨土宗」維持。「禪宗」設立「叢林制度」，自給自足；「淨土宗」簡單平易，深入民間。

對於「南宋」的故土，「江南」地方，「元世祖」時，在「杭州」設置「江南釋教總統所」，以之統領其管內的教團，開始卽以「喇嘛」擔任此一機構的長官，稱爲「總統」。

雖然，「喇嘛教」隆盛於「元代」，但是「漢地佛教」，仍然在社會中流行，其中最盛大的，莫過於「禪宗」。因爲有「臨濟宗」的禪僧，「印簡、子聰、至溫」等人，在「元帝」的身旁參與

政治，同時也在「興隆佛教」的工作上盡了力。屬於「曹洞宗」門下的「行秀」，活躍於「金末元初」，他的門下，以「耶律楚材」為首。

「禪宗」以外的諸宗，雖然少異彩，但是也有「天台宗」的「玉崗蒙潤」撰了《四教儀集註》；「華嚴宗」的「文才」，撰了《惠燈集》；「法相宗」出有「英辨」及「志德」；「律宗」出有「法聞」。

「淨土宗」流行於社會上，盛行「念佛結社」，由於有不少的僧人，寄心於「淨土宗」，所以「天台宗」的「普度」等人，著有《蓮宗寶鑑》，努力於「淨土宗」的振興；有「禪宗」的「明本」，著《懷淨土詩》，「維則」撰《淨土或問》等書。總而言之，「元代」的「佛教」，「諸宗融合」的傾向非常顯著。

此外，則有「白蓮教」和「白雲宗」，都是「宋代」以後的派別。在「江南」地方，具有很大的勢力。「白蓮教」因為有「邪教化」的關係，屢遭「政府」禁止；而「白雲宗」也因為其宗徒的行為不軌，以及其教主「沈明仁」的違法，故被禁絕。

十、明朝時期

元末，由於天災，造成饑饉，「彌勒教」匪「韓山童」及「韓林兒」父子，起兵叛亂，號為「宋國」。「郭子興」的部下「朱元璋」，本為「皇覺寺」的「沙彌」，後來還俗，成了士兵，進升為部將，破了群雄，建都於「金陵」，國號為「明」，改元「洪武（公元一三六八年）」，是為

「明太祖」。

進入「明朝時期」，國家的「佛教政策」，是建立「中央集權」的「佛教」統制機構，政府持續「大藏經」的印刷。到了明末，國衰民荒，政府出售「度牒（舊時官府發給僧尼的證明身份的文件）」，以濟國庫，這個「賣牒制度」，使「叢林」成爲「不順之民」的藏身之處，所以「僧衆」素質良莠不齊。一般的「僧衆」只求現世利益，只知祈福、經懺，不求佛法究竟義理的探索。

起於「元代」的西藏「喇嘛教」，在「明代」雖然不旺盛，但是對「西藏僧侶」的封爲「國師」及「法王」的政策，依然沒變，來往於「中國」本土的「西藏僧侶」也不少。

在「西藏」，「明代」中葉，出現了「宗喀巴」的改革派，持用黃衣黃帽，名爲「黃教派」，嚴格尊奉「戒律主義」，其勢力也延伸到「中國」內地，所以壓制了從前那些准許蓄妻的、紅衣紅帽的「紅教派喇嘛」。

「中國佛教」到了「明朝」，已經呈現頹廢之態，佛門各宗到此時，後繼乏人，社會各界對「佛教」，也不像前代那樣的極力支持。

「明朝」末年，自「明宣宗」到「明穆宗」共一百多年，「佛教」各個宗派都衰微不振，「明神宗」萬曆時期「佛教復興」，「佛教」中的名僧輩出，尤其以此「四大名僧」爲世人所共知。

「四大名僧」共同來收拾這個頹廢的局面，「佛教」這才出現了回升之勢，爲近代的「佛教復興」，打下了堅實的理論基礎。這四位高僧指的是「紫柏眞可、雲棲袾宏、藕益智旭、憨山德清」。其中「雲棲袾宏」被認爲是「明代」中興「淨宗土」的宗師，而「藕益智旭」則在「佛學理論」方面作出了極有影響的貢獻。

（二）「紫柏真可」

「紫柏真可」，公元一五四三年到一六〇三年，法名「達觀」，俗姓「沈」，中年以後改名為「真可」，號「紫柏老人」，後世尊稱他為「紫柏尊者」，江蘇吳江人，是和「雲棲祩宏」同一時代的高僧，許多著名學者如「湯顯祖」等都曾向他請教，可見其學問功力之深。

「紫柏真可」一生參訪尊宿，沒有專一的師承，立志復興「禪宗」，同時又對「儒、釋、道」三家以及教內各宗，秉持調和的態度。「紫柏真可」一生從未受邀擔任「寺院主持」，也從不「開壇說法」，但是卻十分重視「語言文字」在接度後學方面的作用。他把「文字」比喻作「水波」，把「禪」比喻作「水」本身，據此發問說，如果一定要「離開文字去求禪」，豈不是和渴了飲水，卻偏要撥開水波一樣可笑嗎？

「紫柏真可」對「淨土宗」的評價很高，但是卻不像當時「僧人們」常說「淨土易修」，他認為，「參禪得悟」固然難度高，但是「修成淨土」也不容易，不了解「佛法三昧」，修「淨土法門」也很難有成就。

「紫柏真可」待人平等，毫無貴賤大小之分。一生以慈悲利物，代佛揚化，振興「禪宗」，荷負大法為己任。「紫柏真可」提倡刻印《嘉興藏》多部。除了「藏經」的刊印，他對於「中國佛教」的另一大貢獻，便是「廣興寺院」。他行腳所到之處，每見「寺院」荒廢或為強豪所占，必定立志興復。

明朝末年，興復「寺院」的工作一般都十分艱辛，不僅因為經費難籌，而且還牽扯到豪強侵占寺產的官司纏訟。儘管如此，「紫柏真可」從「楞嚴寺」開始，一直到「雲居寺」，前後共興復了十五座寺院，還鑄造萬斤大鐘一口。

萬曆十四年，「憨山德清」寫信請「紫柏眞可」至「嶗山」一談，兩人相會於「嶗山」山腳的「卽墨城」中，從此成爲至交好友。

「紫柏眞可」的著作不多，有《長松茹退》、《紫柏尊者全集》二十九卷及《紫柏尊者別集》四卷和《附錄》一卷。

（二）「雲棲袾宏」

「雲棲袾宏」，公元一五三五年到一六五年，俗姓「沈」，法名「袾宏」，字「佛慧」，法號「蓮池」，故常稱爲「蓮池大師」，又因常居「雲棲寺」，常稱爲「雲棲蓮池」或「雲棲株宏」，仁和（今浙江杭州）人。「雲棲袾宏」提倡「禪、淨兩者兼修」的理論，是中國佛教「淨土宗」的第八代祖師。

因爲「雲棲袾宏」一段時間內，連續遭受父母雙亡、喪妻、失子的傷心刺激，看破紅塵，於三十二歲時出家，受「具足戒」後雲遊參學，後居杭州「雲棲山」，重建「雲棲寺」，開始有許多弟子依止在他門下，成爲一方叢林。

「雲棲袾宏」申明「淸規戒律」，要求「門下弟子」每十五日集會誦《梵網經》與《比丘戒》。因爲他「參學」時，特別重視「參究念佛」，因此開「淨土宗」一門，著《彌陀疏鈔》。又編輯「禪宗語錄」，作《禪關策進》，以「禪淨雙修」教導門下。他又特別重視「戒殺」與「放生」，文章流行於世。「雲棲袾宏」因爲弘揚「淨土宗」貢獻頗大，被後世尊爲中國「淨土宗」第八代祖師。

「雲棲袾宏」對於「華嚴圓融學說」和「禪悟」都有極深的造詣，力主佛教內部的融合併歸向「淨土」。他認爲，「宋、明佛教」衰落的原因，就在於「禪法的墮落」和「戒律的鬆弛」。

「雲棲袾宏」主張「禪教合一」，他認爲「禪宗淨土，殊途同歸」，因而「禪者淨土之禪，淨土者禪之淨土，而修之者，必貴一門深入，此數語尤萬世不易之定論也。」「禪」和「淨土」沒有界限，「雲棲袾宏」把「禪淨合一」發揮到極致。

「禪宗」有名言說：「本來無佛，無可念佛，佛之一字，吾不喜聞。」而「淨土宗」則說：「西方有佛，號阿彌陀，憶佛念佛，必定見佛。」兩家差別可謂了然分明。

可是，「雲棲袾宏」一點也不覺得難以調和，他認爲，「參禪」和「念佛」都是通向「解脫的道路」，適合什麼就做什麼。他舉例說，當年的禪門巨匠，如「永明延壽、眞歇淸了」等人，既是「禪門巨匠」，卻又都修習「淨土」有成。

「雲棲袾宏」宣揚「往生之法」，特別強調「末法時代」修法是十方困難的，「禪家」流於胡攪蠻纏，「教家」空頭理論也做不周全，只有「淨土法門」修起來最簡單。

「雲棲袾宏」認爲，「淨土之教」，專一心而嚮往，是「末法」之要津。若人「持律」，「律」是「佛制」，正好「念佛」；若人「看經」，「經」是「佛說」，正好「念佛」；若人「參禪」，「禪」是「佛心」，正好「念佛」。總之，與其做各種各樣枝節上的努力，不如直接抱住大樹，就不會出錯了。

「雲棲袾宏」著有《自知錄》、《竹窗隨筆》、《緇門崇行錄》等書。

（三）「藕益智旭」

「蕅益智旭」，公元一五九九年到一六五五年，俗姓「鍾」，字「智旭」，又字「素華」，號「蕅益」，又號「西有」，別號「八不道人、藕益老人」，直隸吳縣瀆川（江蘇蘇州木瀆鎮）人。晚年住於浙江安吉州北天目「靈峰寺」（今安吉縣），因此又被尊稱為「靈峰蕅益大師」。在「明末四大高僧」中，最晚也是影響最大的高僧，被尊為中國「淨土宗」第九代祖師。

「蕅益智旭」因為仰慕「憨山德清」大師，從其弟子「雪嶺」出家，時二十四歲。他精通「天台」，被認為是「天台宗」的一位大成就者，兼通「禪宗、華嚴宗、法相宗」，晚年提倡「淨土宗」的「彌陀信仰」。

「蕅益智旭」提倡「三學一源論」，他認為「禪宗、教宗、律宗」三學應該相互為用，不當分河飲水；他又提出「儒釋同歸」，而且註解《四書》、《周易》；但是他最終的歸趣則在「淨土法門」。

「蕅益智旭」的「佛學」深受「天台宗學說」的影響，以「一念」統攝「教禪各家」，而最終則歸於「念佛」的「當下之念」。「蕅益智旭」不但要把「諸宗」導歸「淨土」，還試圖論證「諸宗」本來就出自「淨土」。他認為，若律、若教、若禪，無不從「淨土法門」流出，無不歸還「淨土法門」。

「蕅益智旭」在《法海觀瀾》中，摘抄出二十三種五十五卷，與「淨土」有關的經典，為「淨土法門」尋找依據。

「念佛三昧論」是「蕅益智旭」的中心思想。他基於「心佛眾生，三無差別」的理念，主張

「一切佛法」，無不歸於「念佛三昧」：「廬山慧遠」念「阿彌陀佛」的果報莊嚴，念的是「他佛」；西天二十八祖「菩提達摩」，「天台智者」觀心修禪，念的是「自性佛」；「永明延壽」及「楚石梵琦」等所倡導的念佛法門，用觀「諸佛果位」的「依正莊嚴」，以顯人心內的「理體智慧」，悟到「心、佛、衆生」三無差別，叫做「雙念自他佛」。

其要點在於通過觀想「已成就的諸佛」，來促使自己「內心之佛」的顯現。但是，「藕益智旭」眞正心儀的，還是「一心念佛」的「淨土法門」。

「藕益智旭」認爲，「禪」爲「佛心」，「教」爲「佛語」，「律」爲「佛行」，具備此三者，始爲「完全之佛教」。

「藕益智旭」著有《阿彌陀經要解》、《梵網經玄義》、《菩薩戒本箋要》、《法華經玄義節要》、《法華經會義》、《楞嚴經玄義》、《楞嚴經文句》、《閱藏知津》、《法海觀瀾》、《周易禪解》、《教觀綱宗》等數十種。

(四)「憨山德清」

「憨山德清」，公元一五四六年到一六二三年，字「澄印」，俗姓「蔡」，安徽「全椒縣」人。「憨山德清」十九歲在「金陵」的「棲霞寺」披剃出家，初從「雲谷禪師」修習「禪法」，後隨「無極明信」學習「華嚴教法」。「憨山德清」二十六歲時，北遊參禪，廣訪名家，「憨山德清」與「雲棲袾宏」和「紫柏眞可」的交情也很深。

「憨山德清」從師承上屬於「臨濟宗」的傳人，其思想重點卻在於「禪教一致」和「禪淨合一」上。

「憨山德清」首先批判「禪宗」的墮落，他認爲自「禪宗」建立到「宋初」，可算是「禪門」的興盛時期，但是隨卽就開始走下坡，到了「明代」，道場敗壞到了難以收拾得地步。「參禪者」多，而且個個傲得愚蠢，把「佛門儀式」看成低賤的事，與「佛法」作怨家，嘴裡說的是「套話」，又以「胡言亂語」爲「機鋒」，情況已到了十分糟糕的地步。

「憨山德清」認爲，解救「禪門危機」的良策是「禪淨合一」。「憨山德清」大力提倡「南宋」禪宗大師，「臨濟楊岐派」的第五代傳人「大慧宗杲（ㄍㄠˇ）」的「看話禪」，認爲「參禪之人」，只有抱住「一個話頭」，發起「大疑情」，才有可能「大疑大悟」。「看話禪」與「經教」是一致的，禪不離教，教卽是禪。

「憨山德清」認爲，佛祖一心，教禪一致。宗門教外別傳，非離心外別有一法可傳，只是要人「離卻語言文字」，單悟言外之旨耳。今禪宗人動卽呵教，不知教詮一心，乃禪之本也。

「憨山德清」繼承「永明延壽」的觀點，把「性相、禪教」等都攝到「一心」之中。

關於「禪淨合一」，「憨山德清」的觀點，與「紫柏眞可」稍有不同。「紫柏眞可」把「參禪」看成是「念佛的入門手段」，「憨山德清」卻把「念佛」看成是「參禪的必經之途」。

「憨山德清」指出，對於「參禪者」來說，「心地不淨」是最大的障礙，「非念佛無以淨自心」，「心淨」了自然也就領悟了「自心」。若「念佛」念到「一心不亂」，煩惱消除，了明自心，卽名爲「悟」，如此「念佛」，卽是「參禪」。

在「憨山德清」的眼中，「明末」已經是「佛教」的「末法之世」，人心惡濁，少有利根，

所以只有從「念佛」入手，參禪修道。他一再聲稱「念佛、參禪兼修之行，極爲穩當法門」，而且「念佛往生淨土」，可以作爲任何「學人」的理想歸宿，所謂「淨土眞修」，不但能對治「禪門流弊」，而且可以保證最終的解脫。因此，「淨土修行」有不可比擬的優點。

「淨土」一門適用於「任何根性」的人，從「大菩薩」到「聲聞、緣覺」，從「愚夫愚婦」到「極惡之輩」，任何人都可以藉此捷徑，修成正果，徹底地解決「生死大事」。

「憨山德清」的門人，收集他的著作，編爲《憨山老人夢遊集》，共五十五卷。

「明朝」末年的「四大名僧」，都考慮到「儒、道、佛」三教的融合。此外，「玉芝法聚、湛然圓澄」等禪僧，與「儒學」，特別是和「陽明學派」之間的交流關係者很多。在「儒學」方面的「陳白沙、王陽明、王龍溪」等許多人，也支持「儒佛融會」之說。

十一、清朝時期

「明朝」神宗萬曆四十四年（公元一六一六年），「努爾哈赤」在「滿洲」統一了「女眞族」的諸部，建立國家。此後的三十年間，又滅「明朝」，統一天下，至「順治帝」入關，定都於「北京」。世祖順治元年（公元一六四四年）之後的「清朝」，便君臨「中國」，統治了漢民族，一直維繫了將近三百年的王朝歷史。

「明朝」萬曆以後，四大名僧「紫柏眞可、雲棲袾宏、藕益智旭、憨山德清」，發展了對內融會「禪宗、淨土宗、律宗」等宗學說，對外融通「儒、釋、道」三家的風氣，所以深受「士大夫」

的歡迎和「一般平民」的信仰，並使「佛教」更加具有中國的特色。

「滿族」最早信仰「薩滿教」，「金代」的「佛教」盛行，「後金」亦受其影響，「皇太極」與「西藏」的「達賴喇嘛」五世「羅桑嘉措」建立關係。

「滿清」入關後，《大清律例》規定，不許私建或增置「寺院」，不許私度「僧尼」。「滿清政府」讓「宗教」與「民間」隔離，人民無從深入佛理，親近高僧大德，「佛法」因而衰落。

「清朝」初年，皇室崇奉「藏傳佛教」，對「漢地佛教」採取「限制政策」。「康熙」時，禁令稍弛，迎「清初明末」隱居山林的「高僧」重返京師，使得已經衰微的「佛教」一時又浮現出活躍的氣象。

下面簡介「清朝時期」四位著名的「高僧大德」，以及「太平天國之亂」。

（一）「玉琳禪師」

「順治」時期，「玉琳禪師」傳「臨濟宗」，曾住浙江武康「報恩寺」。公元一六五八年，「玉琳禪師」奉詔入京，於「萬善殿」舉揚大法，受「大覺禪師」的封號。翌年，進封「大覺普濟禪師」，賜紫衣。「順治」十六年（一六五九年），「順治帝」選僧一千五百名，以「玉琳禪師」爲本師，授「菩薩戒」，並加封「大覺普濟能仁國師」。

「雍正」雖然重視「藏傳佛教」，但是主張「儒、釋、道」異用而同體，並行不悖，提供「佛教」各派融合的機會。他親制《揀魔辨異錄》和《御選語錄》，提供不問宗派異同，都應該「唸佛」，對近世「佛教」有重要影響。

「乾隆」時，編輯《漢滿蒙藏四體合譬大藏全咒》，對「佛教」的發展起了一定推動作用。

「清朝」對「佛教」有一個重大貢獻，就是漢文《大藏經》的出版。在「康熙」時，已經將「明朝」的萬曆版《大藏經》，作續刻的工作，卽爲《續藏經》、《卍續藏經》的補刻。接著，是在「雍正」及「乾隆」年間，於「北京」雕刻敕版漢文《大藏經》。

乾隆十三年（公元一七四八年）二月，下賜《御製重刊藏經序》，同年十二月完成漢文《大藏經》，計七千八百三十八卷。由於此一《藏經》的裝幀，附有御製的「龍牌」一面，故略稱爲《龍藏》。

延續「明朝佛教」的趨勢，清初的佛教，也以「禪宗」的「臨濟宗」，最爲盛行。也以「臨濟宗」的「天童圓悟、磬山圓修、東溪性沖」三派，受到歷代君主的尊崇，在此三派下，名僧輩出，並亦負起領導「清朝佛教」的使命。

「清朝佛教」在「江南」，以鎭江「金山寺」、揚州「高旻（ㄇㄧˊㄣ）寺」、常州「天寧寺」，以及西天目山「禪源寺」、杭州「靈隱寺」、寧波天童山「弘法寺」等，具有代表性的名刹，作爲這三派名僧的活躍之所。

這三派代表性的僧侶，則有「天童道忞（ㄇㄧˇㄣ）、憨璞性聰、玉林通琇」等人。

（二）「楊仁山居士」

另外，除了「佛教界」的僧侶振興「佛教」之外，清末著名的居士「楊仁山」，卽是主張「教宗賢首，行在彌陀」的人。

「楊仁山」，名「文會」，字「仁山」，「安徽石埭（今安徽池州石台）」人。清朝末年的「佛教居士」，中國近代「佛教復興運動」的關鍵人物，也是「唯識宗」復興的播種者，被尊稱爲「近代中國佛教復興之父」。

「楊仁山」出身「官宦世家」，其父「楊樸庵」，與「曾國藩」是同年的「進士」。但是「楊仁山」自小不喜歡舉業，喜愛擊刺任俠，「太平天國」之亂時，曾襄助「曾國藩」辦理軍糧事務。「楊仁山」精於「工程事業」，但是富於民族情感，不願爲官，後服職於「江寧籌防局」。

某日在「杭州」的書店中，見到《大乘起信論》，閱讀後大爲激賞，從此嗜讀「佛教經典」，開始他的「佛教事業」。

時當「洪楊亂」之後，「江南」文物蕩然無存，欲求一本佛經而不可得，「楊仁山」發願「流通佛經」。同治五年（公元一八六六年），「楊仁山」在「南京」約集了十多位同志，分別勸募經費，創辦「金陵刻經處」，刻印「佛經」。「金陵刻經處」刻印的第一部經書，是「魏默深」輯的「淨土四經」，即《無量壽經》、《十六觀經》、《阿彌陀經》，及《普賢行願品》的合刊本。到「楊仁山」逝世，四十餘年間，總計「刻印經典」兩千餘卷，先後「流通經書」百萬餘卷，「佛像」十餘萬幀。

光緒四年，「楊仁山」以「參贊」的名義，隨「曾紀澤」出使「歐洲」，結識得「日本眞宗」僧侶「南條文雄」，自「南條文雄」處，獲悉中國「唐代」散失的佛經，大多爲「日本寺院」所保存，因此委託「南條文雄」，在「日本」代爲蒐購。

「南條文雄」在「日本」蒐購得散逸經書近三百種，其中包括「唯識宗的經疏」。例如「窺基

大師」所撰《成唯識論述記》六十卷，亦是由「日本」找回來的。

「楊仁山」晚年在「金陵刻經處」之下，建立「祇洹精舍」，這是中國第一所現代化的「佛學教育機構」，門下弟子中，濟濟多士，但是因爲經費短缺，兩年後停辦。

「楊仁山」逝世於清宣統辛亥年（公元一九一一），「武昌起義」前數日，享壽七十八歲。

「楊仁山」留有《楊仁山居士遺著》，內容含「大宗地玄文本論略註」、「佛教初學課本」、「十宗略說」、「觀無量壽佛經略論」、「論語發隱」、「孟子發隱」、「陰符經發隱」、「道德經發隱」、「沖虛經發隱」、「南華經發隱」、「等不等觀雜錄」、「闡教編」共十二種。

（三）「省庵實賢」

「淨土宗」在整個「清朝史」上，可從最受百姓推崇的「家家觀世音，處處彌陀佛」的俚諺中得知，「觀音信仰」是伴隨著「阿彌陀佛」的信仰而風行的。

「淨土宗」自「宋朝」以後，非常流行。「宋元」以後的「禪宗、律宗、天台宗、華嚴宗」各宗，也無不兼修「念佛法門」。所以，「淨土宗」在「僧界」及「居士界」的地位獨占，是衆所周知的事情。

「省庵實賢」，字「思齊」，號「省庵」，江蘇「常熟」人，「淨土宗」第十一祖。長居杭州梵天寺，人稱「梵天省庵」。

清初，「省庵實賢」先修習「律宗」與「天台宗」，後來歸信「淨土宗」，他將一天分作二十等分，以十分的時間「念佛」，九分「作觀」，一分「禮懺」。由其所著《淨業堂規約》所示，他以一位眞摯的「念佛行者」，終其一生的生活，故其僅以四十九歲的世壽，卽被尊爲「蓮宗九祖」。

「省庵實賢」著有《淨土詩》、《西方發願文注》、《續往生傳》、《涅槃懺》、《勸發菩提心文》等。

(四)「徹悟際醒」

「徹悟際醒」，俗姓「馬」，字「徹悟」，一字「訥堂」，法名「際醒」，號「夢東」，世稱「紅螺徹悟」，直隸省「豐潤縣」人，「淨土宗」第十二祖。

「徹悟際醒」在少年時代，遍讀經史。二十二歲時因爲生病而悟人生之無常，於是到房山「三聖庵」向「釋榮池」拜師出家，次年到「岫雲寺」依律師「釋恆實」受「具足戒」。

之後，「徹悟際醒」隨「香界寺」的「釋隆一」聽講《圓覺經》，隨「增壽寺」的「釋慧岸」聽講「法相」，隨「心華寺」的「釋遍空」聽講《法華經》、《楞嚴經》、《金剛經》等經，學習「性宗」和「相宗」二宗，尤其對「法華三觀十乘」有心得。

後來，「徹悟際醒」參訪「廣通寺」的「粹如純禪師」，成爲其法嗣弟子，卽「臨濟宗」第三十六世傳人。「粹如純禪師」遷住「萬壽寺」，「徹悟際醒」接任「廣通寺」住持，任職十四年。因爲受到「永明延壽禪師」的影響，「徹悟際醒」禪淨兼修，提倡「淨土宗」。

「徹悟際醒」晚年退居「紅螺山」的「資福寺」，本想棲隱，但是追隨者衆多，所以重建道場，領衆人共同修習「淨土宗」，世稱「紅螺徹悟」，時有「海內淨土首推紅螺焉」的美名。後

來，「徹悟際醒」被尊奉爲「淨土宗」第十二祖。

「徹悟際醒」著作有《示禪教律唸佛伽陀》，《淨土十要》一書第十要附徹悟語錄。

此外，「律宗」與「天台宗」，雖然也流行於當時，卻爲「禪淨融合」的宗風所壓抑。

（五）「太平天國之亂」

「太平天國」是清朝「道光」晚年、「咸豐」至「同治」初年間，建立的「政教合一」政權，創始人爲「洪秀全」和「馮雲山」。

「洪秀全」與少年時代的私塾同學「馮雲山」，經過多年傳播拜「上帝會」，於道光三十年（公元一八五〇年）末至咸豐元年（公元一八五一年），與「楊秀清、蕭朝貴、曾天養、石達開」等人，在廣西省「右江道」潯州府「桂平縣（今廣西壯族自治區貴港市桂平市金田鎮金田村）」組織「團營」舉事，後建國號「太平天國」，史稱「太平天國之亂」。並於咸豐三年（公元一八五三年）攻下江蘇省江寧道「江寧府城（今江蘇省南京市）」，號稱「天京」，定都於此。

「洪秀全」所提倡的「太平天國」，因爲信奉「上帝教」，故對「佛教」的寺廟偶像，實行徹底破壞的政策，將「杭州、蘇州、南京、廣東、廣西、湖南、湖北、江蘇、浙江、福建、雲南、貴州」等，中國各地的「佛教」，做根除的摧毀，凡其軍隊所經過之處，「寺院」悉遭燒毀，「佛像」和「經卷」，也被破壞無遺。已經失去精神核心的「中國佛教」，經此浩劫，佛教的外形也消滅殆盡。

當「曾國藩」領導的「湘軍」，平定「太平天國之亂」以後，在「南京」建立「毘盧寺」，以撫慰死於「平亂之役者」的英靈，並且重興「鎮江」的「金山寺」，由於許多僧侶及信衆的努力，很多「佛寺」，復得再建。可惜，將主力集中在「寺廟」的復興，忽略了精神上的宗教活動。

總之，由於「清朝政府」故意輕視「漢人的佛教」，在加上幾次的「社會動亂」，促成世人「輕視佛教」的風氣，再由於「僧尼」自身的素質低下，所以消失了社會對於「佛教」的尊敬。

十二、民國時期

(一)「五四運動」

「五四運動」是中國近代史上的一次「學生運動」。民國八年（公元一九一九年）五月四日，「北京」的學生遊行示威，抗議「巴黎和會」上，有關「山東問題的決議」，敦促當時的「北洋政府」不可簽約，要求懲處相關官員。

「中國」作爲「第一次世界大戰」的「戰勝國」，本來期望能收回戰敗國「德國」在「山東」的權益。但是，參會各國決定把權益轉讓給「日本」，「中國」民衆很長一段時間以來，積蓄的「民族情緒」爆發，學生高喊「外爭主權，內除國賊」，上街遊行。最後，「中國代表團」拒絕在《凡爾賽條約》上簽字。

這個「五四運動」，也對「儒、佛、道」三教，和民間迷信的類似宗教，以及其他的舊文化，所作的徹底批判，達於最高潮。這個風潮，固然是爲打倒迷信的運動，亦演成了「反宗教運動」，跟著發生的，便是對於寺廟，進行直接的破壞。

民國初年，高僧輩出，例如：「虛雲和尚、來果禪師、弘一大師、圓瑛法師、諦閑法師、太虛大師、印光法師」等，精研教理、致力於「佛教」的振興與弘化。

（二）「虛雲老和尚」

「釋虛雲」，俗姓「蕭」，名「古巖、演徹」，字「德清」，號「幻遊老人」，俗稱「虛雲老和尚」，福建晉江人。「虛雲」是他在「法眼宗」的法名，在「溈仰宗」的法名是「德清」，在「雲門宗」中法名是「演徹」。

「虛雲老和尚」於咸豐九年（公元一八五九年），在「福州鼓山」的「湧泉寺」剃度出家，從「妙蓮和尚」受「具足戒」，師承「曹洞宗」四十六世鼓山「鼎峰耀成禪師」。

「虛雲老和尚」是「禪宗」高僧，身繫「禪宗五家」法脈，分別為「曹洞宗」第四十七代傳人，「臨濟宗」第四十三代傳人，「雲門宗」第十二代傳人，「法眼宗」第八代傳人，「溈仰宗」第八代傳人。

「虛雲老和尚」自出家以來一生篤行「禪宗心法」，其「禪功」和「苦行」倍受稱贊，以一身而兼「禪宗五宗法脈」，整頓「佛教叢林」，興建名剎，為現代「中國禪宗」傑出的代表人物。

「虛雲老和尚」後從「天台宗」的「華頂融鏡法師」學習「天台教義」。曾經朝拜「五台山」，後經「終南山」進入「四川」，轉赴「西藏」，折至「雲南大理」，重興「雞足山」的「迎祥寺」。

「虛雲老和尚」的法脈，傳遍中國疆域，其中最有名的徒孫，為創立「法鼓山」的「聖嚴法師」以及創建「靈泉寺、中台佛教學院、中台禪寺」的「惟覺法師」；還有「釋宣化法師」在「美國」開演「大乘經典」，並創辦「法界佛教總會、萬佛聖城、國際譯經學院、美國法界佛教大學」以及「中學、小學教育機構」。

清宣統三年（公元一九一一年），「虛雲老和尚」爲團結佛教徒，保護寺院，斡旋「上海佛教會」與「南京大同會」的對峙。接著，赴「南京」晉見「孫中山」，議定修改「佛教會會章」諸事宜。

同年四月，因爲政府更迭，又前往「北京」去見「袁世凱」。在「上海」改組「中國佛教會」，成立「中華佛教總會」歷任福建鼓山「湧泉寺」、廣東曲江「南華寺」、廣東韶州「雲門寺」等，諸大寺的「住持」。

民國二年（公元一九一三年），「西藏」有些「王公活佛」受到「英國」及「印度」政府的煽動，不肯承認「民國政府」，「袁世凱」就下令「雲南」都督「蔡鍔」準備出兵「西藏」。「蔡鍔」爲避免生靈塗炭，就請託「虛雲老和尚」冒險深入「藏區」，商請在「西藏」德高望重的「東寶法王」，出面遊說當時主政的「西藏活佛」承認「民國政府」，消弭化解了一場可能發生的戰爭。

民國三十八年（公元一九四九年），「虛雲老和尚」應邀赴「北京」參加「佛教協會籌備會議」，在「廣濟寺」與「圓瑛法師、趙樸初」等成立「中國佛教協會籌備處」。

公元一九五一年春，「虛雲老和尚」擬在雲門山「大覺寺」傳戒。適值「中國共產黨」展開「鎮壓反革命運動」，廣東省「乳源縣」的民兵包圍寺院，以該寺隱匿「反革命分子」，窩藏軍械及金銀爲由，將「虛雲老和尚」等二十六名僧人囚禁起來拷打。

「虛雲老和尚」被拘禁於「方丈室」內，門窗封閉，絕其飲食，大小便均不許外出，並遭四次毒打，「虛雲老和尚」肋骨折斷，遂闔目不視，閉口不語，呈入定狀，八日後始甦醒。「虛雲老和尚」嘔心瀝血所撰《楞嚴經玄要》、《法華經略疏》、《遺教經註釋》、《圓覺經玄義》、《心經解》等著作毀失殆盡。事發後中央人民政府副主席「李濟深」通知政務院總理「周恩來」斡旋，歷時三個月才告一段落，海內外佛教界稱之爲「雲門事變」。

公元一九五二年，「虛雲老和尚」參與發起「中國佛教協會」，獲推爲「首席發起人」。公元一九五三年，獲推爲「中國佛教協會」名譽會長。後來，「虛雲老和尚」到江西永修縣雲居山的「眞如禪寺」帶徒修行，期間多方籌劃修復寺廟，並開荒造田，自給自足，種植茶樹、果樹，開闢花園。寫有《重建雲居山眞如寺事略》與《雲居山志重修流通序》，流傳於世。

公元一九五九年，「虛雲老和尚」圓寂於「雲居山」。後人輯有《虛雲和尚法彙》《虛雲和尚禪七開錄》《虛雲和尚全集》等。

(三)「來果禪師」

「來果禪師」，俗家姓「劉」，名「永理」，字「福庭」。湖北省「黃岡縣」人。出家後，法名「妙樹」，字「來果」，號「淨如」，爲禪宗「臨濟宗」第四十六世傳人。

「來果禪師」與「虛雲老和尚」，同爲近代宗門碩德，共負時望。「虛雲老和尚」年長於「來果禪師」，弘化於「南方」；「來果禪師」的法緣在大江南北，而弘化於「江南」。

「來果禪師」幼年時即道心堅決，二十四歲在「寶華山」出家，後來參訪「普陀山」，駐足

「金山寺（今江天禪寺）」，在終南山「韓湘子洞」悟禪，承法「高旻（ㄇㄧㄣˊ）寺」，爲「臨濟宗」的正宗法脈。繼擔任揚州「高旻寺」住持後，整頓寺院，重建梵剎。

「來果禪師」生平以「弘法悟道」爲己任，兼通「宗通」和「說通」，領衆三十餘年，未嘗少懈。

所謂「宗通」和「說通」，是「禪宗」術語。通達堂奧之宗旨者，稱爲「宗通」；能面對大衆自在說法教化者，稱爲「說通」。又作「宗說俱通」，此語與「自覺覺他」同義，爲人師者，必須「宗通」和「說通」兩面兼具。

清末「宣統」末年，「來果禪師」到揚州「高旻寺」掛單。「高旻寺」長老「月朗老和尚」命他擔任「班首」，他爲「月朗老和尚」誠意所感，不得已接受，在「高旻寺」住了一段時間，決意到陝西「終南山」結茅潛修。

後來，「高旻（ㄇㄧㄣˊ）寺」的「月朗老和尚」，託徒弟「高鶴年居士」帶口信給他，促他回「高旻寺」。他不得已乃出關回「揚州」，當時爲民國四年（公元一九一五年），「來果禪師」年三十五歲。

回到「高旻寺」，「月朗老和尚」命住持「明志」擇期傳法於他，並命他繼任「住持」。不久，「月朗老和尚」圓寂，臨終之前，命「來果禪師」在病榻前發願：「生爲高旻人，死爲高旻鬼，護持高旻寺。」

「來果禪師」繼主「高旻寺」後，矢志恢復「高旻寺」舊制，整頓寺院，嚴行戒律，革除積弊。他以「高旻寺」爲專主「禪宗」，所有常住，只許坐香，其他閉關、般舟行、唸佛七、持午、

講學、學社、學戒堂、大小經懺佛事等，悉行禁止。並整治「叢林規矩」，制定《高旻寺規約》，聲明任何人皆不可擅自更動。以此受到「諸山長老」的讚譽，故有云：「天下叢林不止單，守禪制者，獨有高旻寺耳。」」。

「來果禪師」發願重建「高旻寺」，以「天中塔、大殿、禪堂、延壽堂、如意寮」五大工程爲目標，曾各方奔走，化緣募捐，歷時數年，終於使「高旻寺」面貌一新。而此項巨大工程，到「中日戰爭」爆發時猶未竣工，後來受戰事影響，不得已停頓下來。到「抗戰勝利」後，「來果禪師」原擬接續未竟工程，又復受到「國共內戰」的影響，最終未能實現。

公元一九五三年，「來果禪師」在「上海」圓寂，翌年四月初四入塔，安奉於「高旻寺」中，以實踐其「生爲高旻人，死爲高旻鬼」的誓言。

「來果禪師」遺著有《來果禪師語錄》、《來果禪師自行錄》、《來果禪師開示錄》等行世。

(四)「弘一大師」

「李叔同」，譜名「文濤」，幼名「成蹊」，學名「廣侯」，字「息霜」，別號「漱筒」，出家後法名「演音」，號「弘一」，晚號「晚晴老人」，是出身「天津」的畫家、音樂家、劇作家、書法家、篆刻家、詩人、藝術教育家、漢傳佛教（南山律宗）僧侶。

「李叔同」集詩、詞、書、畫、篆刻、音樂、戲劇、文學於一身，在多個領域，開中華燦爛文化藝術之先河。同時，他在教育、哲學、法學、漢字學、社會學、廣告學、出版學、環境與動植物保護、人體斷食實驗諸方面均有創造性發展。

「李叔同」是第一個向中國傳播西方音樂的先驅者，所作詞的《送別歌》，歷經幾十年傳唱經久不衰，成爲經典名曲。同時，他也是中國第一個開創「裸體寫生」的教師。

民國五年（公元一九一六年，「李叔同」當時三十七歲，因爲「日本雜誌」介紹「斷食」以修養身心的方法，遂生入山斷食的念頭。冬，入杭州「虎跑定慧寺」，試驗斷食十七日。試驗「斷食」完畢之後，開始素食。同時，對「佛教」漸有所悟。

民國七年（公元一九一八年），在「虎跑定慧寺」拜「了悟和尚」師，取名「演音」，號「弘一」，正式出家。

出家後的「弘一大師」，是中國新文化運動的前驅，卓越的藝術家、教育家、思想家、革新家，是中國傳統文化與佛教文化相結合的優秀代表，是中國近現代佛教史上最傑出的一位高僧，又是國際上聲譽甚高的知名人士。

「弘一大師」苦心向佛，過午不食，精研「律學」，弘揚佛法，普度衆生出苦海，被佛門弟子奉爲「律宗」第十一代世祖。

民國十八年（公元一九二九年）十月，「弘一大師」到「廈門、南安」，與「太虛法師」在「小雪峰寺」度歲，並合作《三寶歌》。

民國三十一年（公元一九四二年），當時六十三歲的「弘一大師」圓寂於泉州「不二祠溫陵養老院」的「晚晴室」。

「弘一大師」是一個傳奇人物，他是「中國」近代，「藝術史」上的奇才，也是近代「佛教史」上的「律學」高僧。他的一生，出家之前三十九年，倜儻風流，多彩多姿；不僅開創了中國近

代戲劇史的先河，也為音樂教育寫下了輝煌的一章。

其實，「弘一大師」在出家之後，幾乎絕口不談他的前塵往事，也很少提起他的私生活，所以「李叔同」和他「日本妻子」的生活一直不為世人所知，甚至連她眞正的名字也無法確定。

在「台灣作家」，也是「佛教居士」的「陳慧劍」所撰寫的《弘一大師傳》裡坦承，他四處蒐證，還是難以確認，而只能用「雪子」這個假設的代名，並對此深感歉疚。

在坊間，有許多傳說，關於「李叔同」和他「日本妻子」的生活，但是這位「日本妻子」的名字，有很多版本，除了「雪子」以外，還有「誠子、春山淑子」等稱呼。

但是，有一件事情是肯定的，就是她當過「李叔同」的「裸體畫模特兒」，隨他回到中國，住在「上海」。至於這位「日本妻子」，她的身世、回到日本後的生活等等，就不得而知了。

唯一眞確的是，「李叔同」出家了，他離開了「日本妻子」。至於他和「日本妻子」是如何分手的？就衆說紛紜了。

我曾經在網路上，看到一篇標題寫著「僅以此文『送別』這位神秘的日本女子」，大意是說：「琉球」一位名叫「春山油子」的老婦人，在七月間離開人世，享壽一〇二歲。據信，她是民初名人「李叔同」（也是後來的「弘一法師」）的女兒。

文章說：「李叔同」到「東京上野美術學校」就讀時，請房東的女兒「春山淑子」做他的「繪畫模特兒」，兩人日久生情。雖然父母反對，但是「春山淑子」雖然知道「李叔同」在「天津」已經有一位父母作主的「元配」，她還是毅然決定嫁給「李叔同」，並且在「東京」舉行簡單的婚姻儀式。

公元一九一一年，「李叔同」帶著「春山淑子」和兩歲的「兒子」回到「上海」，隔年，他應聘到「杭州」的「浙江第一師範學校」擔任繪畫與音樂老師，在節假日才回「上海」與「春山淑子」相聚。

多才多藝的「李叔同」，以他在音樂、繪畫、書法方面的傑出表現，很快就成爲當時「文化界」的名人。

但是，就在這意興風發的時候，「李叔同」對「佛學」產生興趣，在杭州「虎跑寺」斷食後，漸感世間「名利愛欲」的虛幻，開始素食、讀經、供佛，並在公元一九一八年八月，正式剃度出家，法號「弘一」。

「春山淑子」在兩周後才得知消息，她帶著剛出生不久的「女兒」，從「上海」趕到「杭州」。最後，她找到了「弘一大師」，她淚流滿面、百般不解、萬般無奈，卻只得到他簡短、淡淡的回應。他留給她一些錢和紀念品，並請朋友代爲協助，安排她們母子回到「日本」。

「春山淑子」帶著一兒一女回到「日本」，卻被父母拒於門外，所以她只好帶著「兒女」到「沖繩（琉球）」，她在漁村的一家「小診所」工作，過著簡靜清苦的生活。

「春山淑子」的兒子在二次大戰中喪命，公元一九八八年，女兒「春山油子」以「日本海外協力基金會」的代表身分，要到「中國」考察，「春山淑子」這才告訴她，她的親生父親「李叔同」，是「中國」的知名人士，當年在杭州「虎跑寺」出家。

「春山油子」到「中國」後，單獨前往杭州「虎跑寺」，才知道父親「李叔同（弘一大師）」已經在四十六年前仙逝。而「春山淑子」也在「女兒」從「中國」回來後幾年過世，享年一〇六歲。

這篇文章特別提到，由「李叔同」編曲作詞，已經是家喻戶曉的《送別》：「長亭外，古道邊，芳草碧連天。晚風拂柳笛聲殘，夕陽山外山。天之涯，地之角，知交半零落。一觚濁酒盡餘歡，今宵別夢寒。」。

「弘一大師」為世人留下了咀嚼不盡的精神財富，他的一生充滿了傳奇色彩，他是中國絢麗至極歸於平淡的典型人物。

（五）「圓瑛法師」

「釋圓瑛」，原名「吳亨春」，法名「宏悟」，別號「韜光」，福建「古田」人，清末（公元一八七八年）出生，民國後成為「佛教領袖」，「臨濟宗」第四十代傳人，曾任「中國佛教協會」首任會長、「中國佛教會」理事長。

「圓瑛法師」五歲時，父母雙亡，後來由其叔父撫養成人。十八歲時，他考中了「秀才」。十九歲於鼓山「湧泉寺」拜「增西上人」為師，剃髮出家。二十歲從「妙蓮和尚」受「具足戒」。先後於常州「天寧寺」和寧波「天童寺」，從「治開、寄禪」等參學「禪法」。其後又從「通智、諦閑、祖印、慧明」等修習「教觀」，並精研《楞嚴經》。

宣統元年（公元一九〇九年），「圓瑛法師」於寧波「接待寺」出任「住持」，並且創辦「佛教講習所」。公元一九一四年，擔任「中華佛教總會」參議長。曾講經於「福建、浙江、北京、天津、台灣」等地，遠及「南洋」。歷任寧波「天童寺」、福州「雪峰寺」、鼓山「湧泉寺」、上海「圓明講堂」、南洋檳城「極樂寺」等，多寺的「住持」。

公元一九二九年，「圓瑛法師」與「太虛大師」等，共同發起成立「中國佛教會」，被推選爲「理事長」。「抗日戰爭時期」，住持上海「圓明講堂」時，曾經組織「僧侶救護隊」，辦「難民收容所」，並赴「南洋」募集經費援助抗戰。

公元一九三一年到一九四五年，「抗日戰爭時期」，「圓瑛法師」曾在「上海」發起啟建「丙子護國息災法會」，並請在「蘇州」閉關的「印光大師」至「上海」說法，號召「全國佛教徒」奮起抗日。

公元一九三九年秋，「圓瑛法師」回國，在「上海」突遭「日本憲兵」逮捕，以「抗日救國」問罪。「日本憲兵隊」曾經企圖誘迫其合作，但是遭堅決拒絕。「圓瑛法師」出獄後閉門注經講學。公元一九四五年，開辦「楞嚴專宗學院」。

公元一九五二年，「圓瑛法師」代表「全國佛教徒」，出席「亞洲及太平洋區域和平會議」。

公元一九五三年，「中國佛教協會」成立，被推選爲第一任會長，爲團結「全國佛教徒」和「保衛世界和平事業」作出了重要貢獻。同年九月在寧波「天童寺」病逝。

「圓瑛法師」撰有《發菩提心講義》、《勸修念佛法門》、《彌陀經要解講義》、《楞嚴經綱》、《大乘起信論》、《金剛般若》、《一吼堂詩集》、《一吼堂文集》、《圓瑛講演錄》、《住持禪宗語錄》等。

(六)「諦閑法師」

「釋諦閑」，法名「古虛」，字「諦閑」，號「卓三」，俗姓「朱」，浙江省「黃巖縣（今

台州市黃巖區）」人，生於清咸豐八年（公元一八五八年）。「諦閑法師」爲中國「清末民初」高僧，平生著述豐碩，弘法演教，誨人不倦。他重振「天台宗」法脈，爲「天台宗」第四十三代「教觀總持」，對「中國」近代「佛教」發展，深具貢獻。

「諦閑法師」資賦聰慧，九歲時入「私塾」就學，十五歲時因「父親」病故而輟學。十六歲聽從母命，隨舅父學醫。一日有一中年人前來求診，平日身體健壯，只因微疾，便致一病不起。「諦閑法師」問舅父說：「藥能醫命嗎？」舅父回答道：「藥只醫病，安能醫命！」於是「諦閑法師」心中萌生出世之念，轉而尋求「醫命之學」。

十八歲娶妻後，於「黃巖城」北門，開設「中藥店」，兼爲人診病開方，以仁慈心，常爲貧苦無依者義診施藥。二十歲時，妻母皆亡，「諦閑法師」深覺世世無常，人命脆弱，厭離家獄束縛之苦，於是決意發心出家。卽到臨海縣「白雲山」，依「成道和尙」剃度出家。

「諦閑法師」二十四歲，到天台「國淸寺」受「具足戒」，初學「禪觀」，頗有領悟。先後依「敏曦、曉柔、大海」諸師研習「法華經、楞嚴經」等。二十六歲到平湖「福臻寺」的「敏曦老和尙」座下，聽講《法華經》，受學《天台教觀》，理解漸開。奉命充爲侍者，潛究經典，頗有領會。

光緒十年（公元一八八四年），「諦閑法師」年二十七，到上海「龍華寺」，聽「曉柔法師」講《法華經》。翌年（公元一八八五年）又聽「大海法師」講《楞嚴經》，兼「小座」覆講。是年應杭州「六通寺」之請，升「大座」講《法華經》。某日在座上講至〈舍利弗授記品〉，寂然入定，默不一語。

逾時出定，則舌粲蓮花，辯才無礙，答難析疑，舒展自在。他一生說法利人，肇端於此。

二十九歲，光緒十二年（公元一八八六年），受「定融大師」授記付法，傳持「天台教觀」第四十三世。

光緒三十四年（公元一九〇八年），「楊仁山居士」在南京「金陵刻經處」創辦新式教育的佛教學堂「只洹精舍」，請「諦閑法師」去擔任「學監」。學生中，出家衆有「太虛、仁山、智光、開悟、惠敏」等人。

一年後「只洹精舍」以經費困難停辦。「諦閑法師」受南京「毗盧寺」之請，開講《楞嚴經》。這時江蘇省「僧教育會」創設「僧師範學堂」，「諦閑法師」以「楊仁山」之推薦，繼「月霞法師」後出任「學堂監督」。

「諦閑法師」四十六歲，首任永嘉「頭陀寺」住持，歷任紹興「戒珠寺」、上海「龍華寺」、寧波「觀宗寺」、天台山「萬年寺」住持，於此講經四十餘載。

民國八年（公元一九一九年），「諦閑法師」於「觀宗寺」開創「觀宗學舍、觀宗研究社」，講經弘法，授以「天台宗」大小諸部，致力於「天台義學」之弘揚。

民國十八年（公元一九二九年），「諦閑法師」的門人「倓虛」，在東北「哈爾濱」創建「極樂寺」，就寺傳戒，請「諦閑法師」爲「得戒和尚」。當時，他已經七十二歲高齡，不辭辛勞，遠赴東北。四衆聞風而來者人數極衆，盛況空前。

民國二十年（公元一九三一年），「諦閑法師」又應上海「玉佛寺」的禮請，開講《楞嚴經》。自春至夏，歷時四個月講畢，其間從未請人代座，每次登座二、三小時，從無倦態。

「上海」講經圓滿，「諦閑法師」返回寧波「觀宗寺」，自感體力衰退，即電促時在「雲南」

弘法的弟子「寶靜」返回「寧波」，爲「寶靜」傳法授記，授爲「天台宗」第四十四代祖。

民國二十一年（公元一九三二年）七月三日，「諦閒法師」安詳坐逝，世壽七十五歲。

「諦閒法師」的著作有《圓覺經講義》、《大乘止觀述記》、《大佛頂首楞嚴經指昧疏》、《始終心要解》《天台宗講義》、《教觀綱宗講義》、《楞嚴經序指昧疏》一卷、《諦閑大師遺集》十冊、《金剛經新疏》。

（七）「太虛大師」

「釋太虛」，俗名「呂淦森、呂沛林」，法名「唯心」，法字「太虛」，別號「昧庵」，出生於浙江海寧縣「長安鎮」，著名佛教「臨濟宗」禪師，一生倡導「佛教革命」，致力「佛教事業」。

「太虛大師」是「印順法師、東初法師、大勇法師、大醒法師、了參法師、法舫法師、慈航法師、芝峰法師、羅時憲教授、法鼓山聖嚴法師、慈濟基金會證嚴法師、海明禪寺悟明長老」等的入門師父，也是「果東法師、聖輪法師」的師祖。「太虛大師」被推崇爲「人間佛教」的創始人，受到佛教後學們的崇敬。

「太虛大師」爲現代「中國佛教」愛國、愛教的僧伽楷模，他不僅爲「愛國護教」做出重大的貢獻，而且對培育僧才，整頓僧制更不遺餘力。

「太虛大師」的一生非常傳奇，他提倡「人生佛教」的理想，影響現代佛教的發展。下面我們就來回顧「太虛大師」精彩的一生。

公元一八九〇年一月八日，「太虛大師」出生於浙江海寧「長安鎮」的一個木工家庭，二歲喪父，五歲時「母親」改嫁，他由「外祖母」養育照顧，二舅「張子綱」設立「私塾」，他從其舅父學讀書識字，學名「沛林」。初上學時，由於體弱多病，時常中輟。到了八歲，二舅教導《四書》與《今古奇觀》等書，並曾在百貨商店當過學徒。

公元一九〇四年，「太虛大師」離開「長安鎮」，在吳江縣平望「九華寺」隨「士達法師」剃度出家，「臨濟宗」法名「唯心」，後由師祖「奘年法師」立表字「太虛」。

十二月，「太虛大師」隨師祖「奘年法師」於「曹洞宗」寧波「天童寺」受戒，得戒師「敬安法師」，尊證師「道階法師」。在傳戒過程中，由於「太虛大師」記憶力超群，短時間內將各種「戒本」背得爛熟，問答如流，衆戒師「咸以法器相許」。

「太虛大師」受戒時，「寄禪法師（八指頭陀）」也特意囑咐「奘年法師」，要加意維護「太虛大師」，勉其爲「佛門龍象」，並介紹他到「水月法師」處學習。

隨後幾年，在「敬安法師、歧昌法師、道階法師」等高僧的教導下，「太虛大師」開始學習「經論」，包括《法華經》、《楞嚴經》等，同時也翻閱了許多傳記，包括《指月錄》、《高僧傳》、《弘明集》等，將「禪錄」中的「話頭」默自參究。

公元一九〇八年，在僧人「華山」的影響下，「太虛大師」閱讀了不少「改良派、革命派」的著作，包括康有爲的《大同書》、梁啟超的《新民說》、章太炎的《告佛弟子書》等。同年夏天，結識了革命僧人「棲雲」，開始與「革命黨人」來往。又赴「七塔寺」聽「諦閑法師」講《天台四教儀集註》。

宣統元年（公元一九〇九年），「太虛大師」隨「寄禪和尚」參加江蘇省「僧教育會」，並到「南京」就讀於「楊仁山居士」創辦的「祇洹精舍」，學習《楞嚴經》，並跟隨「蘇曼殊」學習英文。三年赴「廣州」弘揚佛法，被推爲白雲山「雙溪寺」住持。

公元一九一〇年，「太虛大師」應革命僧人「棲雲」的邀請前往「革命黨人」雲集的「廣州」，於「獅子林」寺院設立「佛學精舍」講學，後來擔任「雙溪寺」住持，期間閱讀了「托爾斯泰、巴枯寧、馬克思」等人的譯著，與革命黨人多有交往，並且不時參予「革命黨」的秘密集會。

公元一九一一年四月，「同盟會」在「黃花崗」起義，旋卽失敗，「太虛大師」作詩《吊黃花崗》，初四句云：「南粵城裡起戰爭，隆隆炮聲驚天地！爲復民權死亦生，大書特書一烈字。」後來被官方察覺，派兵圍捕，「太虛大師」避居《平民報》報館。

公元一九一二年元旦，「中華民國」在「南京」宣告成立。「太虛大師」隨後在「南京」發起成立「佛教協進會」，於「毗廬寺」設立「籌備處」。在「社會黨」成員的引薦下，「孫中山」在「總統府」接見了「太虛大師」，並且托其秘書「馬君武」與他詳談。「太虛大師」詳細闡述了「佛教改革」及「籌備協進會」的情況，得到「馬君武」的贊可。

此時，「楊仁山」也來到「南京」，他準備上書「教育部」，要求將「金山寺」改辦成「僧學堂」，以造就僧才。在與「太虛大師」商議後，決定同往「鎮江」，聯合衆人，召開「佛教協進會」的成立大會，共圖改革大業。

公元一九一二年元月，「太虛大師」等人抵達「金山寺」，他們拜訪了方丈「青權、知客霜亭」等，討論「佛教協進會」的事宜。由於「改革佛教」的主張，觸及「守舊勢力的利益」，而且

「楊仁山」與這些人早有宿怨，但是「青權」等人礙於「革命風潮」和「太虛大師」等人多勢衆，「佛教協進會」還是在「金山」召開。

當時與會者「僧衆」，有二三百人，各界來賓有三四百，其中以「社會黨」人爲多。「太虛大師」被推選爲「會議主席」，講明設會宗旨，宣讀會章，接著「楊仁山」發言，他指責傳統的「剃度制」和「子孫住持制」，認爲其壓制「有識僧人」的成長，要求予以廢除。而揚州僧人「寂山」隨卽登台演說，批駁「楊仁山」無端冒犯祖制，胡作非爲。「楊仁山」聽完，再次登台，力數「揚州、鎭江」諸山「長老」昏庸無能、專謀私利。

「楊仁山」的發言，受到了來賓的支持，他趁機提出，要以「金山寺」開辦「佛教學堂」，全部「寺產」充作辦學經費，方丈「青權」表示無法接受，「寂山」高聲呼喊要打「楊仁山」。但是，由於「社會黨」人壓陣，甚至有人用手杖擊打「寂山」的頭，「青權」等人最後只好忍耐表面接受。

當晚，「楊仁山」帶領二十多個同學接管「金山寺」。「太虛大師」將「鎭江」諸事務交付「楊仁山」處理，自己回到「南京」。沒想到幾天後，「霜亭」帶領幾十個人趁夜進入「佛教協進會」，將「楊仁山」等人打成重傷。

在輿論的譴責下，「青權、霜亭」等人被判刑，但是隨後因爲政府「大赦」，「青權」等人又回到「金山寺」，重新擔任住持。「佛教協進會」最終以失敗收場，因爲這個事件，「太虛大師」雖然名聲大噪，但是名譽卻受損。

「太虛大師」推動「佛教協進會」失敗後，從「廣州」返回「南京」創立「中國佛教會」，第

二年併入以「寄禪和尚」爲會長的「中華佛教總會」，「太虛大師」並被選任爲《佛教月刊》總編輯。

公元一九一三年，「寄禪和尚」逝世，「太虛大師」在其「追悼會」上提出進行「教理革命，教製革命，教產革命」的「佛教三大革命」口號。撰文鼓吹「佛教復興運動」和「改革舊的僧團制度」。由於「太虛大師」的「佛教革命」主張，受到一些「守舊派」的反對，就辭去《佛教月刊》總編輯的職務。

公元一九一四年到一九一六年年間，「太虛大師」在浙江「普陀山」閉關潛修佛學於「錫麟禪院」，由「印光大師」爲其封關。閉關兩年間，深研佛學「法相唯識」諸宗經論，旁及「中、西哲學」諸論著，法學精進，深有所得。出關後，「太虛大師」赴「日本、台灣」和「東南亞」考察當地佛教。

公元一九一八年，「太虛大師」回國後鼓吹「佛教革新」，他和「陳立元、章太炎」創立「覺社」，主編《覺社叢書》，發表《整理僧伽制度論》，發起「佛教復興運動」，建立新的「僧團制度」，翌年改名《海潮音》月刊。月刊持辦三十多年，從未中輟，成爲中國持辦時間最長，普及影響最廣的佛教刊物。

公元一九二〇年，「太虛大師」前往「武漢」講解《心經》，受到當地僧衆擁戴，成立「漢口佛教會」。

公元一九二二年，「太虛大師」擔任「武昌佛學院」院長，次年創建「世界佛教聯合會」，擔任會長。

公元一九二八年，「太虛大師」前往「南京」講學，並籌備創設「中國佛學會」。是年秋，「會泉法師」鼓勵並資助「太虛大師」出國考察講學，遍歷英、德、法、荷、比、美諸國，宣講「佛學」。並應「法國學者」建議，在「巴黎」籌設「世界佛學苑」，開「中國僧人」跨越歐美弘傳佛教之先河。

公元一九三七年，「抗日戰爭」爆發，「太虛大師」爲抗日救國奔走，呼籲「全國佛教徒」行動起來，投入「抗日救國運動」。並首先發表《電告日本佛教徒書》，要求「日本佛教徒」以佛教「和平止殺」的精神，制止「日本帝國主義」的侵略戰爭。

同時又通電「全國佛教徒」，播講《佛教與護國》的論述，動員組織「佛教青年護國團」，積極參加救護工作、宣傳工作。並響應「航空救國」和「傷兵之友」等抗日愛國活動，募資捐款支援前線。

公元一九四三年，「太虛大師」和「于斌、馮玉祥、白崇禧」等著名將領和宗教界首要人物，成立「中國宗教聯誼會」，呼籲全國各宗教團體和全體宗教徒團結起來，一致抗日。「抗戰勝利」後，被「國民政府」授予「抗戰勝利勳章」。

公元一九四七年，三月十七日，「太虛大師」在上海「玉佛寺」，因「腦溢血」圓寂，葬於浙江奉化「雪竇山」。「太虛大師」遺體火化後，留下三百多顆舍利子，而且「心臟」久焚不化，最後燒成一顆碩大的「金剛舍利」。他所提倡的「人生佛教」理念對「佛教界」的影響極大，與「印光大師、虛雲大師、弘一大師」三位大師並稱爲「民初四大師」。

「太虛大師」主要的著作有《整理僧伽制度論》、《釋新僧》、《新的唯識論》、《法理唯識

學》和《眞現實論》等等。後由其門下弟子編輯《太虛大師全書》行世。

「太虛大師」一生創辦或主辦的僧教育學院有：「閩南佛學院、武昌佛學院、世界佛學苑、重慶漢藏教理院、西安巴利三藏院、北京佛教研究院」等。創辦「佛教刊物」有《海潮音》月刊和《覺群週報》等。

「太虛大師」組織「佛教團體」有「世界佛教聯誼會、中國佛教會、中國佛學會、中國宗教聯誼會、世界素食同志會」等等。「抗戰勝利」後，受任爲「中國佛教整理委員會主任、國民精神總動員會設計委員」等職。

「太虛大師」提倡「人生佛教」的根本宗旨是在於：以大乘佛教「捨己利人、饒益有情」的精神，去改進社會和人類，建立完善的人格、僧格。他常說：「末法期佛教之主潮，必在密切人間生活，而導善信男女向上增上，卽人成佛之人生佛教。」因此，他提出了「卽人成佛、人圓佛卽成」等口號。

(八)「印光法師」

「印光大師」，法名「聖量」，字「印光」，自稱「常慚愧僧」。生於淸咸豐十一年（公元一八六二年），陝西合陽縣路井鎭「赤東村」人，俗姓「趙」，名「紹伊」，字「子任」。

「印光大師」一生極力弘揚「淨土宗」，以「不當住持，不收徒衆，不登大座」爲原則，淡泊名利，刻苦儉僕，其高風亮節的崇高德行與其獨特的「淨土思想」，不僅爲時人和後世所讚嘆，對於未來「佛教」的弘揚和「淨土思想」的發展，亦產生巨大的影響。

因此，被譽爲民國以來「淨土第一尊宿」。其在當代「淨土宗」信衆中的地位無人能及，被後世尊爲「淨土宗（蓮宗）」第十三祖。其影響所及，不限於「淨土宗」，也護持了中國近代佛教。

「印光大師」與近代高僧「虛雲老和尚」、「太虛大師」、「諦閑法師」是好友，「弘一大師」更是拜其爲師。後人將他與「虛雲、太虛、弘一」併列，合稱爲「民國四大高僧」。

「印光大師」留給後世的無上法寶《印光法師文鈔》，前後三編共計一百餘萬字，是「淨土修行人」的指路明燈，被譽爲「小藏經」。「印光大師」還創辦了「佛教印經機構弘化社」，廣泛結緣經書。

「印光大師」幼年隨兄讀「儒書」，穎悟非常。因讀程朱、韓愈、歐陽修的書，受其影響而摒除佛。十五歲後，因「眼疾」數年不癒，方才猛然轉省，轉而研讀佛經，頓悟前非，眼疾因此不藥而癒。

清光緒七年（公元一八八一年），「印光大師」二十一歲，禮終南山南「五台蓮花洞」的「道純和尚」出家。清光緒八年（公元一八八二），掛搭湖北竹溪「蓮華寺」。一日，「印光大師」在寺裏曝曬佛經時，偶然讀到一本殘脫不全的《龍舒淨土文》，深有所悟，了知「淨土法門」圓通諸宗，因而立定心志，發願專弘「淨土宗」。未久，在陝西興安縣雙溪寺的「印海律師」座下受「具足戒」。

民國二年（公元一九一二年），「印光大師」時五十二歲，一位「高鶴年居士」得到「印光大師」的文章數篇，次年刊登於《上海佛學叢報》上，署名「常慚」，精湛的文義，驚聞海內外，佛門四衆爭相請讀，「徐蔚如居士」尤爲嘆服。

民國六年（公元一九一六年），時五十七歲，「徐蔚如居士」得到「印光大師」三封寫給友人的書信，遂印行，題爲《印光法師信稿》。次年，又得到「印光大師」文稿二十餘篇，於公元一九一八年，將之輯成《印光大師文鈔》。

從此，乞賜法名、皈依座下者繼踵而來，人潮絡繹不絕。而「印光大師」無論僧俗老幼、貧富貴賤都一視同仁，說法時不談玄說妙，只求眞實受用。

民國九年（公元一九一九年），時六十歲，「徐蔚如居士」再集「印光大師」文稿數十篇合訂二冊，出版於「商務印書館」，木刻於「揚州藏經院」。後又排印於「中華書局」，題曰《增廣印光法師文鈔》。

創辦「弘化社」，流通經書，以及興建「靈巖山寺」的「淨土宗道場」，樹立「淨土宗風」，這是「印光大師」畢生弘宗演教的兩大事業，是他對中國近代「佛教」的兩項具體貢獻。

民國十九年（公元一九三〇年），由「印光大師」發起，「王一亭、關絅之、黃涵之」等居士協助，「明道法師」主持，在「上海」常德路「覺苑」內籌備成立佛經流通部「弘化社」，制定「流通辦法」爲「全送、半價、照本」三種，旨在弘法利生，與一般書店的營業謀利截然不同。

民國二十年（公元一九三一年），「流通部」業務發達興盛，於是宣佈「弘化社」正式成立。嗣後又遷至蘇州「報國寺」「印光大師」閉關的關房近旁。

民國二十四年（公元一九三五年），「明道法師」去世，「弘化社」經辦負責無人可託，「印光大師」以七十五歲高齡出而自任，一直到民國二十九年（公元一九四〇年）圓寂。

「弘化社」在當時雖然印行流通了大量佛書、善書，但是「印光大師」還是慨嘆力量太小，未

能達到他期望的目標。同時他又滿懷信心地鼓勵其弟子說：「寄出去的書一萬本中能有一個人認眞地看，那也是收到了效果了。」」。

位於「蘇州」近郊，吳縣「木瀆」的「靈巖山寺」，是「東晉時期」創建的古剎，以後屢有發展和興廢。「清朝」的「太平天國時期」，又毀於兵火，成爲焦土。到「宣統」年間，變成一間荒寺，經「當地士紳」挽請「普陀山」的「眞達老和尚」接收，由「眞達老和尚」出資修建。但是，「眞達老和尚」法務繁忙，在「上海」有「太平寺」，在「普陀山」也有「寺院」要住持負責，「靈巖山寺」就沒有精力去管理了。

民國二十六年（公元一九三七年）冬，南方「對日抗戰」烽起，「蘇州」淪陷。「印光大師」應「靈巖山寺」監院「妙眞和尙」之請，移住「靈巖山寺」安居。中外信徒來寺叩關請益，「印光大師」對來者慈悲開導，折攝兼施，使聞者悅服。

民國二十九年（公元一九四〇年）十二月二日，「印光大師」預知時至，端坐唸佛，安祥生西，時年八十歲。次年二月十五日「荼毗（ㄆㄧˊ，火化）」，得「五色舍利」無數。僧俗弟子建塔於「靈巖山」巓，並於民國三十六年（公元一九四七年）九月十九日將「印光大師」的「舍利」奉安入塔，後人尊「印光大師」爲「淨土宗」第十三祖。

「印光大師」主要的著作有《佛法修行止偏法要》、《佛法修行止偏法要》、《印光大師嘉言錄》、《嘉言錄》、《印光大師嘉言錄續編》等。

現今留存的《印光大師全集》共有七冊，其中前三冊是「印光大師」本人親撰的作品，即第一冊《印光大師文鈔》，第二冊《印光大師文鈔續編》，第三冊《印光大師文鈔三編》。

「印光大師」於公元一九三三年，正式將《無量壽經》，《觀無量壽佛經》，《阿彌陀經》，《大勢至菩薩唸佛圓通章》、《普賢菩薩行願品》、《往生論》勘定爲《淨土五經一論》，作爲後人持誦的範本，充分體現了祖師良苦和深遠的用心。

(九)「印順導師」

「釋印順」，俗名「張鹿芹」，法名「印順」，號「盛正」，人稱「印順導師、印順長老、印順法師」，浙江杭州府「海寧（今屬嘉興）」人。「剃度師」爲普陀山「福泉庵」的「清念和尚」，「天童寺」受戒時，「戒和尚」是「圓瑛法師」，爲「太虛大師」的門徒，慈濟「證嚴法師」的「入門師父」。

「印順導師」是「中國」近代著名的「佛教思想家」，解行並重的「大修行僧」。「新竹市政府」爲了紀念「印順導師」，將「曲溪里」的「南松橋」，改稱爲「印順橋」。

「印順導師」在「閩南佛學院」開始修學「三論」，進而研究「唯識論」，後來讀到《阿含經》與各部《廣律》，有現實人間的親切感、眞實感，而深信「佛法」是「佛在人間」。一生著作頗豐，大致分爲《妙雲集》、《華雨集》以及「單獨專著」三大類。曾以《中國禪宗史》一書，獲頒「日本大正大學」的正式「博士學位」，爲中華民國「比丘界」的首位博士。

「印順導師」畢生推行「人間佛教」，承繼於「太虛大師」的「人生佛教」主張而來。「人間佛教」重視「此時，此地，此人」的關懷，主張「然佛法以人爲本，也不應天化、神化。不是鬼教，不是神教，非鬼化非神化的人間佛教，才能闡明佛法的眞意義」。這種主張被視爲「一種爲了

「佛教」適應近代社會的發展而探尋其理論和實踐的運動」。

「印順導師」的理念，對「佛光山」的「星雲法師（主張「人間佛教性格」）」、「法鼓山」的「聖嚴法師（主張「人間淨土」）」、「慈濟功德會」的「證嚴法師（主張「人間菩薩招生」）」都有不少影響。

公元一九三〇年，「印順導師」至「天童寺」受「具足戒」，受戒後，得其恩師的同意與資助，於公元一九三一年，時二十五歲，至廈門「南普陀寺」的「閩南佛學院」求法。

公元一九三二年，「印順導師」於佛頂山「慧濟寺」的「閱藏樓」「閱藏」三年。此「閱藏樓」爲「印順導師」出家以來，最懷念的地方。公元一九三六年，時三十歲，武昌「佛學院」開辦「研究班」，「印順導師」受「太虛大師」之命，至武昌「佛學院」指導「三論」的研究。

公元一九三八年，「印順導師」至「漢藏教理院」，講授「中觀學」。在那裡，與「法尊法師」成爲好友，經常彼此作「法義」的探討辨析。「法尊法師」請求「印順導師」翻譯「龍樹」的《七十空性論》，並爲「法尊法師」所翻譯的《菩提道次第廣論》、《密宗道次第廣論》協助潤文，修飾文字。

公元一九四一年，時三十五歲，當時「演培法師」受「太虛大師」之命前往四川「合江」創辦「法王學院」，請「印順導師」爲「導師」，繼改任「院長」，「印順導師」之名因此而來。

公元一九四七年，時四十一歲，「太虛大師」逝世，由於「太虛大師」生前的講說著作，未能及時彙整。當時，「太虛大師」」的弟子們，都齊集「上海」，席間一致公推「印順導師」負起領導編纂全書的責任」，所以「印順導師」擔任《太虛大師全書》主編，全書至第二年四月編集完成。

公元一九四八年，「印順導師」至福建「廈門」的「南普陀寺」，創立「大覺講社」。後來，因爲「國共內戰」，「大覺講社」停辦。

公元一九四九年，「印順導師」移居「香港」，在「香港佛教聯合會」的幫助下，繼續進行《太虛大師全書》的校對與出版工作，同時出版了《佛法概論》。

公元一九五二年，「中國佛教會」推派「印順導師」，由「香港」取道「台灣」，至「日本」參加「世界佛教徒聯誼會」第二屆大會。九月，大會結束，「印順導師」回到「台灣」，住在「台北善導寺」，「李子寬居士」聘「印順導師」爲「善導寺」住持。

隨後不同佛教派系的人有所不滿，鼓動「慈航法師」發表文章指責「印順導師」想要消滅「大乘佛教」，引入「日本佛教」，想做「佛教界領袖」。雖然「慈航法師」經「演培法師」的調解，並沒有發表文章，但是風波並沒有停息。

公元一九五三年，「國民黨」的內部刊物，登載「據報，法師所著《佛法概論》，內容歪曲佛教意義，隱含共匪宣傳毒素，希各方嚴加注意取締。」。

公元一九五四年，「中國佛教會」行文給各地「佛教團體」，稱《佛法概論》爲「中國共產黨」宣傳，要求協助取締。此後，「印順導師」遭到「警總」與「台灣情治單位」的注意，被迫寫出「自白書」，自承錯誤，最終有驚無險，但是從此「印順導師」行事更爲低調。

公元一九五三年，「印順導師」在「台灣」創設「新竹福嚴精舍」，以及於公元一九六〇年，在「台北」創設「慧日講堂」，成爲開山住持。公元一九六四年，在「嘉義市」郊「妙雲蘭若」閉關。

公元一九七〇年，「沈家禎居士」爲了使「漢傳佛教」經典能夠進入「歐美」，推動「漢傳大乘佛教經典」的英譯。「印順導師」大力支持，撥出「福嚴精舍」的房舍，讓「沈家禎居士」在台灣成立「譯經院」。

公元一九七一年，「印順導師」撰寫的《中國禪宗史》出版後，因爲「聖嚴法師」的推介，受到「日本佛教」學者「牛場眞玄」的高度重視，並發心將之譯成日文。

日文譯文完成後，「牛場先生」主動推介「印順導師」以此書至「日本大正大學」申請「博士學位」。「印順導師」於公元一九七三年，時六十七歲，獲得「日本大正大學」授予正式「博士學位」。

公元二〇〇五年四月，「印順導師」發燒，住進「慈濟醫院」檢查，發現心包膜積水，血壓急速下降，醫師緊急作心包膜的積水導引手術。手術本身非常成功，可是，對一位高齡老人而言，體力也是一大負擔。自此之後，身體日漸虛弱，最後，由於心臟衰竭，於公元二〇〇五年六月四日圓寂，享耆壽九十九歲。

「印順導師」的重要作品，如下：《妙雲集》、《華雨集》、《永光集》、《唯識學探源》、《說一切有部爲主的論書與論師之研究》、《原始佛教聖典之集成》、《初期大乘佛教之起源與開展》、《如來藏之研究》、《空之探究》、《解深密經筆記》、《佛法概論》、《楞伽阿跋多羅寶經親聞記》、《法華經講義》、《維摩經講義》、《雜阿含經論會編》、《大乘廣五蘊論講記》、《大智度論筆記》、《印度之佛教》、《印順導師印度之佛教勘訂與資料彙編》、《中國禪宗史——從印度禪到中華禪》等。

（十）中共「文革期間」的「佛教法難」

公元一九四九年，「中華人民共和國」在中國成立，「中國佛教」受到史無前例全面性的壓迫達十餘年，其嚴重性更甚於「三武一宗」的法難。

中國歷代以來，「佛教」經歷四次「法難」，由三位諡號中有「武」和一位有「宗」的皇帝所發起，所以也被稱爲「三武一宗」法難。這四位皇帝之所以打壓「佛教」，主要是爲了打仗需要「資金」與「兵源」，皇帝要增強軍事上的實力，「沒收廟產」和「強迫僧人還俗當兵」，是最有效的方法。而「北魏太武帝」和「唐武宗」的「滅佛」，也參雜了因爲信奉「道教」而受人唆使的因素。

在這四次的「佛教法難」中，短的歷時八個月，最長的也不超過六年。而中共自建國以來，不斷地剷除所有「有形的宗教事物」和「無形的信仰意識」，至今未停，論迫害的範圍、程度、手段和時間，都可說是空前絕後，使「佛教」在「中國」名存實亡。

中共建國後，就開始毀寺焚經、沒收寺產、強迫僧尼參與勞動並學習「馬列思想」，甚至逼其還俗結婚，不服從中共指令的「男僧人」，則在「韓戰」時，被送去前線當炮灰。

「虛雲老和尚」是「清末民初時期」的一代高僧，從「慈禧太后」到「孫中山、蔣中正先生」都對他尊敬有加。但是在「中共」統治下，這位德高望重、的老和尚，竟然在公元一九五一年，被當成「反革命分子」，軍警闖入寺院，將這個當時已經一百一十二歲的老人毒打到頭破血流、肋骨折斷。次日他們見「虛雲老和尚」未死，就繼續毒打，然後關在「方丈室」內，斷其飲食，任其自生自滅。「虛雲老和尚」瞑目不動，八日後才出定甦醒，畢生著作也毀失殆盡。

「佛源和尚」爲了替「虛雲老和尚」洗刷罪名，到處託人將消息輾轉送到「中共高層」，再從「北京」下令放人，才使風暴暫時停息。但是，到了公元一九五八年，一百一十九歲的「虛雲老和尚」又被打成了「右派」，關入「牛棚」，老病體弱的大師，最終因此離世。

而當初爲他奔走求情的「佛源和尚」也受到牽連，被投入監獄囚禁三年。另一位替「虛雲老和尚」說公道話的「定持和尚」也同樣被扣上右派的帽子，五次被囚，「文革時」被批鬥後，送去山區拾糞。

中共一方面殘暴的打壓持戒修行的出家人，另一方面卻積極鼓勵成立「佛教組織」。公元一九五二年，成立「中國佛教協會」，中共派其「統戰部部長」參加。

在「文化大革命（文革）」時期（公元一九六六年五月十六日到一九七六年十月六日），「佛教人士」飽受摧殘、無數的「佛教文物」遭到嚴重破壞。從「寺院」到「法器」，也不管是「皇家寶物」或是「民間珍藏」，「紅衛兵」所過之處，無一倖免，不是自此消失，就是面目全非，或者只剩下斷垣殘壁。

例如，「白馬寺」作爲「中土」最早建立的寺廟，「文革時」自然在劫難逃，千年的珍貴文物如「貝葉經、十八羅漢像、玉馬」等等皆被毀壞。

經過「文化大革命」的洗禮，使得「中共」盡失民心，經濟瀕臨崩潰。「中共」爲了要解除統治和經濟危機，就宣稱實行「改革開放」政策。

在「佛教」方面，中共「有限度的」容許「宗教」存在。於是停擺了十年的「佛教協會」重新開始運作、各地被侵占的「寺產」和「僧舍」陸續歸還、之前被逼還俗的「僧尼」現在獲准返寺。

「中共」表面上放鬆對「佛教」的管控，實質上仍然藉由「中國佛教協會」來控制一切，主導對「佛教」的一連串改造，對「中國佛教」的走向造成重大的影響。「中國佛教協會」成了全國寺院的最高指導機關，而各地的「佛教協會」，則是當地寺院的領導單位。

「寺院」除了平時爲「信衆」舉行各種名目的儀式，如「念經懺悔、祈福消災等、放焰口、超度亡靈」等、在各個「佛教節日」舉辦「廟會」外，也藉著寺廟落成、佛像開光、住持升座等名義舉行法會，目的是：「活動帶來人潮、人潮帶來錢潮」。

還有「佛教協會」和「寺院」化募集資，用來經營工商業，也將「寺院房產」外租，或設立商店、餐館、旅店等，此外也經營向「泰國」出口大理石和工藝品的貿易。「少林寺」的商業化經營，則是一個最有名的例子。

十三、台灣時期

(一)「台灣佛教」的歷史

「台灣」最早期的「佛教」，要從「清朝」談起。「清朝」統治「中國」後，大力提倡「藏傳佛教」與「漢傳佛教」。因此，「閩南」和「粵東」地區的宗教信仰，發生重大的變革，除了產生吸收「佛教」世俗化的福建「道教閭山派」之外，也衍生出適合「閩南」和「粵東」地區民情的「佛教」。此階段，「觀音菩薩」爲「佛教」中，最容易被「漢人」所接受的信仰。

十八世紀之後，以「觀音菩薩」爲主神的「佛教廟宇」，大量興建於以「泉州、漳州」移民爲

主的「台灣」。這種「佛寺」，又以「岩仔」居多。

所謂「岩仔」，本來意思是「山洞」，後來把「靠近山邊的廟」，都稱爲「岩仔」，亦即「岩仔」在當時專指「佛寺」。而「岩仔」於「佛寺」的正式名稱又可稱爲「岩」或「巖」。

以「岩」爲名的「佛寺」，自十八世紀以後，大量出現在「台灣」，並且藉由「觀音信仰」，將「佛教教義」傳至「台灣」，例如公元一七五二年建成的「芝山岩（台北市士林區）」與公元一七九一年整竣完成的「寶藏岩（台北市中正區）」，還有「清水岩（彰化社頭）、虎山岩（彰化花壇）、碧山岩（南投市）」等。

除了「岩仔」之外，「清朝時期」主祀「觀音」的廟宇有「寺、宮、閣、堂、壇、庵、岩」等等的名稱區分。其中，「亭」爲地主所蓋，「寺」爲大廟，「堂」常爲村廟，「岩」則通常蓋於山邊。

另外，「道教廟宇」於興建時，也常將「佛教」的「觀音」和「佛祖」的聖像，列於「道觀」或「宮寺」中。因此，「台灣佛教」與「道教」，成爲不可分的密切信仰。

至於「叢林系統」的「佛教」，則開始於「鄭成功時期」，台南市「竹溪寺」爲最早修建的寺院之一。「竹溪寺」屬於「禪門臨濟宗」，當時稱爲「小西天寺」，被台灣史學家「盧嘉興」以「沈光文」有詩提及該寺，而認定其爲「明朝」永曆十八、十九年（公元一六六四、一六六五年）間所創建的，推論而認爲該寺爲台灣最早建立的佛寺。

另外，「明、清時代」來「台灣」的移民，自「閩、粵」等地，帶來了許多「高僧信仰」，例如：福建「泉州」安溪縣的「清水祖師信仰、顯應祖師信仰」，「漳州」的「三平祖師信仰」，

「汀州」的「定光祖師信仰、伏虎禪師信仰」，「福州」的「泗州祖師信仰、扣冰祖師信仰」。

「高僧信仰」也會「道教化」，如「道教廟宇、鸞堂」也時常奉祀原本屬於「佛教禪宗」的「達摩祖師」、「濟公禪師」與「普庵禪師」等。

公元一八九五年，「台灣」開始被「日本帝國主義」殖民。在治理「台灣」所需要的「宗教」，「台灣總督府」選擇了已經在「台灣」稍有根基的「佛教」。

二十世紀初，大量的「日本佛教」派系來「台灣」宣教，直至公元一九四五年，「日治時期」結束前，共有「八宗十四派」的「日本佛教」支派來「台灣」傳教，其中又以「眞宗本願寺派」發展最佳，不過較符合台灣民情，以菩薩神化爲主的「曹洞宗、日蓮宗、淨土宗」等三佛教宗派也頗有發展。

「八宗十四派」的「八宗」是指「華嚴宗、天台宗、眞言宗、臨濟宗、曹洞宗、淨土宗、淨土眞宗、日蓮宗」；「十四派」是指「華嚴宗、天台宗、眞言宗高野派、眞言宗醍醐派、臨濟宗妙心寺派、曹洞宗、淨土宗、淨土宗西山深草派、眞宗本願寺派、眞宗大谷派、眞宗木邊派、日蓮宗、本門法華宗、顯本法華宗」。

「台灣」在「日治時期」，還有所謂「四大法脈、四大道場」，即基隆市「靈泉禪寺」開創「月眉山派」，由「江善慧」主持；台北縣五股「凌雲禪寺」開創「觀音山派」，由「沈本圓」主持；苗栗縣大湖「法雲寺」開創「法雲派」，由「林覺力」主持；高雄縣岡山「超峰寺」開創「大崗山派」，由「林永定」等人開山。「四大法脈」在戰後的發展，不如在「日治時代」興盛，不過，還是仍在發展中的「佛教系統」。

除了「四大法脈」外，台灣佛教的派別尚有其他門派，加上「四大法脈」，被稱爲「九大門派」，即「月眉山派、觀音山派、法雲派、大崗山派、開元寺派、大仙寺派、萬佛山派、清涼山派、東和寺派」等。「九大門派」爲「台灣」的傳統佛教傳衍主要派別，是指戰前已有的主要「佛教叢林」。

(二)「台灣」的「藏傳佛教」

「藏傳佛教」於公元一九四九年，隨著「國民政府」遷台而傳入，學者將其在「台灣」的傳播，依公元一九八二年，「卡盧仁波切」，或者公元一九八〇年，「創古仁波切」首次來台弘法爲界，分爲「前弘期」與「後弘期」。

「前弘期」受「政治」的影響，只有少數「蒙古」的「章嘉呼圖克圖、甘珠爾瓦呼圖克圖」及「康區」的「格賴達吉仁波切、明珠仁波切」，而主要以「漢籍」的「居士或「喇嘛」爲主導，其代表人物有：「君庇亟美喇嘛、屈映光、吳潤江、劉銳之、韓同、申書文、張澄基、陳健民」等。代表性的「道場」爲「南方寶生佛剎、諾那華藏精舍、金剛乘學會、貢噶精舍、白馬山菩提講堂」等。

「後弘期」則以「藏僧」爲主導，「四大教派（噶舉派、寧瑪派、薩迦派、格魯派）」的「法王」及「仁波切」先後抵台弘法，並相繼在「台灣」成立「弘法中心」，使「藏傳佛教」成爲台灣八十年代以後，學佛熱潮的重要支脈。

「噶舉派」最早進入「台灣」，比較著名的人物有「創古仁波切」、「卡盧仁波切」和「大寶

法王」的四大法王子（夏瑪巴、大司徒、蔣貢康楚、嘉察）都曾經應邀來「台灣」，並且成立「弘法中心」或「佛學會」。

「寧瑪派」則以「蔣波羅會仁波切」，「貝諾法王」所屬「白玉」傳承在「台灣」的發展最盛。

「薩迦派」則有「宗薩蔣揚欽哲仁波切」多次來「台灣」傳法，頗受年輕一代的「台灣學佛者」的歡迎，在「台灣」設有「悉達多本願佛學會」。九十年代末，「宗薩佛學院」的「堪布貢噶旺秋仁波切」，在「台灣」完整講授《入行論》、《善顯能仁密意》、《入中論》、《俱舍論》等，深獲好評。

「格魯派」在「台灣」的發展比較慢，「圖敦梭巴仁波切」來「台灣」弘法，成立「經續法林」，爲國際「護持大乘法脈聯合會」組織的一員。而西藏「拉薩三大寺（甘丹寺、哲蚌寺、色拉寺）」及「日喀則」的「扎什倫布寺」也陸續派「僧侶」入駐「台灣」弘法，並且設立「佛學會」。

另外，本土化的「藏傳佛教」，例如：「日常法師」創立的「福智文教基金會」，提倡以「儒家思想」建立「十善社會」，推廣《菩提道次第廣論》研討班，來弘揚「宗喀巴大師」的教法，成立「慈心有機事業、里仁公司」等。

又如，首位「台灣籍」的轉世喇嘛「洛本仁波切」，在台南縣「左鎮」創建以「藏密中土化」爲目標的「噶瑪噶居寺」，也頗具影響力。

(三)「台灣」現在主要的「佛教派別」

「台灣」現在的主要「佛教派別」有「佛光山、慈濟、法鼓山、中台禪寺、淨宗學會」等，簡介如下：

(1)佛光山：

◆創設者：星雲法師

◆宗派：禪宗臨濟宗

◆根據地：高雄市大樹區

◆簡介：「釋星雲」，童年出家。俗名「李國深」，法名「今覺」，法號「悟徹」，自號「星雲」。生於江蘇省「江都縣（今揚州市）」，為「臨濟宗」第四十八代傳人，同時也是「佛光山開山宗長、國際佛光會的創辦人」，被尊稱為「星雲大師」。現任「國際佛光會榮譽總會長、世界佛教徒友誼會榮譽會長」。

「星雲法師」於公元一九二七年，生「江蘇」，家族排行第三，上有一兄一姐、下有一弟。公元一九三七年，父親「李成保」先生至「南京」行商失蹤，公元一九三八年，隨母親「李劉玉英」居士至「南京」尋父時，在「棲霞山寺」遇見住持「志開上人」，並披剃出家，法名「悟徹」，號「今覺」。

「星雲法師」依「臨濟宗」「普陀後寺」演派為第四十八代傳人。剃度後，即進入「棲霞寺」的「律學院」修學佛法。並於公元一九四一年，在「棲霞山寺」受「三壇大戒」。受戒後，公元一九四四年，前往常州「天寧寺」參學。其後於公元一九四五年，進入「焦山佛學院」就讀，「佛

學院院長」爲「東初法師」。

公元一九四九初年，「星雲法師」由「江蘇」遷居到「台灣」。最初在桃園縣的中壢「圓光寺」修行，加入「慈航法師」創辦的「台灣佛學院」爲學僧。七月，因爲不同派系佛教人士的攻擊，「慈航法師」與「台灣佛學院」學僧遭到逮捕，被指稱爲「匪諜」，下獄二十三天，獲得時任「中國佛教會常務理事」的國民黨國大代表「李子寬」和「孫立人」夫人「孫張清揚」等人的擔保才出獄。在「李子寬」的勸說下，加入「中國國民黨」。

公元一九五一年，受到台灣第一本佛教刊物《人生月刊》創辦人，同時也是「焦山佛學院」讀書時期的院長「東初法師」委託，擔任「主編」達六年之久。也開啟「星雲法師」在「台灣佛教文化工作」的開始。

公元一九五一年十二月，「星雲法師」受新竹「靈隱寺」住持「無上法師」之邀，前往「國民政府」遷台後，創辦的第二所「出家僧人教育單位」，由「大醒法師」所主持的「台灣佛教講習會」擔任教務工作。「星雲法師」在擔任「教務主任」期間，訓練出包括基隆「靈泉禪寺」的退居（卸任）住持「晴虛法師」與高雄美濃「朝元寺」的「慧定法師」等畢業生。

公元一九五七年，「星雲法師」主編《覺世旬刊》。公元一九六一年，擔任《今日佛教》發行人。並領導「宜蘭青年歌詠隊」，灌製全台灣第一組「佛教唱片」六張。公元一九六二年，接辦《覺世旬刊》，擔任發行人。發起組織編輯中英對照「佛學叢書委員會」。

公元一九六三年，「星雲法師」與「白聖法師」等人組成「中華民國佛教訪問團」，訪問東南亞各國。會見泰國國王「蒲美蓬」、印度總理「尼赫魯」及菲律賓總統「馬嘉柏杲」等人。在「印度」要求釋放七百名被捕華人，並救出「高雄漁船」兩艘。

公元一九六四年，「星雲法師」與「悟一法師、南亭法師」共同創辦「佛教智光商工職業學校」。

公元一九六七年，「星雲法師」變賣「高雄佛教文化服務處」房屋，購得高雄縣大樹鄉麻竹園二十餘甲山坡地，作爲建寺用地，於五月十六日動土，定名爲「佛光山」。「壽山佛學院」移址「佛光山」，更名爲「東方佛教學院」。公元一九七七年，創建「普門中學」。

公元一九八四年，「星雲法師」於美國「洛杉磯」與「達賴喇嘛」四次會談。

公元一九八五年，「星雲法師」依組織章程宣布退位，卸下「佛光山宗長」一職，傳法予大弟子「心平」。從此「恪遵佛制，薪火相傳，以制度管理，以組織領導」，樹立道場民主化之典範。

公元一九八五年，「星雲法師」擔任「中國國民黨」黨務顧問獲頒二等卿雲勳章與「功在黨國」匾額乙面。公元一九八八年，當選「中國國民黨」第十三屆「中央評議委員」。

公元一九九一年，「星雲法師」創辦「美國西來大學（University of the West）」。公元一九九二年，「國際佛光會世界總會」於「西來寺」成立，並召開第一次會員代表大會，洛杉磯蒙特利市長「姜國梁」宣布五月十六日爲「國際佛光日」。

公元一九九五年，「星雲法師」成立「中華佛光協會」（後更名爲「國際佛光會中華總會」）。

公元一九九六年，「星雲法師」創設「南華管理學院（後經教育部審核昇等爲南華大學）」。

公元一九九七年，創立「佛光衛星電視台（已於二〇〇二年更名爲人間衛視）」，成爲首位成立

「佛教電視台」的台灣法師。

公元一九九七年，「星雲法師」在義大利「梵諦岡」與天主教教宗「若望保祿二世」進行世紀宗教對話。

公元二〇〇〇年，「星雲法師」創立《人間福報》報社，致力於媒體淨化運動。因爲，「星雲法師」患糖尿病，需用胰島素治療，公元二〇一〇年，「糖尿病」所導致眼睛細胞鈣化，幾乎完全看不見。

「星雲法師」從不避諱表達其「政治立場」，並具「中國國民黨黨員」身分，並且時常捲入政治議題，這讓台灣其他政黨人士譏爲「政治和尚」。而「星雲法師」主張「關心政治，不代表問政」，表示「政治人物」也是「衆生」之一，並強調：「我的弟子，不分藍綠，但都是佛教徒」。

經「星雲法師」編著的作品繁多，許多著作都被翻譯成多國語言，如：英語、日語、韓語、泰語、葡萄牙語、西班牙語、德語、法語、瑞典語、俄語、烏克蘭語、錫蘭語、尼泊爾語、印度語、坦米爾語、梵語、孟加拉語、印尼語、越南語等。

以下只列舉「星雲法師」的中文著作：《中國佛教禪修入門》、《慈悲的智慧》、《往事百語》、《生活禪心》、《佛光教科書》十二冊、《多少自在》、《天光雲影》、《佛光菜根譚》、《佛光祈願文》、《六祖壇經講話》、《改變一生的一句話》、《迷悟之間》、《生命的點金石》、《星雲大師談讀書》、《星雲大師談處世》、《星雲大師談幸福》、《星雲大師談智慧》、《與大師心靈對話》、《人間佛教的戒定慧》、《合掌人生》、《點亮心燈的善緣》、《禪師的米粒》、《定不在境》、《當大亨遇上大師：星雲大師改變生命的8堂課》、《人間萬事》、《成就的秘訣：金剛經》、《百年佛緣》、《世界佛教美術圖說大辭典》、《獻給旅行者們365日》、《貧僧有話要說》、《人間佛教佛陀本懷》、《佛法眞義》、《我不是「呷教」的和尚》等。

「星雲法師」一生的貢獻，於世界「五大洲」成立「寺院」，以及「別分院」二百六十餘所，課徒一千三百位「出家法師」。於「美國」成立「國際佛光會世界總會」、目前「分會」亦遍世界各地，約有六百萬名「會員」，服務於世界各地，亦為「國際佛光會世界總會」榮譽總會長。著作極多，並翻譯多國語言於歐、美、東亞、日、非等地區發行，目前亦身兼專欄寫作。

(2)慈濟：

◆創設者：證嚴法師

◆宗派：以《法華經》精神爲旨，承續「印順導師」與「太虛大師」，直屬「釋迦牟尼佛」，不屬於任何宗派，自創「慈濟宗」。

◆根據地：花蓮縣新城鄉

◆簡介：「釋證嚴」，俗名「王錦雲」，法名「證嚴」，字「慧璋」，出家前自號「靜思」，公元一九三七年生於台灣台中大甲清水街（今台中市清水區），「慈濟宗」的創辦者，「慈濟基金會」的創辦人，其信徒多稱其爲「證嚴上人」或「師公上人」。自行剃度，公元一九六三年於「印順導師」門下出家，後來返回「花蓮縣」秀林鄉佳民村的「普明寺」苦修。

「證嚴法師」生於台灣「日據時期」末期，在「台中清水」出生，其弟爲「王端正」。「證嚴法師」自幼過繼給叔父「王天送」家當長女，而且隨其遷居「台中豐原」。她的「繼父」經營「劇

院」，往來「豐原、清水、潭子」等城市之間，「證嚴法師」則從旁協助，也分擔家務，家境小康。「證嚴法師」侍奉繼父母，被地方傳爲至孝美談。後來，因爲經歷二次大戰，美軍空襲轟炸，見證戰爭的殘酷。

公元一九六〇年，二十三歲的「證嚴法師」至「豐原寺」拜拜，當地住持「妙廣法師」贈送她「解結科儀」。後來，因爲「父喪」至「慈雲寺」拜《梁皇寶懺》，體會到「人生無常」的道理，此後萌生「出家」的念頭。

當時，有位「寺院信徒」前來詢問，是否可將家中破舊的《法華經》當廢紙出售。「證嚴法師」聽到《法華經》經名，心生歡喜，便花了數百元請回家。此經書至今仍置放於「靜思精舍」。後來，經當地「慈雲寺」出家師父的引薦，前往新北市汐止「靜修院」，準備出家，結果三天後被母親尋回。

不久，「證嚴法師」隨著「慈雲寺」的「修道法師」再度離家，由「台中」前往「高雄」，再到台東縣鹿野鄉的「王母廟」。幾經波折，先後移居知本「清覺寺」、玉里「玉泉寺」、花蓮「東淨寺」、台東「佛教蓮社」。

後來，「證嚴法師」寄住在「佛教蓮社」時，至「信徒」家中做客，在其府中見到日文版《法華經大講座》，才發現《法華經》三部中的《無量義經》及《觀普賢經》。

閱讀《無量義經》時，見到「靜寂清澄，志玄虛漠，守之不動，億百千劫。無量法門，悉現在前，得大智慧，通達諸法。」三十二個字，對《無量義經》產生濃厚的興趣。後來，經「許聰敏居士」的引薦，「證嚴法師」前往花蓮縣秀林鄉佳民村「普明寺」弘法，與「修道法師」兩人就暫住

「許家」。

公元一九六二年，「修道法師」返回「豐原」，二十五歲的「證嚴法師」獨自留下。「證嚴法師」自行落髮，現「沙彌尼相」，「許聰敏」爲她取法名「修參」。

公元一九六三年，位於台北的「臨濟護國禪寺」，預備開壇傳戒，二十六歲的「證嚴法師」，打算先去「臨濟寺」報名，卻因爲未曾拜師，無法受戒。而後又跑到「朱崙街」的「慧日講堂圖書處」，購買《太虛大師全集》，打包好書籍準備要離開時，突然下雨了，剛好在「慧日講堂」裡，見到了「慧日講堂」的創始人「印順導師」。

「證嚴法師」遇見「印順導師」，請求出家，以獲得報名資格。因爲「開壇傳戒」時間緊迫，「印順導師」開示：「我們因緣很特別，我看時間來不及了；但既然出家了，妳要時時刻刻爲佛教、爲衆生啊！」。

「印順導師」簡單行「皈依禮」，爲她完成「出家儀式」，成爲她的「出家依止師」，爲其取法名叫「慧璋」。「證嚴法師」隨後趕去「臨濟護國禪寺」報名「三壇大戒」，受「比丘尼具足戒」，而得到一個戒名稱「證嚴」，這也是「證嚴法師」法號的由來。

「證嚴法師」受「具足戒」後，便返回「花蓮」。「許聰敏居士」在「普明寺」後面，搭建一間「小木屋」，「證嚴法師」便在其中持誦抄寫《法華經》，後來因爲遇到颱風倒塌，又移往花蓮「慈善寺」講《地藏經》四個月，在講經期間，有四位弟子皈依「證嚴法師」座下。

後來，「證嚴法師」又至基隆「海會寺」結夏安居三個月；直至公元一九六四年秋，方才回到「普明寺」，和「德慈、德昭、德融、德恩」四位弟子在附近的「小木屋」旁的「地藏廟」安居、修行。

鑑於當時「台灣佛教界」普遍因應「信衆」的需求，「出家人」經常必須外出誦經拜懺，即使三更半夜也不例外，實在無法安心用功辦道，二十七歲的「證嚴法師」堅持「一不趕經懺，二不做法會，三不化緣」，便手工製作「毛衣、飼料袋、嬰兒鞋」等自籌財源生活。

公元一九六六年，二十九歲的「證嚴法師」前往花蓮「鳳林鎭」某「私人醫院」探望弟子「德融」的父親，見到地上一灘血跡，聽人告知，爲「豐濱」一名「原住民婦女」小產，卻因爲缺少開刀所需「保證金」新台幣八千元而無法開刀，只得又帶回部落，此卽「一攤血事件」。

同年，「證嚴法師」遇到三位穿著「修女會衣」的「海星中學」老師「貝蒂修女」、「黃雪文修女」和「高凌霞修女」，因爲郊遊路過「普明寺」。不期而遇的情況下，「比利時籍」的「貝蒂修女」，在談話中對「證嚴法師」說：「佛教信徒這麼多、力量這麼大，如果做社會服務的工作，影響會更大。」「證嚴法師」聽完，大受震撼。

又一次，「證嚴法師」遇到「張金菊修女、湯修女、黃修女」路過，看到「證嚴法師」在種菜，一行人向「證嚴法師」表示：「你們爲什麼不爲老百姓去付出你們的愛呢？」「證嚴法師」聽聞後，決心開始做慈善工作。

當年，「印順導師」希望「證嚴法師」住持嘉義「妙雲蘭若」，但是在其信徒的挽留之下，決定留在「花蓮」開展「社會救濟工作」。

「證嚴法師」留在「花蓮」後，要求「信徒」每日於「竹筒」存下當日菜錢五毛錢，日日發善念，並與她一同手工製作「嬰兒鞋」，輾轉相傳，信衆日多，此便是「慈濟人」言傳的「竹筒歲

月」。

公元一九六六年，「證嚴法師」於花蓮縣「普明寺」，創立「佛教克難慈濟功德會（簡稱『慈濟功德會』）」，爲「慈濟基金會」的前身。

「慈濟功德會」成立之後，請求皈依、剃度者衆多，「證嚴法師」不得不放下當初立願「不收弟子」的堅持。然而也爲弟子立下兩項規定：「一、凡皈依者，必須要做『慈濟功德會』的成員；二、凡皈依者，必須實際負起『慈濟功德會』的救濟社會工作，而不能徒託空言。」

「慈濟功德會」創立初期，「證嚴法師」與幾位弟子仍在「普明寺」做手工，發放救濟品，地方十分狹窄。但是，因爲「慈濟功德會」開始發展，「普明寺」的空間漸漸地越來越無法容納參加的信衆，「證嚴法師」便向「母親」請求援助，捐資購下「一甲五分」的地，並建起一間大殿，即「靜思精舍」。

由公元一九六八年起，三十一歲的「證嚴法師」便逐漸興建「精舍、廂房、寮房、辦公室」等，歷經十多次增建，規模已經十分龐大，成爲全體「慈濟人」的心靈故鄉。

「慈濟功德會」初期，「證嚴法師」在「當地會員」的協助規劃之下，發行《慈濟月刊》，開始建立「慈濟委員」和「慈誠」制度，成爲「慈濟」發展的最大動力，「會員」逐漸擴增。

公元一九七八年，「證嚴法師」罹患「心絞痛」，深深覺得「人命在呼吸之間」，憂慮「慈濟功德會」沒有長久支持的資源，更感於台灣「後山地區」長期缺乏醫療資源。

公元一九七九年，「證嚴法師」舉辦多次「義診」，也因爲十多年來的慈善志業，發現「貧病相依」、「因病而貧」，認爲台灣「花東地區」，長期缺乏醫療資源，在「慈濟委員聯誼」月會

上，提出了興建「佛教慈濟綜合醫院」的構想。而爲了啟建醫院，向「台灣省政府社會處」申請成立「台灣省私立佛教慈濟慈善事業基金會」，獲立案通過，始得已籌募「慈濟醫院」的款項。

興建「佛教慈濟綜合醫院」的消息發佈之後，起初因花費太高，得不到衆人的支持。「證嚴法師」於各地奔波募款，受到「社會人士」及「政府單位」的支持，歷經「林洋港、宋長志、李登輝、吳水雲縣長」等人的協助，解決用地問題。

公元一九八四年四月二十四日，於「花蓮市區」，原「花蓮農工牧場」土地動工。

公元一九八六年八月十七日，「花蓮慈濟醫院」正式完工，隔年又展開「第二期工程」。「花蓮慈濟醫院」立下「免繳住院保證金」的先例，之後「台灣衛生署」要求「全台灣醫院」也比照辦理。

「證嚴法師」聘請前故「台大醫院」副院長「杜詩綿」、原「台大醫院」復健科主任「曾文賓」負責籌劃工作，並且相繼出任「花蓮慈濟醫院」院長。

「花蓮慈濟醫院」建院完成後，醫院有「設備」，而欠缺「醫療人員」，便逐步推展教育工作，建立「慈濟護專、慈濟醫學院」，後來相繼改名爲「慈濟技術學院（公元二〇一五年改制爲『慈濟科技大學』）、慈濟大學」。

公元一九九八年一月一日開播「大愛電視台」，爲「慈濟基金會」所屬的非營利事業。「大愛電視台」不接受託播「商業廣告」，其資金三分之一來自「慈濟基金會」環保志工從事「資源回收」所得、其他來自「善心人士」捐款。

而除了「台灣」本土的「社會救濟」外，還從事「資源回收的環保」工作，推展「中國大陸」

賑災、國際賑災等工作。於海外建立「慈濟人據點」、「分會」，也得到許多當地人的肯定。

公元二〇〇一年四月，在「慈濟基金會」三十五周年慶祝會上，「李滿妹」透露「一攤血」事件的事發地點爲「莊汝貴診所」。「莊汝貴」的子女不甘父親名譽受損，告上法庭，認爲「一灘血」事件是「證嚴法師」虛構、捏造的。

經過爲期二年的官司，公元二〇〇三年九月，「花蓮地方法院」判決「證嚴法師」違法，必須賠償新台幣一百零一萬元給「莊汝貴」，「證嚴法師」決定不上訴，此案暫告終結落幕。但是，當年這個事件的眞實發生狀況，因爲年代久遠，雙方都只能提供自己記得及認定的過程，至今仍無法確認。

公元二〇〇六年十二月十六日，「證嚴法師」正式宣告「慈濟宗」立宗，以「菩薩所緣，緣苦衆生」爲宗門法脈，精神理念是「靜思法脈勤行道、慈濟宗門人間路」。

「慈濟宗」的「四法四門」如下：

①第一道門是「總持門（知足）」：總一切法，持一切善。
②第二道門是「和合門（小愛）」：和聖賢心，合菩薩道。
③第三道門是「關懷門（中愛）」：內觀自在心，懷抱衆生苦。
④第四道門是「力行門（大愛）」：力持諸善法，行遍人間道。

另外，還有「證嚴法師」的「普天三無」：「普天之下沒有我不愛的人；普天之下沒有我不信任的人；普天之下沒有我不原諒的人。」

現代「慈濟」的《大藏經》是《靜思語》，是「證嚴法師」由《法華經》第一部《無量義經》

節選釋義。

「證嚴法師」的著作有《佛遺教經講述》、《父母恩重難報經講述》、《無量義經講述》、《藥師經講述》、《八大人覺經講述》、《有朋自遠方來——與證嚴上人對話》、《心寬念純——追求美善人生》、《靜思妙蓮華‧序品第一》、《幸福本事》、《與地球共生息——一〇〇個疼惜地球的思考與行動》、《清貧致福》、《有禮達理——人文素質的涵養》、《年年三好三願》、《說法無量義無量》、《回歸清淨本性》、《孝的眞諦——幸福人生第一堂課》、《無量義經偈頌》、《善之共振》、《法譬如水——慈悲三昧水懺講記》、《清淨在源頭》、《靜思語第一、二、三集典藏版》、《人生經濟學》、《見苦知福》、《眞實之路—慈濟年輪與宗門》、《撒下好命的種子》、《普天三無》、《心寬念純》、《過關——實心‧實做‧好人生》、《心室效應》、《一秒鐘和一輩子》、《行經知路》、《人中之寶》、《生死皆自在》、《無量義經》、《塵盡光生》、《心靈之窗》、《四十二章經》、《美的循環——談生生世世》、《回歸心靈的故鄉》、《自在的心靈》、《父母恩重難報經》、《八大人覺經》、《清淨的智慧》、《靜思、智慧、愛》、《證嚴上人心蓮》、《慈濟心燈》、《證嚴上人說故事》、《談古說今》、《靜思晨語》、《歡喜自在》、《齋後語》、《人間菩薩》、《生活的智慧》等。

(3)法鼓山：

◆創設者：聖嚴法師

◆宗派：禪宗「臨濟宗」與「曹洞宗」法脈的傳人

◆根據地：新北市金山區（發源地：臺北市北投區）

◆簡介：「釋聖嚴」，或尊稱爲「聖嚴法師」，俗名「張保康」，江蘇「南通」人，日本「立正大學」博士，也是禪宗「曹洞宗」的第五十代傳人、「臨濟宗」的第五十七代傳人、「法鼓山」的創辦人。

「聖嚴法師」於公元一九三一年，生於江蘇省「南通縣（今南通市）」狼山前的「小娘港」。「張氏家族」原居於長江出口「崇明島」的「腳盆圩」，因爲大水而遷至「南通」狼山前。「聖嚴法師」俗家中有六個兄弟姊妹，他排行最小，上有三個哥哥，三個姊姊。

民國三十二年（公元一九四三年）夏，時「聖嚴法師」十四歲，有一位「戴姓鄰居」自江北「狼山」遊歷而來。「聖嚴法師」聞說狼山「廣教寺」的方丈，託他在江南招募「沙彌」，他將他的「生辰八字」交予「戴居士」送上「狼山」請示，是年秋，便由「戴居士」帶他至「狼山」出家，法名「常進」。

「聖嚴法師」在「狼山」僅居住至民國三十三年（公元一九四四年）十月間，便去了一趟「上海」，之後再回到「狼山」，直到民國三十五年（公元一九四六年）春天，又離開至「上海」，自此便沒再回到「南通」了。最後，將要離開時，「狼山」已被當時抗日的國軍連番駐防，「狼山」亦不復見昔日香火鼎盛。

「聖嚴法師」的佛法學識根基，開始於「狼山」上出家半年後，除了世代的長輩適時督導，另有一位教導《禪門日誦》的法師，以及一位教導「四書五經」的「還俗居士」傳授學識與涵養。之後到了「上海」的「大聖寺」，每天爲「施主」家裡「增福延壽」及「超薦亡靈」而誦經、拜懺、放焰口，再無餘力讀書。

「聖嚴法師」爲了讀書，於民國三十六年（公元一九四七年）春，離開了上海「大聖寺」，前往同樣位於「上海」的「靜安寺佛學院」，當一名插班的學僧。「靜安寺佛學院」的課程涵蓋中學到大學，英文和數學課程難度約爲小學高年級到初中，國文課程則有高中程度，佛學方面則教授《大乘起信論》、《梵網菩薩戒經》、《印度佛教史》、《八宗綱要》、《八識規矩頌》等。

「聖嚴法師」在「靜安寺」一連住了五個學期，直到民國三十八年（公元一九四九年）入伍爲止。

民國三十八年（公元一九四九年）國共內戰，爲了離開「中國大陸」通往「台灣」，還俗加入「中華民國陸軍」。而招兵站的軍官，見到他們幾人是「和尚」的身分，不便直接上戰場去衝鋒陷陣，所以派他們做軍中的「後勤工作」。

「聖嚴法師」在「上海外灘」的碼頭上船前往「台灣」，經兩天的程，在台灣「高雄」上岸。隨著部隊幾經移防及駐紮，於公元一九五〇年六月以「上士報務員」的階級，分發到台北縣金山鄉海邊的三三九師一〇一六團團部所在地，在「金山、石門」和「小基隆」沿海一帶住了兩年多。之後，因爲部隊整編以及升遷考試，到了高雄縣鳳山鎮「陸軍第二軍團司令部」擔任「准尉軍官」。

公元一九五三年，「聖嚴法師」報名參加「李辰冬博士」主辦的「中國文藝函授學校」，選讀「小說班」，當時的老師有「謝冰瑩、沈櫻、趙有培」等當代著名的文藝作家。

由於「聖嚴法師」的筆鋒雄健，在公元一九五六年秋天，調到「國防部」，開始了大量閱讀與發表文章的時光。此時接觸了「太虛大師」的「人成卽佛成」，以及「印順導師」的「人間佛教」觀念，也陸續對「佛教問題」寫了許多文章，形成日後對於佛學及佛教的主要理念。

公元一九五八年，「聖嚴法師」與「靈源和尚」在「高雄市」的「佛教講堂」住宿於同一寢室兩夜，結下法緣。在「靈源和尚」的啟發下，「聖嚴法師」堅定再次出家的信念。

公元一九六〇年一月，「聖嚴法師」退伍，在「靈源和尚」的啟發下，決心再次出家。這次出家依止「鐙（ㄉㄥ）朗東初」，得「臨濟宗」法脈字號「慧空聖嚴」。

「聖嚴法師」出家的「阿闍（ㄕㄜ）黎（導師）」是「東初禪師」，人稱「東初老人」，是「太虛大師」的學生，也曾經擔任「江蘇省」鎮江名剎「曹洞宗」「定慧寺」的方丈，爲「曹洞宗」創始人「洞山良價」下第五十代傳人，「東初老人」也在「臨濟宗」下常州「天寧寺」參學，亦在「臨濟宗」「普陀山系」的寺院出家，故一人傳承「曹洞宗」與「臨濟宗」兩支法脈。

「聖嚴法師」除了從「東初老人」得到兩系的傳承法脈之外，並在公元一九七八年，承「臨濟宗」法脈的「靈源和尚」賜予法脈，法脈字號爲「知剛惟柔」，並得法脈傳承譜《星燈集》，因而與鼓山「湧泉寺」「臨濟宗」派下的法脈，有了傳承關係，並同時成爲「臨濟義玄」之下第五十七代傳人。

「東初老人」承繼「太虛大師」的遺志，鼓吹建立「人間佛教」，故與幾位佛教青年合辦了《人生》月刊。當「聖嚴法師」投到「東初老人」座下時，正當《人生》月刊的「原主編」提出請辭，於是「聖嚴法師」從「投稿者」而成爲「主編」，前後共服務了兩年。

公元一九六一年，「聖嚴法師」於「基隆八堵」的「海會寺」，依止「道源能信長老」座下，求受「三壇護國千佛大戒」（分授沙彌戒、比丘戒、出家菩薩戒），並被選爲「沙彌首」。

公元一九六一年秋天，「聖嚴法師」受了「三壇大戒」之後，十月下旬回到北投「中華佛教文

化館」，待了一個星期不到，便向「東初老人」辭行，也同時請辭《人生》月刊的編務。然後隻身來到高雄縣「美濃鎮」廣林里的「大雄山朝元寺」修持佛經、戒律，開始六年閉關。

「聖嚴法師」在這段時間內，修讀了有關戒律學的四《阿含經》——《長阿含經》、《中阿含經》、《增一阿含經》及《雜阿含經》，奠定了日後研究「戒律學」的基礎。

這段時期內，「聖嚴法師」在《佛教文化與文學》發表了「戒律學」的相關文章：〈優婆塞戒經讀後——如何成爲理想的在家菩薩〉和〈弘一大師《三十三種律學》合刊讀後〉。之後，寫成了十九萬字的《戒律學綱要》，交給「星雲法師」的「佛教文化服務處」發行。

面對「佛教」環境逐漸變差，部分不肖僧侶玷汙佛門，遭到居士信衆甚至「基督教」信徒的誤解與批判，「聖嚴法師」感念於環境的隳壞與教義之不彰，遂起而爲文，以匡正佛法。

在那個階段的早期，主要由「煮雲法師」在「台南公園」裡公開演講「佛教與基督教的比較」，但是隨著「煮雲法師」的身體狀況不佳，也停止應戰了。

同時，另有長老「印順導師」寫下兩篇長文：〈上帝愛世人〉及〈上帝愛世人的再討論〉，之後又因「杜而未神父」將「佛教信仰」套入「月神信仰」，寫下了〈東方淨土發微〉。

「煮雲法師」所撰的《佛教與基督教的比較》，後由「李至剛居士」記錄成書，在公元一九五〇年，蔚爲「佛教」潮流。之後《基督教生命雙月刊》的主筆「吳恩溥」先生，針對「煮雲法師」的言論。著作了《駁佛教與基督教的比較》，而此書輾轉到了「聖嚴法師」的手上。「聖嚴法師」讀後，認爲其中有許多偏頗的論調，遂用十天的時間，寫下了《評「駁佛教與基督教的比較」》。

之後，「聖嚴法師」陸陸續續於公元一九五九年，寫下〈關於胡適思想的宗教信仰〉，指述

「胡適」先生的宗教觀；又寫〈論佛教與基督教的同異〉以釐清「香港」道風山「基督教中國宗教研究社」所出版的《景風》雜誌，對於「佛教」與「基督教」的混淆，隨後又發表〈再論佛教與基督教的同異〉以正視聽。

「聖嚴法師」在公元一九六四年，到一九六六年之間，陸陸續續寫了幾篇文章，分別交給《海潮音》、《覺世》、《香港佛教》等「佛教雜誌」刊出，公元一九六七年後，則交由「佛教文化服務處」集結成冊出版，書名爲《基督教之研究》。

《基督教之研究》招致「宗教界」正反兩極的反應，而「基督教」的「基本教義派」信徒，更是極力地加以攻訐。此後，「聖嚴法師」又先後出版《比較宗教學》和《世界佛教通史》，這是關於宗教的專著論述，此二書目前仍爲華人地區「佛教教育課程」通用的教本。

在公元一九六九年，「聖嚴法師」離開「台北」，前往「日本東京」的「立正大學佛教學部」留學。「聖嚴法師」只有一張往「日本」的機票，仍然毅然前往。在「日本」的前兩年，依靠幫「日本華僑」誦經做功德及擔任導遊來支應開銷。

公元一九七一年，「聖嚴法師」完成其碩士論文：「大乘止觀法門之研究」，並抄寄一份回台灣給《海潮音》雜誌發表，並且將全書翻譯成中文，由「東初出版社」出版。

同年，在「朱斐居士」創辦的《菩提樹》雜誌中，報導了「聖嚴法師」留學的狀況，引起「沈家楨居士」的注意，並在公元一九七二年至一九七五年間，陸續從「瑞士」匯款給「朱斐居士」轉交「聖嚴法師」，以資助留學。

公元一九七三年，「立正大學」的退休教授「牛場眞玄」將「印順法師」的《中國禪宗史》譯

成日文，送到「大正大學」，並且代為申請「博士學位」。由於「聖嚴法師」當時與「牛場眞玄」往來密切，於是便代行其勞。同年「印順法師」的專著，通過「大正大學」的「博士審查」，也促成了中國第一位「博士比丘」的誕生（以專業著作而非親自就學獲得學位）。

「聖嚴法師」於「碩士畢業」之後，選擇了明末四大高僧「蓮柏椒蕅」中的蕅益大師做為「博士論文」的研究主題。

公元一九七五年元月，提出「博士論文」，經過「立正大學」嚴格的審查之後，順利地於二月十二日通過。同年三月十七日獲頒授「博士學位」的證書「學位記」。

在「日本」留學七年期間，「聖嚴法師」與「日本佛教團體」有很多交流，曾經參加過「眞言宗的密法」，也曾經參加「曹洞宗」及「臨濟宗」的禪修訓練，並得到「龍澤寺派」「原田祖岳」的傳人「伴鐵牛」禪師的印可。

「沈家禎居士」在「美國」組了個「美國佛教會」，將「聖嚴法師」安排至其所屬的「紐約市」布朗士區「大覺寺」。「聖嚴法師」在「大覺寺」居住前後不到兩年。

公元一九七六年，「聖嚴法師」向「東初老人」求賜「曹洞宗法脈」，「東初老人」將其列入「曹洞宗法脈」，但是沒有賜新的名號。

公元一九七七年，「東初老人」在「台灣」圓寂，「聖嚴法師」接獲消息之後，立刻回國料理後事，並奉「東初老人」的遺命承繼道場，成了「中華佛教文化館」的負責人，在「美國」和「台灣」兩地奔波、東西兼顧。

之後，「聖嚴法師」在「紐約」成立了「禪中心」，為了授課需要而編了《禪的體驗》，並陸續發行了兩種英文期刊：《Ch'an Magazine》（《禪雜誌》季刊）以及《Ch'an Newsletter》（《禪通訊》月刊）。

自公元一九七八年開始，「聖嚴法師」在台灣「北投」的「中華佛教文化館」以及「農禪寺」，舉行大專青年學生及一般社會人士的禪修活動。

「聖嚴法師」因爲感念於修習佛法的「信衆」與「學生」日增，現有的「佛門道場」逐漸不敷使用，於公元一九八九年，因緣俱足購得「台北縣金山鄉三界村」的土地，建設「法鼓山世界佛教教育園區」，以「提昇人的品質，建設人間淨土」的理念，創立漢傳佛教「法鼓宗」，爲法脈傳承的創辦人，後於公元二〇〇六年傳位於前任方丈「果東法師」。

「聖嚴法師」後來因爲罹患「腎臟癌」，開刀將左腎割除。公元二〇〇六年右腎也因嚴重鈣化，並且引發貧血，必須洗腎，一度住進「台大醫院」治療，此後固定每週洗腎三次，定期回台大追蹤治療。

「聖嚴法師」在公元二〇〇八年十二月三十一日，到醫院接受定期檢查後，發現罹患「泌尿道」相關癌症，在醫護人員建議下，於公元二〇〇九年一月五日入住「台大醫院」進行治療。因爲多年腎臟病纏身，台大醫院曾建議「聖嚴法師」換腎，但是他堅持不換，說他已經那麼老了，換一個新的腎，其實是一種浪費。

公元二〇〇九年二月三日，「聖嚴法師」於「台大醫院」出院返回台北縣金山鄉（今新北市金山區）「法鼓山世界佛教教育園區」的途中圓寂，享壽七十八歲。

「聖嚴法師」的著作有《法鼓全集》、《聖嚴法師學思歷程》、《聖嚴法師教禪坐》、《禪

的智慧》、《佛教入門》、《正信的佛教》、《學佛群疑》、《學佛知津》、《聖者的故事》、《念佛生淨土》、《神通與人通－宗教人生》、《制律生活》、《佛法綱要：四聖諦、六波羅蜜、四弘誓願講記》、《菩薩行願：觀音、地藏、普賢菩薩法門講記》、《三十七道品講記》、《佛陀遺教：四十二章經、佛遺教經、八大人覺經講記》、《觀音妙智：觀音菩薩耳根圓通法門講要》、《自家寶藏：如來藏經語體譯釋》、《華嚴心詮：原人論考釋》、《福慧自在：金剛經生活》、《修行在紅塵：維摩經六講》、《心的經典：心經新釋》、《48個願望：無量壽經講記》、《探索識界：八識規矩頌講記》、《絕妙說法：法華經講要》、《天台心鑰：教觀綱宗貫註》、《法鼓家風》、《人間世》、《淨土在人間》、《法鼓晨音》、《臺灣加油》、《平安的人間》、《人行道》、《紅塵道場》、《人間擺渡》、《聖嚴法師心靈環保》、《找回自己》、《從心溝通》、《法鼓山故事》、《方外看紅塵》、《眞正的快樂》、《覺情書：聖嚴法師談世間情》、《工作好修行：聖嚴法師的38則職場智慧》、《放下的幸福：聖嚴法師的47則情緒管理智慧》、《歡喜看生死》、《心安平安，你就是力量！》、《生死皆自在：聖嚴法師談生命智慧》、《帶著禪心去上班：聖嚴法師的禪式工作學》、《是非要溫柔：聖嚴法師的禪式管理學》、《安和豐富：簡單享受，綠生活》、《知福幸福：知福、知足，有幸福；感恩、奉獻，眞快樂》、《法鼓鐘聲》、《眞大吉祥：安心、安身、安家、安業；眞心自在，廣大吉祥》、《好心．好世界：聖嚴法師談心靈環保》、《得心自在：心自在，身自在。身心自在，福慧自在。》、《和樂無諍：心平氣和，是非要溫柔；和樂平安，我爲你祝福。》、《東初禪寺的故事》、《光明遠大：智慧轉境，自心光明；慈悲利他，希望遠大。》、《心．光明遠大：念念清淨，遍照光明；步步踏實，前程遠大。》、《福慧傳家：修福修慧，安心安家；六度萬行，傳心傳家。》、《平安無事：止惡行善，心安平安；觀世自在，無事無礙。》、《本來面目：〈觀心銘〉講記》、《禪在哪裡？：聖嚴法師西方禪修指導2》、《心在哪裡？：聖嚴法師西方禪修指導》、《虛空粉碎：聖嚴法師話頭禪法旨要》、《無法之法：聖嚴法師默照禪法旨要》、《如月印空：聖嚴法師默照禪講錄》、《智慧之劍：《永嘉證道歌》講錄》、《寶鏡無境：石頭希遷〈參同契〉、洞山良價〈寶鏡三昧歌〉新詮》、《禪的智慧》、《禪無所求：聖嚴法師的〈心銘〉十二講》、《完全證悟：聖嚴法師說《圓覺經》生活觀》、《禪門第一課》。

⑷中台禪寺：

◆創設者：惟覺老和尚

◆宗派：傳承「虛雲老和尚」，綜合「禪宗五宗（曹洞、臨濟、雲門、法眼、潙仰）」

◆根據地：南投縣埔里鎮

◆簡介：「釋惟覺」，又稱爲「惟覺老和尚」，俗姓「劉」，法名「知安」，法號「惟覺」，四川「營山」人。公元一九六三年依「靈源長老」門下出家，法脈源自禪宗「臨濟宗虛雲」一系。創建「靈泉寺、中台佛教學院、中台禪寺、普台國民小學、普台高級中學、中台世界博物館」，以及「中台禪寺」海內外一百零八家「分院精舍」。

「惟覺老和尚」所創的「中台禪寺」，與「法鼓山、慈濟基金會、佛光山」齊名，有「台灣四大佛教教團」之稱。

「惟覺老和尚」生於公元一九二八年，公元一九四九年，隨「中華民國國軍」來到「台灣」，

時年二十一歲。「惟覺老和尚」在接觸「佛教」之後，以專修「禪宗」為主，精勤念佛。

公元一九六三年秋，「惟覺老和尚」於基隆「十方大覺禪寺」的「靈源長老」座下出家，法名「知安」，法號「惟覺」。公元一九六四年，受「具足戒」，矢志苦行，自公元一九七〇年初開始，於台北縣「萬里鄉」山中閉關苦修十餘年。

公元一九八二年，「萬里」山區的「產業道路」開發後，到訪者增加，開始入世弘法。公元一九八七年，「惟覺老和尚」創建「靈泉寺」，並於「靈泉寺」現址，修建「玉佛殿」，舉辦第一次「禪七」，參加僧俗弟子約二十多人。

公元一九九一年至一九九二年，「惟覺老和尚」於「靈泉寺」舉辦七期的「精進禪七」，共四十九日。此後，長期主持海內外「禪七」，迄今已達數百餘梯。

在「靈泉寺」期間，除了「禪七」之外，「惟覺老和尚」也常應各界的邀請，開示佛法。每年的「無遮法會、弘法大會」，吸引成千上萬的社會人士，前來聽聞佛法。其弟子在台灣各大都市設立七十餘家「精舍」，使社會大眾皆能就近學習佛法和禪修靜坐。

公元一九九二年三月，「靈泉寺」即將落成之際，「惟覺老和尚」於「台中德基」關房閉關二個月。閉關圓滿時，將關中觀行所得，以〈梨花偶成〉詩四首，開示弟子修行的次第。

隨著皈依的四眾弟子人數驟增，「惟覺老和尚」決定籌建「中台禪寺」。於公元一九九二年七月三十日，成立「中台禪寺籌建委員會」，開始籌建工作。於公元二〇〇一年九月一日正式落成啟用。

「中台禪寺」落成後，「惟覺老和尚」隨即舉辦「世界宗教文化交流研討會」，及傳授「如來

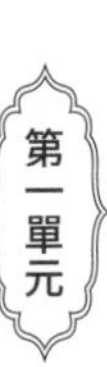

三壇大戒」暨「在家菩薩戒會」。隨後，並陸續舉辦「海峽兩岸藝術文化交流研討會」、「大陸佛教學術參訪團座談會」，以及「中台禪寺宗教藝術文化參訪團」等交流活動。

公元二〇〇五年，「惟覺老和尚」卸任「中台禪寺」住持，交予弟子「見燈和尚」。

公元二〇一六年，四月八日，「惟覺老和尚」因爲「骨髓再生功能退化」，引發併發症，於「中台禪寺」正念堂安詳示寂，享壽八十八歲。

「惟覺老和尚」的著作有《見性成佛》、《禪心世界》、《惟覺法語》、《佛說八大人覺經》等。

⑸淨宗學會：

◆創設者：淨空法師

◆宗派：傳承「印光大師」的「淨土宗」

◆根據地：台北市大安區

◆簡介：「釋淨空」，又稱爲「淨空法師」，俗名「徐業鴻」，中國安徽省「廬江縣」湯池鎮人。「淨空法師」於台北市「臨濟護國禪寺」出家，法名「覺淨」，字「淨空」。

「淨空法師」曾經追隨「方東美、七世章嘉呼圖克圖、佛教居士李炳南」等學習哲學與佛法。以專弘佛教「淨土宗」爲主，曾經受邀於「聯合國教科文組織」協助推動「宗教團結」。

公元一九二七年，「淨空法師」生於中國安徽省「廬江縣」湯池鎮，曾經就讀於「南京市立第一中學」。

公元一九四四年，「淨空法師」就讀於「國立貴州中學」，加入「中國國民黨青年軍」。公元

一九四九年，旅居「台灣」。

公元一九五四年起，「淨空法師」先後追隨國立台灣大學哲學系主任「方東美」、內蒙「藏傳佛教」領袖第七世「章嘉呼圖克圖」及佛教居士「李炳南」十三年，學習四書五經、歷史、哲學，以及佛法與傳統文化。

公元一九五九年，「淨空法師」於台北市「臨濟護國禪寺」出家。禮「心悟法師」，削髮出家爲僧，法名「覺淨」、字「淨空」。

公元一九六一年，「淨空法師」於基隆市「海會寺」，依得戒和尚「道源法師」、「羯磨（負責舉行『羯摩儀式』的『上座比丘』稱爲『羯摩和尚』）」「阿闍黎（導師）」「慧三法師」、教授「阿闍黎（導師）」「白聖法師」領受「三壇大戒（初壇授沙彌、沙彌尼戒，二壇授比丘、比丘尼戒，三壇授出家菩薩戒。）」。

公元一九八五年，「淨空法師」移居「美國」。一月，與「簡豐文」合作正式於臺北市成立「財團法人佛陀教育基金會」。

公元一九八七年，「淨空法師」於「美國」和「加拿大」弘法期間，蒙佛教居士「黃念祖」致贈《佛說大乘無量壽莊嚴清淨平等覺經解》一書，後將此書廣泛印刷流通。

公元一九八八年，「淨空法師」往赴中國「北京市」，與「黃念祖」會面，並應邀爲《佛說大乘無量壽莊嚴清淨平等覺經解》一書作序，並於「北京市」拜訪「中國佛教協會」會長「趙樸初」。

公元一九八九年，由「韓鍈」發起向「台北市佛教會」申請，「淨空法師」正式於「台北市」

成立「華藏淨宗學會」。

公元一九九七年開始，「淨空法師」旅居「新加坡」三年。公元一九九九年，聯合「新加坡九大宗教團體」，於「新加坡博覽中心」舉行十二小時的「千禧年祈禱活動」。

公元二〇〇〇年，「淨空法師」應「中國國家宗教局」邀請，與「新加坡宗教聯誼會」理事長組成「宗教訪華團」，訪問「中國五大宗教」，爲「宗教訪華團顧問」。「宗教訪華團」訪問「峨嵋山」等宗教聖地，與各個宗教交流合作。

公元二〇〇一年，「淨空法師」於澳洲昆士蘭「圖翁巴」創建「澳洲淨宗學院」。同年，向「陳彩瓊」提出創立「電視台」的計劃。公元二〇〇二年，「淨空法師」移民澳洲。

公元二〇〇三年，「淨空法師」訪問「泰國」參加「世界和平會議」。一月，「陳彩瓊」籌備創立「電視台」完成，「華藏衛星電視台」正式於「台灣台北市」開播。

公元二〇〇五年，「澳洲政府」爲表彰「淨空法師」對於「昆士蘭佛教界」提供的服務，特別是藉由支持教育和衛生機構來推廣「佛教」和促進宗教和諧的活動，授予「澳大利亞員佐勳章」。同年，應邀訪問「美國華府」和「布希總統」會面。

同年，「淨空法師」獲澳大利亞最高榮譽「騎士勳章」，澳洲「格里菲斯大學」、「昆士蘭大學」榮譽教授，「格里菲斯大學」、「南昆士蘭大學」榮譽博士，澳洲昆士蘭「圖翁巴」榮譽市民，「澳洲淨宗學院」院長。

公元二〇一〇年，「淨空法師」隨「宗教訪問團」訪問「梵蒂岡」，與「教宗本篤十六世」會面。

公元二〇一七年，「聯合國教科文組織」九國大使，「牛津大學」副校長等各國代表抵達「澳洲」，開始澳洲昆士蘭「圖翁巴」多元文化和諧示範城考察之旅。

後來，「各國代表」連署提案在「教科文組織總部」為「淨空法師」設立「永久性辦公室」，經「教科文組織」審查核准。九月「永久性辦公室」正式成立，其任永久榮譽主席。

同年，應邀參與於英國「威爾斯」舉辦的「和諧食物和諧農耕」研討交流活動，「查爾斯王子」感謝「淨空法師」對「威爾斯三一聖大衛大學」和諧博士專案贊助。同年，「淨空法師」拜訪新加坡「回教」領袖「哈比哈山」，商討「編輯宗教經典」事宜。

公元二〇二二年，「淨空之友社」發出聲明，因「淨空法師」年事已高，有感力不從心，故辭去「淨空之友社」一切職務，由年輕一輩接班，正式退休。

公元二〇二二年，七月二十六日凌晨兩點，「淨空法師」圓寂於台灣台南市安平區「極樂寺」，世壽九十五歲。

「淨空法師」的著作有《生活的藝術》、《佛教—佛陀教育》、《佛教：慈悲與智慧的覺醒》、《淨空文集》、《通往真幸福的道路》、《了解佛教》、《聖賢的三個根本》等。

第二單元

「中國佛教」的派別

「中國佛教」產生「宗派」之初，「僧人」未必屬於固定的「僧團」。直到各種「教義」紛紛確立，「祖師」的傳承逐漸受到重視，所以「宗派」的名稱，就隨之成爲該僧團的代表。「佛教」傳入「中國」後，起初並沒有區分「大、小乘經典」，開宗立派也並無區別。但是，隨著「佛教體系」的日臻完善，所依止的「教義、經典、儀軌」各有不同，以及大衆接受的「智慧程度」各有差異，便在「隋唐時期」，逐漸形成了「空宗」和「有宗」兩大派別下的「十三大宗派」。

「空宗」和「有宗」是「印度大乘佛教」的兩大派別，「空宗」全稱是「大乘空宗」，是「大乘佛教中觀派」的別稱；「有宗」全稱是「大乘有宗」，是「大乘佛教瑜伽行派」的別稱。

「空宗」，指主張「一切皆空、般若皆空」的宗派。「大乘」的「般若思想」即其代表，以宣揚「中道之空觀」爲主。從主張「諸法皆空」的「龍樹、提婆」的教系中，相對於「小乘」「俱舍宗」的「有宗」而言，指「成實宗」；相對於「大乘」「法相宗（唯識宗）」而言，則指「三論宗」。

「成實宗」主張「人、法皆空」，所說之「空義」，勝於「有部宗、俱舍宗」等之僅說「人空」。「三論宗」則主張「空、有皆無」，以「諸法皆無所得」的「空」爲宗義。又「禪宗」亦稱「空宗」，主張「佛、魔皆空」，以言語思辨本空而排遣之。對開悟的人來說，語言、思辨等均被

一掃而空，直接見性。

「有宗」指主張「諸法」爲「有」的宗派，「佛教」解釋「宇宙萬有」的立場，原不偏於「有、空」之任一者，然「有宗」之說，則偏於「現實形相」的「有」，此說以「小乘」之說「一切有部（簡稱有部）」爲代表。其後有「世親的教派」與「龍樹空觀」的對峙，而一再產生「空、有」的論辯。「大乘」的「有宗」，則以「唯識」爲根本，屬於「法相宗」。而形成「十三大宗派」，分別是「天台宗、涅槃宗、三論宗、法相宗、攝論宗、禪宗、成實宗、淨土宗、華嚴宗、地論宗、俱舍宗、律宗、密宗」。其中，「前七宗」屬於「空宗」，第八到十一宗屬於「有宗」，最後兩宗「空有兼具」。

「十三大宗派」有另一種說法，是以「俱舍宗」取代「毘曇宗」，本書爲了讓讀者更完整的了解「中國佛教」的「宗派」，所以「俱舍宗」和「毘曇宗」都有介紹。

「十三宗」當中的「禪宗」開枝散葉，有「五家七宗」之說，「五家」即：「臨濟宗、潙仰宗、曹洞宗、雲門宗、法眼宗」等「南宗禪」流派。「七宗」即「五家」中的「臨濟宗」，又分出「楊岐派」和「黃龍派」。

後來，這「十三宗」當中，「涅槃宗」歸入「天台宗」；「攝論宗」歸入「法相宗」；「地論宗」歸入「華嚴宗」。流傳至今，實際上僅有「十宗」。

再後來，「十宗」當中的「俱舍宗、成實宗」被科判列屬「小乘經典」。所以，中國現今「大乘宗派」中，有影響且至今仍然流行的實屬「八大宗派」，即：天台宗、三論宗、法相宗、禪宗、淨土宗、華嚴宗、律宗、密宗。

另外，「天台宗、華嚴宗、三論宗、唯識宗」等四宗，又稱爲「教宗」，意思是：講經說法，注重經教發展。

下面簡介「中國佛教」的「派別」：

一、成實宗

◆年代：魏晉時期（姚秦）
◆別稱：成論家、成實學派
◆屬性：空宗
◆教乘：兼顧「大小乘佛法」的綜合性宗派
◆宗祖：訶梨跋摩、鳩摩羅什
◆依用經典：《成實論》
◆要義：「成實宗」是以《成實論》爲所依的宗派。所謂「成實」，即「成四諦之實」的意思。

《成實論》凡十六卷，又作《誠實論》。「訶梨跋摩」著，「鳩摩羅什」於「姚秦」弘始十三年至十四年間翻譯出，爲「成實宗」的根本經典。

《成實論》中說明，「宇宙」各種現象的存在，皆爲無實體的假象，最後終歸於「空」，修習如是觀，可體解「四諦（苦諦、集諦、滅諦、道諦）」之理，以「八聖道」滅除所有「煩惱」，最

後到達「涅槃」。

《成實論》的內容，分為「發聚（序論）、苦諦聚、集諦聚、滅諦聚、道諦聚（以上為本論）」等「五聚」，計二〇二品。內容簡訴如下：

⑴發聚：共三十五品，先論述「三寶（佛、法、僧）」，後說「造論的理由」及「四諦之法義」，並列舉「佛教」有關「有相、無相」等十種重要「異說」，以示明本論的立場。

⑵苦諦聚：共五十九品，說明「五受陰（五取蘊）」之苦，並詳敍「色、受、想、行、識」。

⑶集諦聚：共四十六品，說明「苦因、業、煩惱」。

⑷滅諦聚：共十四品，這是本書獨特的見解，即謂滅盡「假名心、法心、空心」等三心，可達於「涅槃」之境界。

⑸道諦聚：共四十八品，說明「滅苦」而實現「涅槃」的方法，為「禪定」與「智慧」。其中，「智慧」是「空無我」的眞智，是「滅煩惱後所得者」；此外，又言及「空」與「無我」的實踐。

《成實論》的立場，取「三世（過去世及未來世）無論、性本不淨論、無我論」等，且說「人法二空」；全書之教說，不僅網羅「部派佛教（小乘佛教）」的重要教理，亦含有「大乘」的見解；又多立於「經量部」的立場，以排斥「說一切有部」的解釋。

「經量部」為「印度」小乘二十部派之一，此部派立「心物二元論」，否定「說一切有部」所主張的「萬物實有說」，認為只有「四大」與「心」為實在，並由於「四大」與「心」的相輔相成，而令個體的「生死相續不斷」。

又主張「唯有現在」爲實在，而「過去」僅屬「曾經實在者」，「未來」則是「未來才得實在者」，至於「現在不存在者」，僅爲一種「種子」的存在而已。此卽後世「唯識種子說」的起源。「說一切有部」爲「印度」小乘二十部派之一。約於「佛陀」滅後三百年之初，自「根本上座部」分出。以主張「三世一切法皆是實有」，故稱爲「說一切有部」。

在「佛教史」上，《成實論》被認爲是由「小乘空宗」走向「大乘空宗」過渡時期的重要著作。

古來對《成實論》究竟爲「大乘」或「小乘」時常有爭論，如「南朝梁代」的「三大法師」，站在「般若、法華、涅槃」諸經的立場，判定《成實論》爲「大乘論」，而嘉祥大師「吉藏」一派，則斷定《成實論》爲「小乘論」。

「成實宗」的「宗祖」爲「中印度」的「訶梨跋摩」，大約生於「佛陀」入滅後七百年至九百年間，初於「究摩羅陀」處修學「小乘薩婆多部（說一切有部）」教義，繼而研習「大小諸部」，後來撰述《成實論》，批判「有部理論」，不久卽震撼「摩揭陀國」，國王譽稱爲「像教大宗」。

「成實宗」爲「部派佛教」的宗派，又稱爲「小乘空宗」，以《成實論》爲根本依據。與「三論宗」有緊密聯繫，所以「成實宗」並非狹義的「小乘宗派」，而是一個兼顧「大小乘佛法」的綜合性教派。

在中國，「成實宗」起源於「鳩摩羅什」。「姚秦」弘始十四年（公元四一二年），「鳩摩羅什」漢譯此論，並與門人「僧叡（ㄖㄨㄟˋ）」等講述之，「曇影」整理諸品，分立「五聚」，「僧導」製作《成實論義疏》，「道亮」則撰有《成實論疏》八卷。「鳩摩羅什」的門人「曇影、僧

導、道亮」以宏揚《成實論》爲主，遂成「成實宗」一宗。「南北朝時期」，一度出現專講《成實論》的「成實學派」。

「僧導」，在「壽春立寺」，著《成實論義疏》，弟子「僧威、僧音」等，都善講《成實論》」，形成後稱「壽春系」的「成實師」。另有弟子「僧嵩」在北方傳授《成實論》，傳授「道淵法師」，又授「道登、道紀」二法師，因居「徐州（彭城）」的「白馬寺」，故成「彭城系」的「成實師」。

「僧導」涉跡「南地」，住於壽春「東山寺（導公寺）」，大張講席，講述《三論》、《成實論》。又至「建康」講述之，首開南方研習《成實論》之風氣。門人「僧威、僧鍾、僧音」等皆善此論。同時，又有「道猛」奉敕住於「建康」「興皇寺」講之，或謂其亦屬「僧導」系統，門人「道慧、智欣」先後敷演。

同時，「慧隆」受「劉宋明帝」之請，在「湘宮」講《成實論》。「玄暢」在「江陵」作《訶梨跋摩傳》一篇。「智順」精通「涅槃、成實」。「南齊」永明七年（公元四八九），竟陵「文宣王」請「僧柔、慧次」在「普弘寺」講《成實論》，並撰「抄《成實論》九卷」。「周顒（ㄩㄥˊ）」撰《三宗論》，闡明「三宗（『華嚴宗』的『宗密』將『大乘佛教』總分爲『法相、破相、法性』等『三宗』。）」對「二諦（『眞諦』與『俗諦』）」的解釋。

「僧柔、慧次」的門人「智藏、僧旻（ㄇㄧㄣˊ）、法雲」等合稱「梁代」的三大法師，「成實宗」也因此成爲「梁代佛教」的主流。「智藏」撰有《成實論大義記》、《成實論義疏》，傳法於「僧綽」，「僧綽」傳法於「警韶、慧珍（ㄇㄤˊ）、洪偃（ㄧㄢˇ）、慧勇」等。「警韶」在楊都「白

馬寺」、「慧珍」在徐州「中寺」講《成實論》數十遍，「慧珍」的門人「智琳」在丹陽「仁孝道場」亦講此論。

「僧旻」撰有《成實論義疏》若干卷，門人有「慧韶、寶淵、道超、僧喬」等，與「法雲」的門人「寶海」皆善講《成實論》。

但是，到了「陳代」，「興皇法朗」大師著《山門玄義》，以「三論宗」意旨，辯破「成實宗」，認爲「成實宗」屬於「小乘」，以「中觀派」的看法，並不屬究竟。其弟子「嘉祥吉藏」，承繼其風，作《三論玄義》。

至「隋朝」，「解法師」爲宣講《成實論》的名師。「慧隆」住「彭城寺」，講《成實論》數十遍。「靈祐」撰《成實論抄》五卷。「智脫」住長安「日嚴寺」，講《成實論》數十遍，並奉「隋煬帝」之命，撰《成實論疏》四十卷。「慧影」撰《成實義章》二十卷。「道宗」住「慧日道場」講《成實論》。另有「神素、明彥、曇觀、慧休」等皆善講《成實論》。

至「唐朝」，有「法泰、道慶、慧日、智琰」等諸師。因爲「三論宗」的影響，「成實宗」在「隋朝」及「唐初」慢慢的失去影響力，但是仍然有許多僧侶在研習它，最著名的就是「玄奘大師」。

「玄奘」入「天竺（印度）」之前，也曾經跟隨「趙州道深」修習《成實論》。後來，到「天竺（印度）」學求學時，在「那爛陀寺」中，又曾經對《成實論》加以研習。回國之後，在「慈恩寺」講學。

「成實宗」的研究，盛行於「南北朝時代」，尤其以「南朝梁代」最盛，至「唐朝」諸師判其

爲「小乘」後，研究者遂日益減少。又由於「大乘佛教」的趨勢，《十地經論》、《攝大乘論》等的流布，及「三論學」逐漸興起等原因，因而使本衰落不傳，「成實宗」最遂附屬於「法相宗」之下。

二、地論宗

◆年代：南北朝時期（北魏）
◆別稱：地論家、地論學派
◆屬性：有宗
◆教乘：大乘宗派
◆宗祖：菩提流支（北道）、勒那摩提（南道）
◆依用經典：《十地經論》
◆要義：《十地經論》，作者「世親」，爲《十地經》的註釋論書。《十地經》即《華嚴經》裡的「十地品」。《十地經論》闡明「菩薩」修行成佛的十個階段，稱爲「十地」。「十地」是：歡喜地、離垢地、發光地、焰慧地、難勝地、現前地、遠行地、不動地、善慧地、法雲地。

《十地經論》由北魏「菩提流支、勒那摩提」漢譯，共十二卷。在魏晉南北朝時，出現專研此論的僧侶，他們被稱爲「地論師」。

《十地經論》作者「世親」本來是「小乘學者」，後在「阿瑜陀國」聽人讀誦《十地經》而信仰「大乘」。他所作的這部《十地經論》，在「中國佛教」的教義發展史上，曾起過相當的作用。

《十地經論》簡稱《十地論》，內容是解釋《華嚴經》〈十地品〉的經義。《十地經論》十二卷的內容，簡介如下：

⑴卷一至卷三：解釋「十地」中的第一「歡喜地」，分爲「序分、三昧分、加分、起分、本分、請分、說分、較量勝分」等八分。

⑵卷四：解釋第二「離垢地」，分爲「發起淨分、自體淨分」等二分。

⑶卷五：解釋第三「發光地」，分爲「起厭行分、厭行分、厭分、厭果分」等四分。

⑷卷六：解釋第四「焰慧地」，分爲「清淨對治修行增長因分、清淨分、對治修行增長分、彼果分」等四分。

⑸卷七：解釋第五「難勝地」，分爲「勝慢對治分、不住道行勝分、彼果勝分」等三分。

⑹卷八：解釋第六「現前地」，「分科」和「第五地」相同，在前「第四地」中所說的是對治由於「人我執」引生的「悟解法」的「增上慢」，「第五地」中說對治在「清淨中」相續不同的「增上慢」，而在這「第六地」中則說，對治由於「法我執」所成的「雜染清淨分別」的「增上慢」。

⑺卷九：解釋第七「遠行地」，分爲「樂無作行對治、彼障對治、雙行、前上地勝、彼果」等五分。

⑻卷十：解釋第八「不動地」，分爲「總明方便作集地分、得淨忍分、得勝行分、淨佛國土

分、得自在分、大勝分、釋名分」等七分。

(9)卷十一：解釋第九「善慧地」，分爲「法師方便成就、智成就、入行成就、說成就」等四分。

(10)卷十二：解釋第十「法雲地」，分爲「方便作滿足地分、得三昧滿足分、得受位分、入大盡分、地釋名分、神通力無上有上分、地影像分、地利益分」等八分。

簡述《十地經論》的內容：首先，論中舉出「六相」，以解釋經文中，各種法的意義。這「六相」是從「初地菩薩」第四願中，「菩薩方便行」的經文提出來的。漢譯經文（卷一）所舉的「六相」爲「總相、別相、同相、異相、成相、壞相」。這「六相」的釋義，在後來「華嚴宗」的著作中，得到廣泛的應用。

其次，論中解釋「五地菩薩」爲饒益一切衆生，要善知世間的一切「文學、學術」等，對於這些世間的學術，如「文字、論典、算術、醫方」等等，特別說人類爲了消除外界的各種障害的「對治」。這種說法體現了《華嚴經》卷三十六的涵義，使「佛法」和「世間法」有所會通。

最後，論中解釋有「支緣起」和「大乘觀法」（第六地）。

晉宋以來，「大乘學者」都注意通經，那時除了講《大品》、《維摩》、《涅槃》之外，還講《十地經》。這部《十地經》翻譯過幾次，因而很早就有人研究。但是，在一般人的心目中，《十地經論》既是印度菩薩「世親」對《十地經》的解釋，當然是最有權威的了。《十地經論》中講述的義理，有特殊之處：上既與《般若》相貫，下又爲「瑜伽」開宗。

「十地」是配合「十度（施度、戒度、忍度、進度、禪度、智慧度、方便度、願度、力度、

智度）」來講的，在「第六地」配合「智慧度」時，經文提出了「三界唯心」的論點；經文講到「十二緣起」，「世親」則解釋爲「依於一心」；經文講到「還滅」，「世親」又認爲應從「阿賴耶識」及「轉識」求「解脫」，不應該從「我」等「邪見」中求等等。這樣，「世親」就由「三界唯心」的論點，引申到了「染（十二緣起）、淨（還滅）」都歸於「唯心」。

《十地經論》的翻譯，是「菩提流支」與「勒那摩提」合譯的。此後，他們兩人都講過《十地經論》，因爲兩人理解的不同，說法上也有分歧，從而形成兩派，有了不同的傳授。

「地論宗」是依《十地經論》之說，主張「如來藏緣起義」的「大乘宗派」，屬於「唯識學派」。隋唐之際，講《十地經論》的大德被稱爲「地論師」，其宗派則稱爲「地論宗」。

「北魏」永平元年（公元五〇八年），「菩提流支、勒那摩提、佛陀扇多」及「義學緇儒」十餘人奉「宣武帝」之命，於「洛陽」翻譯「世親」所著《十地經論》，《十地經論》爲「世親」對《華嚴經》〈十地品〉的註釋，內容是解釋「菩薩」修行的位階。

由於「菩提流支」與「勒那摩提」二人對《十地經論》的見解不同，故不久「地論宗」就分爲二派。本於「菩提流支」，而開始於「道寵」的流派，稱爲「相州北道派」；而源自「勒那摩提」，而開始於「慧光」的流派，則稱爲「相州南道派」。

南北兩道互有爭論之處，集中於「當常」、「現常」的主張和「四宗」、「五宗」的判教，以及對第八識「阿賴耶識」性質的認識。

「相州北道派」主張「當常」卽說未來有佛性；而「相州南道派」主張「現常」卽是現在就具有佛性。

「相州北道派」有「五宗」的判教，「五宗教」爲：因緣宗、假名宗、不眞宗、眞宗、法界宗；而「相州南道派」有「四宗」的判教，「四宗教」爲：因緣宗、假名宗、誑相宗、常宗。

「判教」是指在「佛教」中，根據「義理的淺深、說時的先後」等方面，將後世所傳的「佛教」各部分，加以剖析類別，以明說意之所在，又稱作「教判」。「判教」起源於「南北朝時代」，到了「隋唐」還繼續盛行。

「相州北道派」和後來「眞諦三藏」所傳「攝論宗」，認爲除了「八識」的「妄識」以外，還有「眞妄和合」的「第九識」，才是「眞識、淨識」；而「相州南道派」和後來的「法相宗」反對另立「第九識」，認爲只有「八識」。

「相州北道派」的人才，沒有「相州南道派」多，所以在學說傳播上，遠不如「相州南道派」之盛。加以「攝論學派」盛行於北方，其主張與「相州北道派」相近，而條理縝密過之，遂爲「攝論宗」所掩，融成一派，而併入「攝論宗」。

此後，「地論宗」以「相州南道派」爲主。「慧光」的弟子「法上」，再傳「隋朝」的「慧遠大師」，與「天台宗」的「智顗」、「三論宗」的「吉藏」，合稱爲「隋朝三大法師」。此外，更有「慧順、道愼、靈祐、慧藏、智炬」等皆爲「地論宗大師」。「地論宗」的義理，也被一部分的「禪家」所吸收。

但是，到了「唐朝」，因爲「賢首」建宗，「華嚴」之說大張，《十地經論》原爲大經之一品，《十地經論》的精義又全部被「賢首宗」所吸取，更無獨立宣揚的餘地，「相州南道派」的傳承，終於斷絕，而併入「賢首宗（又名華嚴宗）」。

三、天台宗

◆年代：南北朝末期

◆別稱：法華宗、止觀宗

◆屬性：空宗

◆教乘：大乘宗派

◆宗祖：龍樹、慧文、慧思、智顗（一）

◆依用經典：以《妙法蓮華經》為宗旨，《大智度論》作指南，《大般涅槃經》為扶疏，《大般若經》為觀法。「智顗」的「天台三大部（《法華玄義》、《法華文句》、《摩訶止觀》）」，是該宗的根本典籍。

◆要義：「天台宗」的主要思想是「實相」和「止觀」，以「實相」闡明理論，用「止觀」指導實修。

「實相」淵源於「南嶽慧思」，他建立「十如」的「諸法實相說」，即「如是相、如是性、如是體、如是力、如是作、如是因、如是緣、如是果、如是報、如是本末究竟」。

「智顗」用「十如」與「十法界（即佛、菩薩、緣覺、聲聞四聖與天、人、阿修羅、畜生、餓鬼、地獄六凡）」和「三種世間（即五陰世間、衆生世間、依報國土世間）」等相配，構成「一念三千」的理論。「智顗」認為「一心」具有「十法界」，「十法界」一一互具成「百法界」。而「十法界」又各具有「三種世間」，形成「三十種世間」。

依此推算，「百法界」就具有「三千種世間」。這「三千種世間」，都不過是具在「介爾（微細）」「一念心」中，謂之「一念三千」，亦名「性具」，或名「理具」。依此理「具三千」，而有「事造三千」。

「智顗」又用此「三千諸法」爲「介爾」現前「一念心」的所觀之境，進而聯繫「慧文」的「一心三觀」來考察，認爲「一切事物」都由「因緣」所生，沒有固定不變的實體，卽「空」；但是從另一方面來看，又是「相貌宛然」，卽「假」；「空、假」原是諸法一體的兩個對立側面，從全體來看，不應偏於任何一面，「空」卽「假」，「假」卽是「空」，「空假不二」卽是「中」。「空、假、中」同時具於「一念」，叫做「一念三千空假中」。「空、假、中」都是眞實的，稱爲「三諦」。三卽一，一卽三，「三一融通」無障無礙，是爲「三諦圓融」。

修習此「一念三千空、假、中」的「三諦圓融」，「見空」爲「一切智」，「見假」爲「道種智」，「見中」爲「一切種智」。

所以，「三諦圓融」也就是「三智圓融」。通過「圓修三諦」，達到「頓斷三惑」，「圓證三智」，這就是「天台宗」的中心理論。

用此「一念三千」和「三諦圓融」兩層「實相說」，作爲觀法修行，卽「觀三千、三諦諸法具於現前「介爾陰妄一念之心」，心卽諸法，諸法卽心，心法一體，無待絕待，謂之「觀不思議境」，此中「能觀之智」對「所觀之境」爲「第一重能所」，「能觀智境」對「所觀陰妄一念」爲「第二重能所」，這是「總觀」。

另外，有九種「助觀」，卽眞正發「菩提心、善巧安心、破法遍、識通塞、道品調適」，對治

「助開、知位次、能安忍、離法愛」等，合稱「十乘觀法」，是爲「天台宗」的「圓頓止觀」。「止觀」是融爲一體的。「止」是「定」，「觀」是「慧」，「攝心入止」爲「定」，「靜明觀照」爲「慧」，止中有觀，觀中有止。

此外，「天台宗」主張「如來不斷性惡，一闡提（卽指斷絕一切善根、無法成佛者）不斷性善。」。「天台宗」認爲，「佛陀」並沒有把「性惡」斷除，只是不受「性惡」影響，正如同「一闡提」惡性衆生，仍然具備「性善」，只是「性善」沒被發揮。

「天台宗」開始於「南北朝末期」，是「漢傳佛教」中最早一個由本地僧人所創立的本土性宗派。因爲，「天台宗」的實際開創者「智顗」大師常駐浙江「天台山」說法，故稱爲「天台宗」。「天台宗」以《妙法蓮華經》爲其根本經典，又被稱爲「法華宗」，又因爲該宗注重「止觀修行」，又稱爲「止觀宗」。

「天台宗」源起於「印度」的「龍樹」，傳到「中國」經「慧文、慧思、智顗、灌頂、智威、玄朗、湛然」等共九祖相承。

「天台宗」的思想，雖然肇於「龍樹」，實則爲啟蒙於「北齊」的「慧文」。他從《大智度論》卷二十七，關於解釋《大品》的「道種智、一切智、一切種智」之文，悟解到「三智一心中得」的道理，又結合《中論爲觀四諦品》的三是偈：「因緣所生法，我說卽是空，亦爲是假名，亦是中道義。」，確立了「一心中觀空、觀假、觀中」的「一心三觀」理論。

「慧文」的弟子「慧思」繼承此說，並結合《妙法蓮華經》的要義，又闡發「諸法實相」之說，「慧思」兼重「定慧」，實際上是以「天台宗」的「止觀雙修」爲起緣。後來，「慧思」傳

「智顗」，「智顗」再發揮，終於形成以「一念三千」和「三諦圓融」爲中心思想的「天台宗」學派。

「智顗」一本師父「慧思」的宗旨，教觀總持，解行並進，一變當時「南義北禪」的佛教學風。「義」是指「毘曇學、般若學、涅槃學、法相學」等涉及「佛教義理」的學問。「智顗」的著作主要有《法華玄義》、《法華文句》、《摩訶止觀》，世稱天台三大部。

「智顗」的弟子「灌頂」得其眞傳，作《涅槃玄義》和《涅槃經疏》，很有發揮。「灌頂」以後，四傳到「湛然」，以中興「天台宗」爲已任，對「天台三大部」都有詳實注解，發揮「三諦圓融」的義理。

「湛然」又針對「華嚴宗、法相宗、禪宗」，寫了《金剛錍》、《法華五百問論》和《止觀義例》等著作，提出了「無情有性」的觀點，雖然不免門戶之見，但是對「天台宗」以後的發展，有很大影響。

「湛然」的弟子有「道邃、行滿」等，經過「會昌禁佛」和「五代之亂」，典籍湮沒殆盡，遂一蹶不振。「道邃」下五傳弟子「義寂」，通過吳越王「錢俶」遣使到「高麗、日本」訪求「天台宗」典籍，「高麗」派「諦觀」送來教典等，才使「天台宗」學說得以延續和發展。

「義寂」的再傳弟子「知禮」，因爲受同學的邀請，撰《釋難扶宗記》，駁同門另一僧人「晤恩」以《金光明經玄義》廣本爲衆作而引起了一場歷時七年的「山家、山外」之爭。爭論的焦點是：「眞心觀」還是「妄心觀」，「色法具否三千」等問題。

「山家」主張「妄心觀」與「色心共具三千」；「山外」主張「眞心觀」，「色法不具

三千」。「山外」的主張，有些接近「華嚴宗」的教觀，被「山家」斥爲不純，不久卽衰。

「天台宗」在「元、明」兩代式微，明末有「智旭」自「私淑台宗」，著《法華會義》等多種，對「天台教觀」頗有發揮。晚近有「諦閑」著《大乘止觀述記》等十餘種。

「智顗」的「判教」，判「佛陀」說法爲「五時八教」。「五時」卽「華嚴時、阿含時、方等時、般若時、法華涅槃時」。這是根據《大般涅槃經》中從牛出「乳」，「乳」出「酪」，次第而出「生酥、熟酥、醍醐」五味的譬喻而立的。

(1)「乳」：譬喻「第一華嚴時」，說《華嚴經》；

(2)「酪」：譬喻「第二鹿苑時」，說《阿含經》；

(3)「生酥」：譬喻「第三方等時」，說《大方等大集經》、《寶積經》、《維摩經》、《楞伽經》、《勝鬘經》等；

(4)「熟酥」：譬喻「第四般若時」，說《般若經》；

(5)「醍醐」：譬喻「第五法華涅槃時」，說《妙法蓮華經》、《大般涅槃經》。

這是「佛陀」在不同時機，對不同聽眾，分五個階段說出的，五類不同教法，叫「別義五時」。

「天台宗」是「中國佛教」最早創立的一個宗派，它集合南北各家的「義學」和「禪觀」之說，加以整理和發展而成一家之言，當時得到朝野的支持和信奉，對「隋唐」以後成立的各宗派，有很大的影響。

「元明」以後，「天台宗」學者，往往兼提倡「淨土宗」，形成「教在天台，行歸淨土」之風

氣。「明朝」之後，「天台宗」在「中國」衰弱，多數門徒歸於「禪宗」。但是，「天台宗」雖然幾經興衰，但是仍廷續至今不絕。

四、涅槃宗

◆年代：南北朝（劉宋）
◆別稱：常修多羅宗、涅槃學派
◆屬性：空宗
◆教乘：大乘宗派
◆宗祖：曇（ㄊㄢˊ）無識
◆依用經典：《大般涅槃經》
◆要義：「涅槃宗」認爲每個人都擁有如同佛一般的本質，這個本質稱爲「佛性」。
◆簡介：「涅槃宗」，卽依《大乘涅槃經》，弘布「一切衆生皆有佛性，如來常住，無有變易」之教派，屬於「大乘佛教」的「如來藏學派」。其學者被稱爲「涅槃師」。以《大般涅槃經》之譯者「曇無讖」爲開祖，隋唐以前頗爲盛行，爾後衰頽於「天台宗」崛興之時。「法顯」在中印度「華氏城」寫得《大般涅槃經》初分的梵本。返國後，在「建康」和「佛陀跋陀羅」共同譯出，題名《大般泥洹經》，凡六卷，世稱「六卷泥洹」。「泥洹（ㄏㄨㄢˊ）」是梵語，卽「涅槃」之意。

同時，「曇無讖」在「北涼」翻譯出自己從「東印度」帶來的《大涅槃經》初分十卷；不久又譯出在「于闐」尋得的中、後分，共成四十卷十三品，世稱「大本涅槃」。

「北涼譯本」於「南朝宋」年間傳到「江南」，「宋文帝」令義學名僧「慧嚴、慧觀」及文學家「謝靈運」等人，依「六卷泥洹」增加品目、修改文字，刪訂爲三十六卷二十五品，世稱「南本涅槃」，而以「北涼原譯」四十卷本爲「北本涅槃」。

在「大本涅槃」還沒有傳到「江南」以前，「六卷泥洹」先行流佈。經中說，「除一闡提皆有佛性」。

「一闡提」是梵語，原意爲「正有欲求之人」，故譯爲「斷善根、信不具足、極欲、大貪、無種性、燒種」，卽指「斷絕一切善根、無法成佛者」。

「鳩摩羅什」的門人「道生」剖析經旨，判定其意未盡，因而倡「一闡提皆得成佛」之說，遭學者非議，乃遁潛南方，於「建康」開創「龍光寺」，又移居「廬山」。

後來，「大本涅槃」傳至「江南」，證明「道生」所提倡無誤，「道生」卽在「廬山精舍」講說，是爲南方最初的「涅槃宗」。

「道生」又著《泥洹義疏》，立「善不受報」及「頓悟成佛」義。與他同出「鳩摩羅什」門下的「慧觀」，則主張「漸悟」和「道生」併爲「涅槃學派」中的兩大派系。

在「宋、齊、梁、陳、隋」之間，學者輩出，「涅槃宗」的研究特盛，有的爲「涅槃宗」註疏，有的努力講說「涅槃學」，蔚爲一時風氣。

「道生、慧觀」以後，「南方」出了不少「涅槃經師」，其中屬於「道生系統」的，「宋」有

「寶林、法寶、道猷、道慈、僧瑾、法瑗」，「齊」有「僧宗」，「梁」有「法朗」等。

直接受傳「北方」的「涅槃經師」，其中屬於「慧觀系統」的，「宋」有「慧靜、法瑤、曇斌、僧鏡、超進」，「齊」有「僧鍾、法安」，「梁」有「寶亮、法雲、僧遷」等。

「隋朝」統一「中國」之後，就當時的「佛教義學」，立爲「五衆」，卽五個佛學研究集團，而「涅槃學」居「五衆」的第一位，並先後以「法慈、童眞、善冑」爲「涅槃衆主」。

進入「唐朝」以後，仍有「靈潤、道洪」等講說《涅槃經》，並有「道宣、法寶」等志在「涅槃宗」而加以弘傳。

直到「天台宗」興起，「智顗」以自家的「天台教觀」爲依準，而以《涅槃經》爲《法華經》的輔助。爾後，獨立講說弘布《涅槃經》者日少，終至絕滅，最後「涅槃宗」歸入「天台宗」。

「中國佛教」中的「教判」，可說是創始於早期的「涅槃師」。有關「涅槃宗」的「教判」，最早有「慧觀」以《涅槃經》爲「佛陀」一代最極之教，主張「五時教判」，這是根據《涅槃經》中「乳、酪、生酥、熟酥、醍醐」等五味之說而立者。

以「乳」比喻「三藏」，「酪」比喻「三乘之雜說」，「生酥」比喻「方等」，「熟酥」比喻「空般若」，「醍醐」比喻《涅槃經》之法。如此則有「小乘、三乘、方等、般若、涅槃」五時。

五、攝論宗

◆年代：南北朝（陳朝）

◆別稱：攝論學派、法性宗

◆屬性：空宗

◆教乘：大乘宗派

◆宗祖：眞諦

◆依用經典：《攝大乘論》（簡稱《攝論》）

◆要義：《攝大乘論》，是印度「無著菩薩」所造，是對《阿毘達磨大乘經．攝大乘品》的詮釋。此論是「大乘佛教」「瑜伽行唯識學派」最爲重要的論典之一。

《攝大乘論》流傳到「中國」以後，一共有三個譯本：一、北魏「佛陀扇多」譯，二、陳「眞諦」譯，三、唐「玄奘」譯。「玄奘」譯本是近現代研究「攝大乘論」的法師所主要採用的版本。

《攝大乘論》的內容，主要分作十個部分（十品），稱爲「十勝相」，按照「佛教」修行的「境、行、果」的次序排列，是用「唯識無塵思想」觀照整個「佛教體系」，由此發展成一個完整的「佛教哲學世界觀體系」。

《攝大乘論》分爲十一品，第一品爲序品，其他十品詮釋了「十勝相」，具體內容如下：

⑴依止勝相品：內分「衆名、相、引證、差別」四品，闡述「阿賴耶識」爲「宇宙萬有」的本源；

⑵應知勝相品：著重解釋「三性」，卽「依他起性、遍計所執性、圓成實性」；

⑶應知入勝相品：強調「多聞」，「熏習」相續，增植「善根」，以便悟入「勝相」；

⑷入因果勝相品：論述「六波羅蜜」；

⑸入因果修差別性相品：論述「十種菩薩地」，卽「菩薩」修行的十種階位；
⑹依戒學勝相品：論述「三種戒」；
⑺依心學勝相品：論述「依心學」六種差別；
⑻依慧學勝相品：論述「無分別」智差別及應離「五種相」；
⑼學果寂滅勝相品：論述「六轉依」；
⑽智差別勝相品：論述佛的「自性、受用、變化」三身。

《攝大乘論》的內容，以「阿賴耶識」爲起點，而後導入「唯識」的「三自性說」，卽「依他起性、遍計所執性、圓成實性」。再藉由「阿賴耶識」與「三自性」爲基石，切入至「佛學」的其他觀念，如「六波羅蜜多、菩薩十地、戒、定、慧、涅槃」等。「無著」在此論內，對於「阿賴耶識」有詳細的解說。

《攝大乘論》是「瑜伽行唯識學派」的根本論典之一，是「漢傳佛教」「法相宗」的「六經十一論」之一，「攝論宗」因以《攝大乘論》爲根本而得名。

「攝論宗」是依《攝大乘論》，主張「無塵唯識」之義，兼立「九識義」，提倡對治「阿梨耶識（阿賴耶識）」，證入「阿摩羅無垢識」的宗派。宣揚「攝論宗」的諸師，稱爲「攝論師、攝大乘師」，「攝論宗」以陳朝「眞諦」爲開祖。

「眞諦」因「梁武帝」之請入「建康」，不久以兵亂流徙各處，最後在廣州「制旨寺」，翻譯《攝大乘論》三卷，與《世親釋論》十二卷，同時宣講之，並撰《義疏》八卷。又別譯《決定藏論》、《三無性論》、《轉識論》等，成一家之說。

「眞諦」的門人「慧愷、曹毘、法泰、僧宗、道尼、法准、慧曠」等，均各有所成。及「道尼」的弟子「道岳、智光、慧休」等，隨其師於「隋朝」時，奉敕入「長安」，爾後南方遂無「攝論師」。

此前，「曇遷」已入「長安」，開始講《攝大乘論》。「淨影寺」的「慧遠、曇延」的弟子等，皆列其席。其後，「隋文帝」建「禪定寺」，以「曇遷」為寺主，「曇遷」先後撰著《攝論疏》十卷、《九識章》等，「禪定寺」遂成為「攝論宗」的重鎮。

等到「道尼」等北上之後，《攝大乘論》研習的風氣愈盛。從「陳朝」到「隋、唐」，法將輩出，先後有「法常、智儼、慧休、靈範、神照、道傑、僧榮、慧璡、靜嵩、智凝、法護、道因、僧辯、智則、道積、道基、善慧」等諸師宣揚「攝論教義」。

一直到唐代「玄奘」弘宣「瑜伽唯識」，將《攝大乘論》攝入《成唯識論》援引「十一部論」之一以後，「攝論宗」遂告式微，最後與「法相宗」合併而廢絕。

六、禪宗

◆年代：南北朝（劉宋）
◆別稱：佛心宗、達摩宗、無門宗
◆屬性：空宗
◆教乘：大乘宗派

◆宗祖：菩提達摩

◆依用經典：《楞伽經》、《文殊說般若經》、《金剛般若波羅蜜經》、《六祖壇經》

◆要義：「禪宗」提倡「心性本淨，佛性本有，見性成佛。」。主要依據是「菩提達摩」的「二入」和「四行」學說。

「二入」指「理入」和「行入」。「理入」是憑藉「經教」的教示，深信衆生同一「眞如本性」，但爲「凡塵妄想」所覆蓋，不能顯露，所以要令其「捨妄歸眞」，掃蕩一切「差別相」，與「眞如本性之理」相符，寂然無爲。這是該宗的理論基礎。

「行入」卽「四行」：「報怨行、隨緣行、無所求行、稱法行」，屬於修行實踐部分。「惠能」繼承這一學說，在《六祖壇經》裡，主張「捨離文字義解，直徹心源。」。

「惠能」認爲「於自性中，萬法皆見；一切法自在性，名爲清淨法身。」一切「般若智慧」，皆從「自性」而生，不從外入，若識「自性」，「一聞言下大悟，頓見眞如本性」，提出了「無所住而生其心」。「無所住」是指「定」，「生其心」卽「慧」。

「惠能」從「無所住而生其心」的經文中，悟出了「定慧等學」的微旨。「禪宗」的一切思想，皆從此義引申擴充而來。

◆簡介：「禪宗」，主張「修習禪定」，故名。又因以參究的方法，徹見心性的本源爲主旨，又稱「佛心宗」。傳說創始人爲「菩提達摩」，下傳「慧可、僧璨、道信」，至五祖「弘忍」下分爲「南宗惠能」和「北宗神秀」，時稱「南能北秀」。

「佛教」傳入「中國」後，「禪學」一直獲得廣泛的流傳，在「東漢」至「南北朝」時，曾經翻譯出多種「禪經」，「禪學」成爲相當重要的流派。

相傳「菩提達摩」於六朝「齊、梁」間，從「印度」渡海東來，到「洛陽」弘揚「禪法」。因其「禪法」不被當時的「佛教界」所器重，就到「少林寺」安心壁觀，以「二入四行」禪法教導弟子「慧可、道育」等。

「慧可」隨從「菩提達摩」六年，「菩提達摩」授以《楞伽經》四卷。後來，「慧可隱居於舒州「皖公山（今安微潛山東北）」，傳法於「僧璨」。

「僧璨」受法之後，又隱於舒州「司空山（今安微太湖北）」，蕭然靜坐，秘不傳法。唯有「道信」侍「僧璨」九年，得其衣法。

後來，「道信」至「吉州（今江西吉安）」傳法，嘗勸道俗依《文殊說般若經》一行三昧。後來，「道信」住湖北黃梅「雙峰山」三十多年，主張「坐禪守一」，並傳法於「弘忍」。「道信」的另一位弟子「法融」，在「金陵（今江蘇南京）」的「牛頭山」傳「牛頭禪」。

「弘忍」得法後，卽至「雙峰山」東「馮茂山」另建道場，名「東山寺」，時稱其禪學爲「東山法門」。著名弟子有「神秀、惠能、惠安、智詵」等。

相傳「弘忍」爲選嗣法弟子，命大家各作一偈，當時「神秀」作偈：「身是菩提樹，心如明鏡台；時時勤拂拭，勿使惹塵埃。」「弘忍」認爲「未見本性」。

「惠能」也作一偈：「菩提本無樹，明鏡亦非台；本來無一物，何處惹塵埃。」「弘忍」認可，並秘密傳以衣法，爲第六代祖。

「神秀」是以「坐禪觀定法」爲依歸，漸進禪法，漸修菩提。所以稱爲「漸悟」；「惠能」是

以「即心即佛，直指人心，見性成佛。」爲依歸。不拘泥「坐禪觀定與否，即成佛道」，所以稱爲「頓悟」。

「惠能」得法後南歸，隱居十五年，繼至「曹溪」住「寶林寺」。後來，應請在韶州「大梵寺」說「摩訶般若波羅蜜法」，並傳授「無相戒」。嗣法弟子有「行思、懷讓、神會、玄覺、慧忠、法海」等四十餘人。

「法海」集「惠能」的言行撰《六祖壇經》，是爲「南宗」。「神秀」於「弘忍」圓寂後，至荊州「當陽山」的「玉泉寺」弘禪，二十餘年中門人雲集，是爲「北宗」。

「惠能」弟子「神會」，先後在「南陽、洛陽」大弘「禪法」，「南宗」遂成禪宗正統。「神秀」北宗則門庭寂寞，傳不數代即衰亡。

「惠能」著名的弟子有「南嶽懷讓、青原行思、荷澤神會、南陽慧忠、永嘉玄覺」，形成「禪宗」的主流，其中以「南嶽、青原」兩家弘傳最盛。

「南嶽」下數傳形成爲「潙仰、臨濟」兩宗；「青原」下數傳分爲「曹洞、雲門、法眼」三宗，世稱「五家」。其中「臨濟、曹洞」兩宗，流傳時間最長。「臨濟宗」在「宋代」開成「黃龍、楊岐」兩派，合稱「五家七宗」。

「禪宗」五派的思想，相差無幾，僅是「門庭施設」不同，接引學人方法有所區別，以致形成不同宗風。

「禪宗」在「五家七宗」以後，「禪風」有所改變，有「頌古、評唱」等一類「禪門偈頌」行世。

到了「宋代」，「臨濟宗楊岐派」禪師「圜悟克勤」作《碧岩錄》，影響很大。從此「禪宗」的「機用（禪師以拄杖、手勢，或棒喝等超越言詮的方法教化學人進入深禪境地，稱為機用。）」，變成「逢場作戲」。

後來，「圜悟克勤」的弟子「大慧宗杲（ㄍㄠˇ）」銷毀《碧岩錄》，想杜絕不明根本、專尚語言的「禪病」。但是，不久又有刻版重出，「大慧宗杲」的預定目的未能達到。

因此，「大慧宗杲」提倡「話頭禪」，又稱為「看話禪」，將「敲門磚」給發心參禪者，深受「士大夫們」的歡迎。這種「佛儒合流」傾向，影響到「宋明理學」的形成。

所謂的「看話禪」，「看」又叫「參」，是「觀察守護」的意思，即「內觀」。「話頭」是指「說話的前頭」，亦即是「在動念要說話、未說話之前的那個念頭」。「修行者」把自己的「念頭」，集中在「一句話」，或「一個問句」上，觀察自己內心，之後升起「疑情」，在「打破疑情」之後，由此來得到「開悟」。這種修行方法，稱為「看話頭」，或「參話頭」。

當時，「曹洞宗」的「宏智正覺」倡導「默照禪」，並且作《默照銘》與《坐禪箴》。什麼是「默照禪」的禪修方法？「默」是指是不受自己內心以及環境的影響，讓心保持安定的狀態，而「照」，則是指清楚的覺知自己內心與周遭一切的變化。

「大慧宗杲」又反對「曹洞宗」「宏智正覺」所倡導的「默照禪」，稱之為「邪禪」，認為是「不求妙語，只以默照」。

實際上「看話禪」應用「惠能」的「定慧等學」中的「慧學」，「默照禪」應用其中的「定學」，兩家只是方法上的不同。這兩家的「禪學」，自「宋朝」以後，經「元、明、清」三代，至

今不絕。

正值「禪宗」流弊嚴重，「臨濟宗」和「曹洞宗」互爭短長時，「法眼宗」的「永明延壽」編《宗鏡錄》一百卷，對各派的「宗旨」和「分歧」，持調和的態度，目的是「扶衰救弊」，但始終未在「禪門」中發揮應用。

以後，「金、元」之間有「曹洞宗」的「行秀」，「元朝」有「臨濟宗」的「明本」，「明末清初」有「臨濟宗」的「圓悟」、「曹洞宗」的「元賢」等宗師，繼續弘揚禪法，都未能換回頹勢。

「清代」中葉以後，「淨土信仰」普遍，「禪宗」已成強弩之末。近代以來的禪寺，實際都已經成爲「禪淨合一」的寺院。

七、三論宗

◆年代：隋朝

◆別稱：空宗、無相宗、中觀宗、無相大乘宗、無得正觀宗、嘉祥宗、提婆宗、般若宗、破相宗、法性宗

◆屬性：空宗

◆教乘：大乘宗派

◆宗祖：嘉祥吉藏

◆依用經典：印度「龍樹」的《中論》、《十二門論》和「提婆」的《百論》三部論典，是「三論宗」的根本論典，其它還有《大智度論》、《摩訶般若經》、《法華經》、《華嚴經》、《涅槃經》、《維摩經》、《仁王經》、《金剛般若經》、《勝鬘經》、《金光明經》、《大乘玄論》、《法華玄論》、《淨名玄論》、《二諦章》、《三論玄義》等，都是「三論宗」的要典。

◆要義：「諸法性空」的「中道實相論」，爲「三論宗」的中心理論。這種理論，總說「世間、出世間」的「萬有諸法」，都是從衆多「因緣和合」而生，是衆多「因素」和「條件」結合而成的「衆物」，這叫做「緣起」；離開衆多因素的條件就沒有事物是獨立不變的實體，這叫「無自性」，也就是「性空」。卽「緣起事物的存在」就是「性空」，不是除去「緣起的事物」而後說「空」。

如《十二門論》所說：「衆緣所生法，卽是無自性，若無自性者，雲何有是法。」這就是說：「緣起法無自性」就是「畢竟空」，但是爲隨順「世俗的常識」，而說「有緣起的事物」，把「緣起」和「性空」統一起來，這就是「中道」。

所以，不離「性空」而有「緣生的諸法」；雖有「緣起的諸法」，也不礙於「畢竟空」的「中道實相」。爲了闡明這種理論，此宗更立有「眞俗二諦」和「八不中道」等義。

（一）眞俗二諦：「二諦」是指「眞諦」與「俗諦」，並稱「眞俗二諦」。「諦」是「眞實不虛之理」。「眞諦」又作「勝義諦、第一義諦」，卽「出世間之眞理」；「俗諦」又作「世俗諦、世諦」，卽「世間之眞理」。

《中論爲四諦品》說：「諸佛依二諦，爲衆生說法，一以世俗諦，二以第一義諦。」所以，「眞俗二諦」不過是爲了「說法教化」上的方便，適時而用的「假設」，如「指月的手指」，意在「月」，而不在「手指」，由此「二諦言教」，體悟無所得的「中道實相」。

（二）「八不中道」：「八不」即「中道」，即遮止「生滅、常斷、一異、來出」等「四雙八計」，所發起無所得「中道之理」。又作「八不中觀、八不正觀、八不緣起、無得中道、無得正觀、不二正觀、八遮」。爲「古印度」大乘佛教「中觀學派」與中國「三論宗」重要理論之一。

「八不中道」意謂「宇宙萬法」皆由「因緣聚散」而有「生滅」等現象發生，實則「無生無滅」。如謂「有生」或「有滅」，則偏頗一邊；離此二邊而說「不生不滅」，則爲「中道之理」。

「龍樹」的《中論》，卷首有「不生亦不滅，不常亦不斷，不一亦不異，不來亦不出。能說是因緣，善滅諸戲論；我稽首禮佛，諸說中第一。」之偈，其中「不生、不滅、不常、不斷、不一、不異、不來、不出」，稱爲「八不」。用「不」來「遮遣（否定）」世俗的八種邪執，以彰顯「無得中道」之實義，故稱「八不中道」。

「三論宗」是「隋朝」的「吉藏」所創立，「吉藏」以印度「龍樹」的《中論》、《十二門論》和「提婆」的《百論》三部論典爲所依，宣揚「空、無相、八不中道」等義理，而得名的宗派。以著重闡揚「諸法性空」，故又稱「法性宗」。

「三論宗」的學統，在「印度」是：「龍樹」傳「提婆」，再傳「羅睺羅」，再傳「青目」，再傳「須利耶蘇摩」，再傳「鳩摩羅什」。在中國，則是：「鳩摩羅什」傳「僧肇」，再傳「僧朗」，再傳「僧詮」，再傳「法朗」，再傳「吉藏」。

「三論宗」初祖「龍樹」，是「釋迦牟尼佛」滅後第一個重要的「大乘佛教」學者，他所撰的《中論》、《十二門論》等，闡述「緣起性空」的學說，爲「大乘佛學」建立了牢固的理論基礎。「龍樹」將其學說傳給弟子「提婆」，「提婆」辯才無礙，在與「異派學者」辯論中多次獲勝。「提婆」著有《百論》和《四百論》等，大大發揚了「龍樹學說」。「提婆」之後，經「羅睺羅、青目」至西域「沙車國」王子「須利耶蘇摩」。

「鳩摩羅什」師承「須利耶蘇摩」，專弘「般若性空」之教，爲四方學者所宗。後來，「鳩摩羅什」來到「長安」，「姚興」待以「國師」之禮，四方的「義學沙門」聞風而至者八百餘人。前後翻譯「經、律、論」七十餘部，三百餘卷。盛倡「龍樹、提婆」的「般若性空學說」。門人號稱三千，著名學者不下數十人，唯有「僧肇」精純守一，得到「鳩摩羅什」的眞傳。「鳩摩羅什、僧肇」之後，「長安」大亂，僧徒四散，「三論」的傳承，記載不明。

「三論學說」之所以傳承不絕，端賴以「僧朗」，「僧朗」有得業弟子「僧詮」，「僧詮」門徒數百，其中最著名的上首弟子爲「法朗」。「法朗」在「僧詮」門下，稟受《華嚴經》、《摩訶般若經》、《大智度論》、《中論》、《百論》、《十二門論》。

「陳、隋」的「三論學者」多出於「法朗」門下，其中最著名者爲「吉藏」，他的著作很多，陳義精微，評判由「晉朝」以來，各家的學說，也採取南北各派長處，大凡當時流行的經典，多爲註疏，在此基礎上，正式建立了「三論宗」。

「吉藏」的門下有「慧遠、碩法師」等，「碩法師」的門人有「元康」，繼續弘揚「三論學說」。但是，流行不久，「三論宗」卽漸趨衰微。

「三論學說」在「初唐」時，曾經盛極一。後來，「法相宗、華嚴宗、禪宗」相繼成立和流行，「三論宗」逐漸不振。雖然到「中唐」，傳「三論學說」者尚有人在，但是「會昌禁佛」之時，「三論宗」的章疏被毀殆盡，幾乎成爲絕學。「清代」末年，「楊文會居士」從「日本」將「三論宗」失傳的章疏著作取回，世人方能探討而窺其全貌。

八、律宗

◆年代：唐朝

◆別稱：四分律宗、南山律宗、南山宗

◆屬性：空宗有宗兼具

◆教乘：大乘宗派

◆宗祖：曇無德、道宣

◆依用經典：「道宣」撰《四分律比丘含注戒本》、《四分律刪補隨機羯磨》、《四分律刪繁補闕行事鈔》、《四分律拾毗尼義鈔》、《四分比丘尼鈔》，後被稱爲「五大部」。還有《十誦律》、《四分律》、《摩訶僧祇律》、《五分律》、《毗尼母論》、《摩得勒伽論》、《善見律毗婆沙》、《薩婆多論》、《明瞭論》

◆要義：「律宗」的宗旨，是奉持「四分律」的「淨戒」，而以「一乘圓頓之妙理」爲旨歸。「律宗」的「教理」，分成「戒法、戒體、戒行、戒相」四科，也稱「四分律宗」。「戒法」

是「佛陀」所判定的「戒律」；「戒行」是「戒律」的實踐；「戒相」是戒的表現或規定，即「五戒、十戒、二百五十戒」等。「律宗」的主要學說是「戒體論」，「戒體」是「受戒弟子」從師「受戒」時，所發生而領受在自心的法體。即由「接受的作法」，在心理上構成一種「防非止惡」的功能，這是「律宗」教理的核心理論。

「戒體」舊譯「無作」，新譯稱「無表」。「道宣」說《四分律》通於「大乘」，依《楞伽經》、《攝大乘論》所說，以「阿賴耶識」所藏「種子」爲「戒體」，稱爲「心法戒體」。

「律宗」又將佛所制「諸戒」，歸納爲「止持」和「作持」兩類。「止持」即「諸惡莫作」之意，指「比丘、比丘尼」二衆制止「身、口」不作諸惡的「別解脫戒」；「作持」即「衆善奉行」之意，包括「安居、說戒、悔過」以及「衣、食、坐、臥」等種種行持規則。《四分律》前半部解釋「僧尼」二衆「別解脫戒」爲「止持門」；後半部解釋「受戒、說戒」等二十犍度（意譯爲「聚」）爲「作持門」。

「律宗」因爲著重研習及傳持「戒律」而得名，實際創始人爲「唐朝」的「道宣」。因爲依據「五部律」中的《四分律》建宗，也稱「四分律宗」。又因爲「道宣」住「終南山」，又有「南山律宗」或「南山宗」之稱。

相傳「釋迦牟尼佛」在世時，爲了約束「僧衆」，制訂了各種「戒律」。「第一次佛教結集」時，由「優婆離」誦出「律藏」。其後因「佛教」各派對「戒律」的理解不盡一致，所傳的「戒律」也有所不同。

中國「翻譯戒律」和「實行受戒」，開始於三國魏「嘉平」（公元二四九年到二五四年）年

間。當時，「中印度」的「曇柯迦羅」來到「洛陽」，見「中國僧人」只「落髮」而未「受戒」，隨卽翻譯出《摩訶僧祇部戒本》，以作爲「持戒」的準繩，又請印度僧「立羯磨法」創行「受戒規則」。

後來，「安息國」沙門「曇諦」來「洛陽」，翻譯出《法藏部羯磨（指誦經拜佛等法事）》，從此「中國僧衆」的「受戒」，卽依《法藏部羯磨》的作法。

「東晉」時期，又翻譯出《摩訶僧祇律》、《十誦律》等，用作「行事的依據」，以致「受戒」與「隨行」不相一致。

北魏「孝文帝」時，「法聰」在「平城」講《四分律》，並口授弟子「道覆」作《四分律疏》六卷，內容只是「大段科文」。因此，「法聰」被認爲是「四分律師」。

直到「慧光」造《四分律疏》，並刪定「羯磨（指誦經拜佛等法事）」，才奠定「律宗」的基礎。「慧光」弟子「道雲」傳「道洪」，「道洪」弟子「智首」，慨歎當時「五部律」互相混雜，卽研核古今學說，撰《五部區分鈔》、《四分律疏》，影響很大。

「智首」的弟子「道宣」，專研「律學」。繼入「終南山」潛心述作，著《四分律比丘含注戒本》、《四分律刪補隨機羯磨》、《四分律刪繁補闕行事鈔》、《四分律拾毗尼義鈔》、《四分比丘尼鈔》，後被稱爲「五大部」。

「道宣」在「終南山」創設「戒壇」，制訂「佛教受戒儀式」，從而正式形成「律宗」宗派。

與此同時，弘揚《四分律》的有相州（今河北臨漳境內）「日光寺」的「法礪」，他和「慧休」合撰《四分律疏》、《羯磨疏》等，開創了「相部宗」。

又有「西太原寺」的「東塔懷素」，曾入「玄奘」門下，撰《四分律開宗記》，採用新譯的說一切有部《大毗婆沙論》、《俱舍論》等論的解釋，批評「法礪」《四分律疏》的錯誤而被稱爲「新疏」。後來，又撰《新疏拾遺鈔》、《四分僧尼羯磨文》等，開創「東塔宗」。

「南山宗、相部宗、東塔宗」後來被稱爲「律宗三家」。其間互有爭論，尤以「相部宗」和「東塔宗」的爭論最烈。最後，「相部宗、東塔宗」兩系逐漸衰微，只剩「南山宗」一系傳承獨盛，綿延不絕。

按照「四分律宗」自已的承傳，「道宣」是第九祖，前面還有「曇無德、曇柯迦羅、法聰、道覆、慧光、道雲、道洪、智首」八人。「道宣」以後，以次傳「周秀、道恒、省躬、慧正」等，至「宋代」「允堪、元照」而再盛。

「允堪」根據「道宣」《四分律刪繁補闕行事鈔》作《會正記》，他的再傳弟子「元照」著《行事鈔資持記》，對《會正記》持異議，因之「南山宗」在「宋朝」時又分爲「會正、資持」兩派。

元明之際，衰微幾至無聞。明末清初有「如馨」在「金陵（今江蘇南京）」的「靈穀寺」傳「戒說律」，「南山宗」又得重新興起。

「如馨」弟子「寂光」，在金陵「寶華山」建「律宗道場」。再傳「讀體、戒潤」。「讀體」繼承「寂光」法席，以「十誓」勵衆，共同遵行，以「律受戒」，結戒安居，著作甚多。弟子最著名的有「德基、書玉」，兩人都有許多著作。

「德基」下有「眞義、常松、實詠、福聚」次第相承。其中「福聚」於「雍正」時期奉詔入

京，住持「法源寺」，大宏「律宗」，著有《南山宗統》等。其下有「性言、圓先、明如、定靜、慧皓、昌蒼、海然、印宗、發圓」次第相承。另外，「戒潤」曾弘律於常州「于寧寺」，法流不詳。民國時期，著名的「律師」有「弘一」等。

九、華嚴宗

◆年代：唐朝

◆別稱：賢首宗、法界宗

◆屬性：有宗

◆教乘：大乘宗派

◆宗祖：「杜順」為初祖，實際創始人為「法藏」。

◆依用經典：《大方廣佛華嚴經》（簡稱《華嚴經》）

◆要義：《華嚴經》是「釋迦牟尼佛」成道後第十四日，於「菩提樹」下，為「文殊、普賢」等上位菩薩所宣說的「自內證法門」。「釋迦牟尼佛」入滅後七百年，「龍樹」於「龍宮」中見到《華嚴經》有三本，以上、中二本非凡力所能持，乃誦下本十萬偈四十八品，流傳「印度」民間，而且作《大不思議論》十萬偈以解釋其文義；復作《十住毗婆沙論》，以註釋《華嚴經》十地品之一部分，此即《華嚴釋論》之濫觴。至「釋迦牟尼佛」滅度後九百年，「世親」作《十地經論》，解釋「十地品」；「金剛軍、堅慧」等諸「論師」亦先後作

「十地品」之釋論。

「華嚴宗」的主要教理爲「法界緣起說」。宇宙萬法、有爲無爲、色心緣起時，互相依持，「相卽相入」，圓融無礙，如「因陀羅網」，重重無盡；並用「四法界、六相、十玄」等法門，來闡明「無盡緣起」的意義。

「華嚴宗」教義的「名相（專有名詞）」如下：

（一）相卽相入：卽「相卽」與「相入」二語之並稱，又作「相卽相容」。意謂「宇宙萬象」互融無礙之作用，其間保持著無限密切之關係。「相卽」卽一與多之關係，無一則不成多，由多必有一，一與多乃密切不離者；「相入」卽一之作用牽動全體之作用並給予影響者，全體之作用自是自一而始，故知二者具有密切不離之關係。就「十玄門」而言，「相卽相入」相當於一多相容不同門（相入）與諸法相卽自在門（相卽），是屬「華嚴宗」的重要教義。

（二）因陀羅網：又作「天帝網、帝網」，爲「帝釋天」之「寶網」，乃莊嚴「帝釋天宮殿」之網。網之一一結皆附「寶珠」，其數無量，一一「寶珠」皆映現「自他一切寶珠」之影，又一一影中亦皆映現「自他一切寶珠」之影，如是「寶珠」無限交錯反映，重重影現，互顯互隱，重重無盡。《華嚴經》以「因陀羅網」譬喻「諸法」的一與多「相卽相入、重重無盡」之義；若依「境」而言，稱爲「因陀羅網境」，依「定」而言，稱爲「因陀羅網定」，依「土」而言，稱爲「因陀羅網土」，此皆爲顯示事事「無礙圓融」之法門。

（三）四法界：卽「華嚴宗」的「宇宙觀」，又作「四種法界、四界」。「華嚴宗」認爲「全宇宙」是統一於「一心」，若由「現象」與「本體」觀察之，則可別爲四種層次：

(1)事法界：指差別之現象界。「事」為事象；「界」為分齊之義。卽「宇宙」各種事物皆由「因緣」而生，各有其「區別」與「界限」；而「世俗」認識之特徵，則以「事物之差別性」或「具特殊性之事物」，作為「認識之對象」，此稱「情計之境」，雖有而非實，不屬「佛智」範圍。

(2)理法界：指平等之本體界，「理」為理性；「界，為性之義。卽「宇宙」之「一切萬物」，「本體」皆為「眞如」，平等而無差別。

(3)理事無礙法界：指「現象界」與「本體界」具有「一體不二」之關係。卽「本體（理）」無「自性」，須藉事而顯發；而「一切萬象」，則皆為「眞如理體」之隨緣變現。此卽「理由事顯」，「事攬理成」，由此顯出「理」與「事」互融無礙之法界。

(4)事事無礙法界：指「現象界」本身之「絕對不可思議」。卽「一切諸法」皆有「體」有「用」，雖然各隨「因緣」而起，各守其「自性」，事與事看似互為相對，然而「多緣」互為相應，以成就「一緣」，而且「一緣」亦助「多緣」。以其「力用」互相交涉，自在無礙而無盡，故稱「事事無礙重重無盡」。

（四）三觀：以事法界為體，建立三觀：

(1)以「理法界」立「眞空觀」：觀「諸法」無性，當體卽空。

(2)以「事理無礙法界」立「事理無礙觀」：觀理遺於事，「事法」無不是「眞理」。

(3)以「事事無礙法界」立「周遍含容觀」：「眞理」遍在「事相」上，「事相」與「眞理」無礙。

（五）六相：指《華嚴經》、《十地經》所說，「萬有事物」所具足之六種相。卽：

⑴總相：卽一「緣起之法」具足「多德」；如「人體」具足「眼、耳諸根」而成爲一體。

⑵別相：於「多德」之中，彼此相依而合成「一法」；如「人體」雖爲一，但是「眼、耳等諸根」各不相同。

⑶同相：卽「多德」相互和合成「一法」，而且互不相違背；如「眼、耳等」各具其特性，而各有其不同之作用，但同心協力分別作用而互不妨礙。

⑷異相：卽是構成「一法」之「多德」互異；如構成「人體」之「眼、耳等諸根」各個相異。

⑸成相：乃「多德」相依而合成「一法」；如「諸根」互相相依成爲「一體」。

⑹壞相：卽「諸根」各自住於「本法」而不移動，則「總相」不成；如「眼、耳等諸根」各住「自位」而各自爲用，則不成爲「一體」。

上述之「總、別二相」是於「相對關係」之立場，表示「平等、差別」之二門。「同、異」二相乃是辨別「平等、差別」之二種意義。「成、壞」二相乃以「同、異」二相而辨「總、別」二相之結果，此稱爲「平等差別之二門」。

（六）十玄門：又稱爲「十玄緣起」，全稱「十玄緣起無礙法門」，或作「華嚴一乘十玄門、一乘十玄門」，單稱「十玄」。表示「法界」中，事事無礙「法界之相」，通此義，則可入「華嚴大經」之玄海，故稱「玄門」；又「此十門」相互爲緣而起，故稱「緣起」。

「十玄門」「相卽相入」，互爲作用，互不相礙。「華嚴宗」以「十玄門」與「六相圓融之說」爲根本教理，歷來並稱「十玄六相」，二者會通而構成「法界緣起」之中心內容。此卽從十個方面，說明「四法界」中，事事無礙「法界之相」，表示「現象」與「現象」相互一體化（相卽），互相涉入而不礙（相入），如「網目」般結合，以契合事物之「自性」，卽以「十玄門」表示「法界緣起」之深義。

「法藏」於《華嚴經探玄記》卷一所示者，「澄觀」於《華嚴玄談》卷六中祖述其意，此爲「新十玄」。以下略說「新十玄」各門：

⑴同時具足相應門：指一「微塵」中同時具足一切諸法，互相依存，成一「緣起」；

⑵因陀羅網境界門：指「各個法」中有「無量法」，彼此之間互相映現，重疊無盡；

⑶秘密隱顯俱成門：指說「一法」卽「一切法」，或隱或顯，俱時成就；

⑷微細相容安立門：指「一切法門」均於「一念」中具足，卽「極微細」中含容「一切諸法」；

⑸十世隔法異成門：指「一切法門」遍佈於「十世」之中，前後久暫，不相隔曆；

⑹諸藏純雜具德門：指「六度萬行」，或純或雜，法法交徹，功德互相具足；

⑺一多相容不同門：指「每一法」中具有「一切法」，容攝無礙；

⑻諸法相卽自在門：指「諸法」融通，相卽自在，一卽一切，一切卽一，重重無盡；

⑼唯心回轉善成門：指「法界」無礙功德，都由一「如來藏」爲「自性淸淨心」回轉，具足成就；

⑽托事顯法生解門：指所有「塵法」，事事無礙，隨一事理，能顯「法相實相」。

「華嚴宗」認爲，上述「事事無礙」教義，皆「如來稱性」之談，卽依本具的「圓滿性德」而

起赴感應「機之用」，謂之「性起說」。又以「理性」爲「衆生」本具，是「因位」中本有的「性德」，亦有「稱性而現」之義。

「華嚴宗」對「釋迦牟尼佛」的教法，判爲「五教十宗」。

（七）五教：

⑴小乘教：爲「聲聞乘」人所說的教法，指說「四諦、十二因緣」的《阿含經》、《四分律》和《發智論》等；

⑵大乘始教：爲開始由「小乘」轉入「大乘」者所說教法，指「大乘空宗」的《般若經》、《中論》等，以及「有宗」的《解深密經》、《唯識論》等；

⑶終教：爲「大乘」終極的教門，指說「眞如緣起、一切衆生皆能成佛」的《楞伽經》和《大乘起信論》等；

⑷頓教：是「頓修頓悟」的教門，指「不依言辭、不設位次而頓悟教理」的《維摩經》等；

⑸圓教：爲「圓融無礙」的教門，指完全說「一乘教理」的《華嚴經》。

（八）十宗：

⑴我法俱有宗：主張「人我、法我」俱爲「實有」，指已入「佛法」的「人天乘」和「聲聞乘」中的「犢子部、法上部」等所立的宗義；

⑵法有我無宗：主張「五蘊諸法」是「三世實有」，但「人我」非有，指「聲聞乘」中，「說一切有部」等所立的宗義；

⑶法無去來宗：主張「諸法」現在「有實體」，過去與未來「無實體」，指「聲聞乘」中，

「大衆部」等所立的宗義；

⑷現通假實宗：主張「諸法」過去、未來「沒有實體」，現在只「五蘊」「有實體」，「十二處、十八界」則「沒有實體」，指「聲聞乘」中，「說假部」及《成實論》、「經部」所立的宗義；

⑸俗妄眞實宗：認爲「出世法」眞實，「一切世俗法」都不眞實，指「聲聞乘」中，「說出世部」等所立的宗義；

⑹諸法但名宗：主張「一切法」只有「假名」而「無實體」，指「聲聞乘」中，「一說部」等所立的宗義；

⑺一切皆空宗：主張「一切法」皆「虛幻不實」，指《般若經》等，相當於「大乘始教」中的「空始教」；

⑻眞德不空宗：主張「一切法」都是「眞如（如來藏）」顯現，含有「實德」，故「眞體不空」，指《楞伽經》等，相當於「大乘終教」；

⑼相想俱絕宗：認爲「眞理」是「絕言所顯，離言之理」，只有「頓悟」認識，指《維摩經》等，相當於「大乘頓教」；

⑽圓明俱德宗：認爲「一切法」本來「功德圓滿」，彼此「圓融無礙」。指《華嚴經》，相當於「一乘圓教」。

（九）三觀：「華嚴宗」的「觀法」，以「法界觀」爲主。此觀有三重：

⑴眞空觀：依「理法界」而立，觀察「一切諸法」的「本性」卽空；

⑵理事無礙觀：依「理事無礙法界」而立，觀察「諸事法」與「眞如理」，互相交融；

⑶周遍含容觀：依「事事無礙法界」而立，觀察以「同一眞如理」爲「本性」的所有事，遍攝無礙。

（十）兩門：「華嚴宗」的「修行階位」有「兩門」：

⑴次第行布：依據「十信、十住、十行、十回向、十地、等覺、妙覺」次第，由淺至深，階位分明；

⑵圓融相攝：指得到一位，就能前後諸位「相卽相入」，因果不二，始終無礙。

「華嚴宗」因爲以《華嚴經》爲根本典籍，故名。又因爲實際創始人「法藏」號「賢首」，也稱爲「賢首宗」。又以發揮「法界緣起」的思想爲宗旨，又稱爲「法界宗」。

「華嚴宗」的傳承，爲「杜順」傳「智儼」，再傳「法藏」，再傳「澄觀」，再傳「宗密」。

「華嚴宗」推舉「杜順」爲初祖，而實際創始人爲「法藏」。

「杜順」，雍州「萬年（今陝西臨潼西北）」人，曾經跟從「因聖寺」僧人「道珍」學習「禪法」，後來住「終南山」宣揚《華嚴經》，著有《華嚴法界觀門》、《華嚴五教止觀》各一卷，爲「華嚴宗」在「觀行方面」的「無盡緣起說」和「判教方面」的「五階次第說」奠定了理論基礎。

「杜順」的傳承弟子「智儼」，是「天水（今屬甘肅）」人。「智儼」師事「杜順」，受「具足戒」後，到各方參學，對「地論學派」「慧光」的經疏中的「別教一乘說」和「無盡緣起說」，以及《十地經論》中的「六相義」，別有心得。

「智儼」著有《華嚴經搜玄記》十卷，《華嚴一乘十玄門》一卷，《華嚴五十要問答》兩卷，

《華嚴經內章門等雜孔目章》四卷等。

「法藏」依「智儼」學習《華嚴經》，深通玄旨。二十八歲以後，開始廣事講說，參加「實叉難陀、義淨、菩提流支」翻譯《華嚴經》、《大乘入楞伽經》、《金光明最勝王經》、《大寶積經》等，並有著述一百餘卷，詳盡發揮「智儼」的教規新說，正式創立「華嚴宗」。

「法藏」有弟子多人，以「慧苑」為上首。但是「慧苑」因為作《續華嚴經略疏刊定記》十五卷，與「法藏」的學說不同，被列為異說。

「慧苑」的弟子「法銑（ㄒㄧㄢˇ）」著《刊定記纂釋》二十一卷，他的弟子「澄觀」著《華嚴大疏》及《隨疏演義鈔》，皆力斥「慧苑」之作，以恢復「法藏」的宗旨。但是，「澄觀」的著作，仍然參雜有不少「禪宗、天台宗」的見解。

「澄觀」的上首弟子「宗密」，主張融合「華嚴」與「禪宗」，提倡「教禪一致」。

在「會昌禁佛」中，「華嚴宗」亦受打擊。宋初，「長水子璿」以弘傳「宗密之學」為主；至其弟子「淨源」時，「華嚴宗」始得中興。

「淨源」弟子「義天」本是「高麗王子」，「北宋」元佑初年，攜帶「華嚴宗」久已散佚的多種疏鈔來中國，使其得以複傳中土。三年後，「義天」攜帶佛典及儒書一千卷回國，「華嚴宗」遂傳入「高麗」。所以，「華嚴宗」和「天台宗」一樣，在「朝鮮半島」及「日本」有大批信眾。

之後，「道亭、觀複、師會、希迪」各作《華嚴一乘教義分齊章》的注解，世稱「宋代華嚴四大家」，繼有「義和、鮮演、戒環、祖覺」等相繼弘傳。

到了「元朝」，陳述《華嚴經》再加以發揮者，有「盤谷、文才、了姓、寶嚴、春穀、大同、

寶覺、善學、普瑞」。

「明朝」則有「圓鏡、祖住、明得、方澤、洪恩」等人，明末「袾宏、德清、智旭」，也都研習過「法藏、澄觀」的思想。

「明末清初」有「明源」及其弟子「續法」，都以振興「華嚴宗」爲己任。「清初」弘傳「華嚴宗」者，北方有「大義、來舟、通理」，南方有「巢松、一雨、蘊璞、昧智、心光、佛閑、讀徹、居士彭紹升」等人。「清末」的「楊文會」以及「月霞」，也都以弘闡「華嚴宗」著稱。

今日「台灣」的「華嚴宗」，「智光」師從「月霞」，與弟子「南亭」創立「華嚴蓮社」，設立「華嚴專宗學院」。

另外，「慧三」師從「常惺、應慈」等法師，創立「樹林福慧寺」。「海雲」繼「夢法」師從「夢參、欽因」等法師，於南投縣「鹿谷鄉」創立「大華嚴寺」。

十、俱舍宗

◆年代：南北朝（南梁）

◆別稱：無

◆屬性：有宗

◆教乘：小乘宗派

◆宗祖：眞諦、慧愷、道岳

◆依用經典：《俱舍論》

◆要義：由於《俱舍論》解釋「說一切有部」的重要宗義，詞不繁而義顯，義雖深而易入，簡明扼要，分析精緻。因而在「印度」曾獲得讚譽。特別是論中分析的「五位七十五法」，成了佛教教義的基礎，具有「小乘佛學概論」和「佛教百科全書」的性質。後來凡學習「小乘俱舍」的學者，無不以此「五位七十五法」作爲入門綱要。

《俱舍論》的「五位七十五法」，在「世親」改宗「大乘」後，被擴充爲「五位百法」，形成《大乘百法明門論》。此論在「印度」風行各地，引起「迦濕彌羅有部」學徒的激烈反對，「有衆賢論師」歷經十二年寫成二萬五千頌的《俱舍雹論》，即《順正理論》，以破《俱舍論》。對《俱舍論本頌》重新作了解釋，爲「婆沙師」辯護，駁斥「經量部之說」。又有節本《顯宗論》，重新訂正《俱舍論》原來的頌文。闡明「說一切有部」正宗主張，後來被稱爲「新說一切有部學說」。

另一方面，《俱舍論》也受到「世親」門人的高度重視，認爲破斥「婆沙師」的偏執，說有善巧，可作爲通向「大乘」的階梯之用，因而競作註疏，與「大乘論書」兼弘。

《俱舍論》的內容將「宇宙」分爲「五位七十五法」，並以「十八界」爲中心。「十八界」是指在我人一身中，「能依之識」、「所依之根」與「所緣之境」等十八種類之法。「界」爲「種類、種族」之義。謂十八種類「自性」各別不同，故稱「十八界」，又作「十八持」。

「十八界」即「眼、耳、鼻、舌、身、意」等「六根（能發生認識之功能）」，及其所對應之「色、聲、香、味、觸、法」等「六境（爲認識之對象）」，以及感官（六根）攀緣對境（六境）

所生之「眼、耳、鼻、舌、身、意」等「六識」，合爲十八種，稱爲「十八界」。

「十八界」中，除去「六識」，則爲「十二處」，而「六識」實際亦由「十二處」之「意處」所展開，依此，「十八界」或「十二處」攝盡一切法。

所謂「五位」即是「色法、心法、心所有法、不相應行法、無爲法」；其中「色法十一、心法一、心所法四十六、心不相應行法十四、無爲法三，共七十五法」。

「五位七十五法」是「俱舍宗」對「一切法」的分類。「一切事象」可分七十五種類別，概分之爲五大類。此「七十五種類別」與「種種形象」相應，即以「心」爲主體，由「相對關係」之立場而說明一切「現象」與「超現象」。即：

⑴色法（指一切物質）：即「眼、耳、鼻、舌、身」等感覺作用及其所對應之「色、聲、香、味、觸」，與不能表示其實體之「無表色」，凡十一種。

⑵心法（心的作用之主體）：一種，即「六識心王」。

⑶心所有法（略稱「心所」，即心之作用）：凡四十六種，概分爲：

①大地法（與一切心相應之作用）：有「受、想、思、觸、欲、慧、念、作意、勝解、三摩地」等十種。

②大善地法（僅與一切善心相應之心所）：有「信、不放逸、輕安、捨、慚、愧、無貪、無瞋、不害、勤」等十種。

③大煩惱地法（與一切不善心，及雖非惡非善，卻有礙於道的心相應之心所）：有「癡、放逸、懈怠、不信、惛沈、掉舉」等六種。

④大不善地法（與一切不善心相應之心所）：有「無慚、無愧」等兩種。

⑤小煩惱地法（與無明相應，而不能同時升起兩種以上之心所）：有「忿、覆、慳、嫉、惱、害、恨、諂、誑、憍」等十種。

⑥不定地法（不定相應，卽上述各心所之外者）：有「尋、伺、睡眠、惡作、貪、瞋、慢、疑」等八種。

(4)心不相應行法（非色法，亦非心、心所之存在）：有「得、非得、衆同分、無想、無想定、滅盡定、命根、生、住、異、滅、名身、句身、文身」等十四種。

(5)無爲法（本身旣無生滅之變化，亦不因任何作用而升起生滅變化）：有「虛空、擇滅、非擇滅」等三種。

又七十五法：

(1)若就「色、非色」分別：「色法」十一種爲色，餘六十四法是「非色」；

(2)若就「有對、無對」分別：「五根」與「五境」爲「有對」，餘六十五法是「無對」；

(3)若就「有爲、無爲」分別：前七十二法爲「有爲」，後三種是「無爲」；

(4)若就「相應、不相應」分別：「心」與「心所法」等四十七種爲「相應」，餘二十八種是「不相應」；

(5)若就「四大種所造、非所造」分別：「眼等五根」、「色、聲、香、味」及「無表」爲「所造」，「觸」通「所造、非所造」，餘六十四法是「非所造」。

(6)若就「諦、非諦」分別：七十三法是「諦」，「虛空」與「非擇滅」爲「非諦」。

「俱舍宗」屬於「小乘說一切有部」，以《俱舍論》爲主要經典，與「成實宗」同屬「漢傳佛教」中的「小乘」傳承。「成實宗」被稱爲「小乘空宗」，「俱舍宗」則被稱爲「小乘有宗」。

「俱舍」是梵語的音譯，意譯爲「藏」。《俱舍論》所依的《阿毗（ㄆㄧˊ）達磨俱舍論》，「阿毗」意譯爲「對」，「達摩」含義爲「法」，「俱舍」漢譯爲「藏」，全名譯成漢文就是《對法藏論》。「阿毗達摩」初譯「阿毗曇」，簡稱「毗曇（ㄆㄧˊ ㄊㄢˊ）」，「俱舍宗」以《俱舍論》爲名。

「俱舍宗」的前身爲「毗曇宗」，「毗曇宗」始於「南北朝」僧「伽提婆」與「竺佛念」，譯出《阿毗曇八犍度論（又稱《發智論》）》、《阿毗曇心》及《鞞婆沙阿毗曇論》，開始有「僧侶」學習「說一切有部」的論典。

研習「毗曇宗」最著名的是「梁代」的「慧集」，弟子「僧旻（ㄇㄧㄣˊ）、法雲」。與「慧集」同時期，在「北方」講習「毗曇宗」的，以「慧嵩、志念」最著名。後來，「眞諦」於「南方」譯出《俱舍論》，「慧愷」根據「眞諦」的講學，又編成《阿毗達磨俱舍釋論》。

其後，「法泰、智愷、智敫、靖嵩、道嶽」等人開始宏揚《俱舍論》，成立「俱舍宗」，「毗曇宗」也隨之併入。「慧愷」及「道嶽」爲「舊譯俱舍宗」重要的代表人物，「玄奘」也曾跟隨「道嶽」學習《俱舍論》。

至「玄奘」自「印度」返國，重譯《俱舍論》，並整理「說一切有部」各論書，傳於弟子「普光、法寶」，爲「新譯派俱舍宗」。

此時，「日本」學僧「道昭、智通、智達、玄昉」等，先後來到「中國」，從「玄奘」和「智

周」學習《俱舍論》，歸國傳授，建立「日本俱舍宗」，雖然多依附於「法相宗」之下，但歷代研習的風氣仍然極盛。

「唐朝」以後，由於「漢傳佛教」的僧團，更加重視「大乘佛法」，「俱舍宗」因而衰敗。不過，在「唐朝」時期，由於隨「日本」遣「唐使」被派遣往大唐的僧侶多從「俱舍宗」，「俱舍宗」在「日本」發展相對比在「中國」發達，並延續至今。

十一、毘（ㄆㄧˊ）曇宗

◆年代：「東漢」傳入，「南北朝」盛行。

◆別稱：毘曇學派、薩婆多宗、數論、數家、因緣宗

◆屬性：有宗

◆教乘：大乘宗派

◆宗祖：安世高

◆依用經典：《雜阿毗曇心論》（簡稱《雜心論》）

◆要義：「毗曇宗」的主要學說，爲「世間第一法」。根據「說一切有部」的諸論義旨，以「四諦」組織一切法義，並闡明「我空法有」及「法由緣生」而有「自性」之義。

「毘曇宗」的教義，主要以「說一切有部」的教旨爲基礎，主張「法體恆有、三世實有」，並肯定「諸法之多元存在」。

毘曇宗」又分「世間」爲「有爲法、無爲法」二類，解脫「迷的世界」的「有爲法」，卽可證得「悟的世界」的「無爲法」。「有爲法」包含十一種「色法」、六種「心法」、五十八種「心所有法」、十四種「不相應行法」；「無爲法」則分爲三種。

「毘曇宗」以「六因四緣」論諸法「生起之相」，故北魏「慧光」等稱之爲「因緣宗」。

「毘曇宗」立義的大要如下：

(1)主張「三世實有、法體實有、四大實有、諸根實有、人空法有」。

(2)主張於「死有」與「生有」之間，有「中陰」。

(3)立「退法阿羅漢」與「不退阿羅漢」兩種。

(4)主張「諸根」能照見「諸境」。

(5)主張「心所」有別體。

(6)主張「心與心所有相應」。

(7)主張「信勤唯有善性」。

(8)主張「無表色」攝於「色蘊」。

(9)主張「無表業」不通「意業」。

(10)主張「癡」爲「無明之體」。

(11)細分「五境」，且各有一定之名數，又立「四十六心所、六因、四緣、五果、染污無知、不染污無知」等，「五蘊」之順序爲「色、受、想、行、識」。

(12)將「五趣」至「阿羅漢果位」分成十二七種修行階位，稱爲「二十七賢聖」。

「毘曇宗」又稱作「毘曇學派、薩婆多宗、數論、數家」，屬於「小乘二十部」中的「薩婆多部」。「南北朝」時代，研習《阿毘曇心論》、《雜阿毘曇心論》等，「說一切有部（卽薩婆多部）」諸論的宗派；亦卽講究「舊譯論書」的學派，以「慧數」或「法數」爲基本，故又稱「數家、數論」。

「阿毘曇」略稱「毘曇」，意譯爲「大法」，指「可尊可讚之最究竟法」，包含「現象界」的分析觀察與「超經驗界」的證悟。此類「論書」爲諸「種論書」中最早傳入中國者。

根據《出三藏記集》卷二記載，東漢「安世高」時，卽譯有《阿毘曇五法行經》、《阿毘曇七法行經》、《阿毘曇九十八結經》等，可見此類「論書」研習之早。

至「前秦」末年，「僧伽提婆、僧伽跋澄」等相繼自「薩婆多部」的重鎭「罽（ㄐㄧˋ）賓」東來，傳入「阿毘曇諸論」，爾後講學日盛。「僧伽提婆」譯出《阿毘曇八犍度論》二十卷，「僧伽跋澄」譯出《雜鞞婆沙論》十四卷及《尊婆須蜜菩薩所集論》十卷。「道安」更深究「毘曇義趣」，除作「諸論之序」外，並撰《九十八結經進約通解》一卷，以弘宣「毘曇」。

「東晉」隆安元年（公元三九七年），「提婆」入「建康（今南京）」講「阿毘曇」，衆皆悅從，「毘曇講習之風」由是漸開。後來，陸續譯出《雜阿毘曇心論》。

「法顯」自「中印度」攜回同論的梵本六千偈，於「揚州（今江都）」與「佛陀跋陀羅」共譯爲十三卷，「伊葉波羅、求那跋摩、僧伽跋摩」先後補譯。

「北涼」亦有道泰，歷遊西域，攜回《婆沙論》的梵本十萬偈，與「浮陀跋摩」共譯。

總而言之，「南北朝時期」，「江南」多盛行「成實之學」，「北方」則偏重「毘曇」。其後，「隋朝」的「志念、神素」，「唐朝」的「道基」等，亦時加講述。

「毘曇」研習的衰頹，是自「陳朝」的「眞諦」翻譯出《立世阿毘曇論》十卷、《四諦論》四卷、《俱舍釋論》二十二卷等，「北齊」的「那連提黎耶舍」翻譯出《阿毘曇心論經》六卷，「唐朝」的「玄奘」翻譯出《發智論》二十卷、《大毘婆沙論》二百卷、《俱舍論》三十卷等，此等「新論」的研究突然勃興，而「舊譯諸論」的學習，則漸告不行，尤以《俱舍論》爲中心的「俱舍宗」崛起後，「毘曇宗」遂沒其跡。

「毘曇宗」的研究盛行於「南北朝時代」，尤以「南朝」的「梁朝」最盛，至「唐朝」諸師判其爲「小乘」後，研究者遂日益減少。

又由於「大乘佛教」的趨勢，《十地經論》、《攝大乘論》等的流布，及「三論學」逐漸興起等原因，亦促使「毘曇宗」的衰落，最後被「俱舍宗」所吸收。

十二、法相宗

◆年代：唐朝

◆別稱：唯識宗、慈恩宗、中道宗、瑜伽宗、應理圓實宗、普爲乘教宗、唯識中道宗、有相宗、相宗、五性宗

◆屬性：空宗

◆教乘：大乘宗派

◆宗祖：玄奘、窺基

◆依用經典：《瑜伽師地論》、《百法明門論》、《成唯識論》、《解深密經》、《五蘊論》、《顯揚聖教論》、《攝大乘論》、《雜集論》、《辨中邊論》、《唯識二十論》、《唯識三十頌》、《大乘莊嚴經論》、《分別瑜伽論》、

◆要義：

(1)三性說：「三性」即「遍計所執性、依他起性、圓成實性」。「無著、世親」等「瑜伽行派」認爲，「諸法實相」應有兩方面，既不是有「自性」，也不是一切都「無所有」，而是遠離「有無二執」以爲「中道」。這樣卽有「虛妄分別」與「空性」兩面：依「分別的自性說」爲「依他起性（相對眞實）」；依「分別的境說」爲「遍計所執性（妄想）」；又依「空性說」爲「圓成實性（絕對眞實）」。

「法相宗」繼承此說，並且結合「唯識說」，以爲「三性」也不離「識」，謂「諸識」生起之時，現似「見分」與「相分」，兩分是「依他」；「意識」從而周遍計度，執著爲「能、所」二取，則是「遍計所執」。

「法相宗」又用「唯識所現」，來解釋「世界」，認爲「世界現象」都由人的第八識「阿賴耶識」所變現，而「前七識」再據以變現「外境影像」，緣慮執取，以爲實在。又認爲在第八識「阿賴耶識」中，蘊藏著「變現世界」的「潛在功能」，卽所謂「種子」。其性質「有染有淨」，卽「有漏無漏」兩類。

「有漏種子」爲「世間諸法」之因，「無漏種子」爲「出世間諸法」之因。從而說明「未來出世者」，「種姓」有「聲聞、獨覺、菩薩」三乘之別，又有不定爲何乘的「不定種姓」與「三乘」也不得入的「無種姓」，因而建立「五種姓說」。這與向來所說「一切衆生皆有佛性」之說不同，是「法相宗」的中心思想之一。

⑵五重觀法：爲與「唯識說」相適應，主張用「唯識觀」。「窺基」在《大乘法苑義林章》的《唯識章》中特別提出「從寬至狹、從淺至深、從粗至細」的「五重唯識觀」。「五重觀」是：

①遣虛存實識：此觀「有情」的「遍計所執性法」，純屬「妄情臆造」，毫無事實體用，故應遣除；至於「依他性法」仗因托緣「依他」而有事實體用，是「後得智」之境，又「圓成性」是「諸法之理」，爲「根本智」之境，都不離「識」而應留存。是爲「唯識觀」的初步。

②舍濫留純識：雖然觀察「事理」皆不離開「識」，而此「內識」有「所緣相分」和「能緣見分」。攝境從心，並簡別有濫於「外境」，所以只觀「唯識」，爲第二步。

③攝末歸本識：攝「見分」和「相分」之末，歸結到「自心」體分之本。因「見分」和「相分」皆是「識體」所起，「識體」卽爲其本。今但觀察「識體」，爲第三步。

④隱劣顯勝識：隱藏「劣心所」，顯現「勝心王」。「心王」發起時，必隱「劣心所」，爲第四步。

⑤遣相證性識：「心王」猶屬「識相」，今遣「識相」而證「唯識性」，得「圓成實」之眞，爲「唯識觀」最究竟的階段，卽第五步。

(3)因明學說：「因明」原爲「瑜伽行派」所創立，「世親」門人「陳那」有更大的發展。「玄奘」在「印度」遊學時，曾到處參問「因明」，造詣極高。臨回國前，在「戒日王」所主持的「曲女城大會」上，立了一個「眞唯識量」，書寫在金牌上，經過十八天，沒有一人能駁倒它，創造了「因明」光輝的典範。

「玄奘」回國後，先後翻譯出「商羯羅」的《因明入正理論》和「陳那」的《因明正理門論》。門人競作「主疏（古書的註解和對註解的註釋）」，其中以「大莊嚴寺」的「文軌」和「慈恩寺」的「窺基」所作最爲流行。

「窺基」對「因明」作法，多有發展，主要有：區別「論題」爲「宗體」與「宗依」；爲照顧「立論」發揮自由思想，打破顧慮，提出「寄言簡別」的辦法；「立論」者的「生因」與「論敵」的「了因」，各分出「言、智、義」而成「六因」，正意唯取「言生、智了」；每一「過類」都分爲「全分的」和「一分的」，又將「全分的」和「一分的」分爲「自、他、俱」；推究了「有體」與「無體」。

(4)五位百法：「五位百法」是「法相宗」對一切「萬有諸法」進行的分類，共分爲五類：「心法、心所法、色法、心不相應行法、無爲法」，共計有百種法，所以稱爲「五位百法」。

(5)萬法唯識：「法相宗」依「唯識論」，說明「宇宙萬有」悉皆「心識」之動搖所現之「影像」，「內界」和「外界」，「物質」和「非物質」，無一非「心識」所變；「能變識」有八種「心識」，「所變法」則森羅萬象。

(6)種子現行：「百法」中，除「無爲法」之「六法」外，其餘之「因緣」所生「有爲諸法」，

皆從「種子」生起。「種子」於第八識「阿賴耶識」中，能生起「色法、心法」等萬千「諸法」之功能，猶如「草木的種子」。

(7)第八識「阿賴耶識」緣起：「宇宙萬有」皆由「識」所變現，「色境、聲境、香境、味境、法境」分別爲「眼識、耳識、鼻識、舌識、意識」所變現。乃至第七識「末那識」，恆以第八識「阿賴耶識」爲對象，變現「實我、實法」之影像。又「諸識」之轉變有「因能變、果能變」二種。「因能變」唯在第八識「阿賴耶識」，對此而立「阿賴耶」緣起之名。

(8)「四分」即：

①相分：一切所緣境，即外界之事物映現於心之影像。

②見分：「諸識」之「能緣」作用。即指「諸識」之「能緣作用」，爲認識事物之主體；亦即能「照知」所攀緣「對境（即相分，爲認識之對象）」之主體作用。

③自證分：證「知見分」之作用。亦即「心識」之「自體」，能證知自己「見分（認識活動）」，及「證自證分」的內在之作用。

④證自證分：更確認「自證分」之作用。亦即能攀緣、統攝「自證分」，證到更深一層的「主觀性、認識力」，哲學稱之爲「最高主觀統攝力」。

(9)三類境」即「性境、獨影境、帶質境」。

①性境：「能攀緣之心」對「所緣之境」時，唯以「現量」如實量知彼境之自相。

②獨影境：由於「能攀緣之心」妄想分別「所變現之境界」。

③帶質境：「境相」兼帶「本質」，即「主觀之心」攀緣「客觀之境」，雖有所依之「本

質」，而非爲「彼境之自相」。

⑽三性：一切「諸法」之「體性相狀」，有「遍計所執、依他起、圓成實」等三性。

⑾五性各別：一切「有情」本具「聲聞、獨覺、菩薩、不定、無性」等五種種性。

「法相宗」又名「唯識宗、慈恩宗、中道宗」，屬於「瑜伽行唯識學派」，由「玄奘」自「印度」傳入「中國」。傳承「彌勒菩薩」所創「唯識無境」的宗師，依次爲「無著、世親、陳那、護法、戒賢、玄奘、窺基、慧沼、智周」。「慈恩寺」與「西明寺」並爲「唐朝」時期，學習「唯識學」的重要道場。

「法相宗」是因爲剖析「法（一切事物）」的「相（相對眞實）」和「性（絕對眞實）」而得名；又因爲強調不許有「心外獨立之境」，亦稱爲「唯識宗」；又由於創始者「玄奘」及其弟子「窺基」常住「大慈恩寺」，故又稱爲「慈恩宗」。

「法相宗」認爲諸法「唯心所現、唯識所變」，主張「一切現象」皆是由「阿賴耶識（能產生因緣果報的心識）」依「三自性」而變化、顯現。

「印度」傳說「佛陀」滅後一千年中，「無著菩薩」由「阿逾陀國」講堂夜夜升「兜率天」，在「彌勒菩薩」面前，聽受「瑜伽論」，晝日宣說《瑜伽師地論》給大衆。之後，「無著」的弟弟「世親」，造「唯識論」，助成其義。

「唯識論」在「南北朝時代」的「後魏」，傳入「中國」，形成以《十地經論》爲主的「地論學」，代表人物是「菩提流支、慧遠」。其次是「梁陳之間」，以《攝大乘論》及其論釋爲主的「攝論學」，代表人物是「眞諦」。最後，則是以《唯識三十頌》和《成唯識論》爲主的唐朝「法相宗」，由「玄奘」得自「護法」的傳人「戒賢」。

「法相宗」以唐朝「玄奘」爲創始人，由其弟子「窺基」宏揚。「窺基」號稱「百部論師」，作註甚多，所及亦廣，門下更出「慧沼」，「慧沼」更傳「智周」。

「法相宗」的創始人「玄奘」，曾經遊學印度十七年，「玄奘」求經學於「中印度」的「那爛陀寺」，親學於「戒賢論師」。返回「中國」以後，開設「譯場」譯經。

先後翻譯出「瑜伽學系」的各論，並翻譯了《成唯識論》，奠定了「法相宗」的理論基礎。他的弟子「窺基、嘉尚、普光、神昉」等，對「法相宗」典籍作「註疏」，在理論上各有發揮。特別是「窺基」，得到「玄奘」的眞傳，融全貫通，加以發揚，有「百部疏主」之稱。

自「唐武宗」「會昌毀佛」之後，「法相宗」的傳承斷絕，僅有少數僧侶研習，經典大部份也散失。唐末以後，直到明末的約八百年間，僅有少數著作，如元朝「雲峰」的《唯識開蒙問答》二卷，「法相宗」卽逐漸衰微。

明末，「華嚴宗」的「魯菴普泰」兼弘「華嚴」和「唯識學」，北京「大慶壽寺」是當時的弘揚基地，開啟當時「唯識學」的研習風氣，其《八識規矩補註》是現存第一本《八識規矩頌》註解。

「雪浪洪恩」編輯出「相宗八要」，視爲「習相宗者之階梯」，其註疏本有「高原明昱」的《相宗八要解》和「蕅益智旭」的《相宗八要直解》。此時的僧人，因爲未能見到「窺基」等「法相宗」人的註疏，只能仰仗《宗鏡錄》等著作爲之作解，其作品被認爲有瑕疵或粗略。

「法相宗」依據《解深密經》無自性品，創立「三時教」，以判釋「釋迦牟尼佛」所說之教

法。「三時」卽「第一時有教」，「第二時空教」，「第三時中道」教；「前二時說」爲方便「未了義教」，止於偏有偏空，「第三時說」超越諸法最深遠不可思議「中道」眞實義之最極圓滿教，爲「了義教」。

第一時有教：爲破「異生實我之執」，於「鹿野苑」說《阿含經》等，昭示「四諦、十二因緣、五蘊」等法，是爲「初時我空之說」。

第二時空教：爲破除「諸法實有之執」，在「靈鷲山」等說《摩訶般若波羅密多經》等，開示「諸法皆空之理」，令「中根品」，悟彼法空，捨小取大，是爲「第二時法空之說」。

第三時中道教：爲破除「執著有空」，於《解深密經》等會，說「一切法」唯有「識」等，卽「心外無法」，破「初有執」；「內識」非無，遣執皆空；離「有無邊」，正處「中道」；是爲「第三時識外境空之說」。

此「三時教」的說法，有依「釋迦牟尼佛」說法的「年月先後」來區分的，稱爲「年月次第」；有依「了義與不了義」來區分的，稱爲「義類次第」；還有兼「年月次第」與「義類次第」來區分的。

十三、淨土宗

◆年代：東晉

◆別稱：淨宗、蓮宗、念佛宗

◆屬性：有宗

◆教乘：大乘宗派

◆宗祖：廬山慧遠、善導

◆依用經典：《無量壽經》、《觀無量壽經》、《佛說阿彌陀經》、《往生論》、《觀無量壽經疏》、《往生禮贊》、《觀念法門》、《法事贊》、《般舟贊》、《楞嚴經》中的《大勢至菩薩念佛圓通章》、《華嚴經》中的《普賢行願品》

◆要義：

「淨土宗」的教義很簡單，主要的宗旨是以「修行者」的「念佛行業」爲「內因」，以「阿彌陀佛的願力」爲「外緣」，內外相應，往生「極樂淨土」。

「善導」把「修行的方法」分爲「正行」和「雜行」兩類。「正行」又分爲「讀誦、觀察、禮拜、稱名、讚歎供養」等五種，此中又特別把「稱名」作爲「正業」，其他四種爲「助業」，顯出「正名」爲最重要。

「念佛的方法」共有四種：

(1)專念佛的名號，稱爲「持名念佛」；

(2)觀佛的塑像與畫像，稱爲「觀像念佛」；

(3)觀想佛的妙相，包括《觀無量壽經》的「十六觀門」，稱爲「觀想念佛」；

(4)觀佛的法身，即「諦觀實相」，稱爲「實相念佛」。

後世唯有「持名念佛」最爲流行，其與「善導」的大力提倡有直接關係，同時「信衆」認爲此法「下手容易」而且「成功機會高」。只要一心專念「阿彌陀佛」一尊佛的名號，就能往生「極樂淨土」。

但是，因爲「往生者」的「因行（卽因位修行，指六度、四攝等爲因位之修行。）」有勝劣，「往生之相」有等差，往生後「見佛成佛」有疾緩，從而分有上、中、下的「三輩九品」。「因位」是指「修行佛因之位」，亦卽未至「佛果」以前的「修行位」。

以「根、道、果」理論來說，「淨土宗」的「根」在於對於「阿彌陀佛」大願的全然相信；「道」則是「修行十善」及「持名唸佛」，以求往生「西方淨土」；其成就的「果」卽是在「臨終」時，得以往生「西方極樂世界國土」，不墮惡道，不受諸苦，但有衆樂。

「淨土宗」由於「修行方法簡便」，人人都能做到，故自「中唐」以後廣泛流行。「宋明」以後，與「禪宗」融合，其他如「律宗、天台宗、華嚴宗」等，也都兼修「念佛法門」。同時又很快普及於一般社會，有所謂「家家彌陀佛」的說法，一直流傳至今。

「淨土宗」是因爲專修往生「阿彌陀佛淨土法門」，以往生「極樂淨土」爲目的的宗派，故名「淨土宗」。「淨土」是指「淸淨國土、莊嚴刹土」，卽「淸淨功德」所莊嚴的處所。

又因爲「淨土宗」的始祖「慧遠」，曾經在「廬山」建立「蓮社」，提倡「往生淨土」，取義往生「西方淨土者」，皆由「蓮花」所化生，故又稱爲「蓮宗」，而「西方極樂國土」亦名「蓮邦」。

「淨土宗」特別以「稱念佛名」爲主要修行法，藉「阿彌陀佛本願」的「他力」，祈獲生於「西方極樂淨土」，故又稱「念佛宗」。

其實，「淨土宗」的實際創立者爲「唐朝」的「善導」，而且歷代祖師並沒有前後傳承的法統，都是後人根據其「弘揚淨土的貢獻」推戴而來。按照近代「印光」所撰《蓮宗十二祖贊》，以「慧遠、善導、承遠、法照、少康、延壽、省常、袾宏、智旭、行策、實賢、際醒」爲「蓮宗十二祖」。「前九祖」和《蓮宗九祖傳略》大致相同，後來「印光」也被其門下推爲「第十三祖」。

「淨土思想」起源於「印度」，在「東漢時期」，「淨土經典」開始傳入「中國」，「支婁迦讖」翻譯出《無量清淨平等覺經》、《般舟三昧經》等。後來，「竺法護」翻譯出《彌勒菩薩所問經》、《佛說彌勒下生經》，「支謙」翻譯出《大阿彌陀經》，「畺良耶舍」翻譯出《觀無量壽經》，於是在中國出現「淨土崇拜」的風氣。

「淨土崇拜」大致上分爲「彌勒淨土」和「彌陀淨土」兩種，「彌勒淨土信仰」由「道安」首創，一時盛行於「北魏」，「梁齊」期間還有所聞，不久卽衰微；「彌陀淨土信仰」開始於東晉「慧遠」，他於「東晉」太元十五年（公元三九〇年），在廬山「東林寺」建立「蓮社」，又稱爲「白蓮社」，參加的「僧人、居士」達一百二十三人。他們於「阿彌陀佛像」前，建齋立誓，專修「念佛三昧」，共同期待往生「西方極樂世界」。

此後，有「曇鸞」於「北方」專修「淨業」，創立「難行、易行」二道之說，主張以「彌陀如來」的「本願力」爲根本，爲建立「淨土宗」奠定了基礎。

「曇鸞」以後有「道綽」，曾經講《觀無量壽經》，以「小豆計數」近兩百遍，每日口誦「阿彌陀佛」，著《安樂集》二卷，建立「聖道、淨土」兩門，認爲只有「淨土」一門，是唯一的出離之路。

「善導」先到「玄中寺」聽「道綽」講「淨土要旨」，再到「長安」，在「光明寺、慈恩寺」弘揚「淨土教義」，繼承「道綽」的傳統，著有《觀經疏》，正式創立「淨土宗」。

「善導」以後，「淨土宗」繼續流傳，歷代名師輩出。先有「承遠、懷感、法照、少康」等繼續弘揚。以上被稱爲「善導流」或「善導系」。

另外，在唐朝「開元時期」，出現了「慈愍（ㄇㄧㄣˇ）三藏」即「慧日」，他曾由「南海」去「古印度」等七十餘國遊歷，學習「淨土經義」，凡十八年，著有《淨土慈悲集》、《般舟三昧贊》等，提出「禪淨一致」的「念佛禪」。

從「五代」至「宋朝」，「淨土宗」一直很盛行，它的信仰深入民間。「淨土宗」常常依附於「天台宗、禪宗、律宗」等諸宗。

「五代」末，有杭州「永明寺（淨慈寺）」的「永明延壽」，倡導「禪淨兼修」，著有《萬善同歸集》等，發揮「淨土思想」。

到了「宋元兩代」，「結社之風」盛行，出現了「白蓮社、淨業會、淨土會」等。專弘「淨土」著名的有宋初「省常」，元朝「普度」等。

明朝弘傳「淨土宗」者，有「袾宏、智旭」等；「清初」以來，則有「普仁行策、梵天實賢、資福際醒」等。近代的「印光」，專修「淨土宗」，創立「弘化社」，辦「靈巖淨土道場」，爲近代弘揚「淨土宗」的典範。

十四、密宗

◆年代：唐朝

◆別稱：密教、祕密教、密乘、秘密乘、瑜伽密教、金剛乘、眞言乘、眞言宗、怛特羅佛教。

◆屬性：空宗有宗兼具

◆教乘：大乘宗派

◆宗祖：善無畏、金剛智、不空、一行

◆依用經典：「密宗」典籍浩瀚，梵本傳世不多，但是「西藏」和「漢地」保存譯本頗多。漢譯「密藏經軌」計有四百部，六百八十一卷，經疏十四部，八十一卷，合計四百一十四部，七百六十二卷；「西藏甘珠爾」中收「密部經典」七百二十八部，「丹珠爾」收各種「經疏、儀軌、成就法」等計三千一百二十部，全部約合一百多萬頌，約當漢譯三千餘卷。「西藏」各派，關於「密宗」的著述數量，也非常龐大，目前尚無確切統計。「中國」保存的「密宗譯本」，不但數量巨大，質量亦甚高，是研究「印度密宗、中國密宗」的珍貴史料，「日本」和「西方國家」已經刊行很多校本，如《集密》、《攝眞實論》、《寶篋莊嚴》和《成就法鬘》等等。

「密宗」，亦稱「密教、秘密教、瑜伽密教、金剛乘、眞言乘」等。因爲「密宗」依「理事觀行」，修習「三密瑜伽（相應）」而獲得「悉地（成就）」，故稱爲「密宗」。

「印度」在最後一個時期的佛教，盛行「密教」，其教典總稱爲「怛（ㄉㄚˊ）多羅」。「密

教」視「宇宙」中的一切，皆爲「大日如來」所顯現，表現其「智德」方面者，稱爲「金剛界」；表現其「理性（本來存在之永恒悟性）」方面者，稱爲「胎藏界」。

「如來」內證之「智德」，其體堅固，不爲一切「煩惱」所破，猶如「金剛寶石」之堅固，不爲外物所壞，故「金剛界」具有「智、果、始覺、自證」等諸義。

反之，「如來」之「理性」存在於「一切之內」，由「大悲」輔育；猶如「胎兒」在「母胎」內，亦如「蓮花之種子」蘊含在「蓮花」中，是故譬之以「胎藏」，故「胎藏界」具有「理、因、本覺、化他」等諸義。

又「金剛界」若配以「五智」，卽分爲「佛、金剛、寶、蓮華、羯磨」等五部；「胎藏界」爲「導他之教」，若配以「大定、大悲、大智」三德，則分爲「佛、蓮華、金剛」三部。

若據《金剛頂經》所說，將「金剛界」以圖繪表示，稱爲「金剛界曼荼羅」；若據《大日經》之說，將「胎藏界」以圖繪表示，稱爲「胎藏界曼荼羅」。

「金剛界」和「胎藏界」兩界合稱「眞言兩部」，或稱「金胎兩部」，爲「密教」最根本之二面。

「密宗」的教義，認爲「世界萬物、佛、衆生」皆由「六大（地、水、火、風、空、識）」所造。前「五大」爲「色法」，屬於「胎藏界」。

「密教」在「教理」上，以「大乘中觀派」和「瑜伽行派」的思想爲其理論基礎，在實踐上則以「咒術、禮儀、本尊信仰崇拜」等爲其特徵。宣傳口誦「眞言咒語（語密）」、手結「契印（手式或身密，卽身體的姿勢。）」和「心作觀想（意密）」，「三密相應」可以「卽身成佛」。

另外，「密教」在修法的時候，建築「壇場（曼荼羅）」意爲「輪圓具足」，配置「諸佛菩薩」。

「曼荼羅」是「印度」的「密教」在修「密法」時，爲防止「魔衆」侵入，而劃圓形、方形之區域，或建立「土壇」，有時亦於其上畫「佛、菩薩」像，事畢像廢；故一般以區劃圓形或方形之地域，稱爲「曼荼羅」，認爲區內充滿「諸佛」與「菩薩」，故亦稱爲「聚集、輪圓具足」。

「密教」成爲獨立的思想體系和派別，一般認爲是在七世紀中葉，《大日經》和《金剛頂經》成立以後。《大日經》主要講述「密教」的「基本教義」、各種「儀軌」和「行法」、供養的方式方法。

《金剛頂經》以「大日如來」爲「受用身」，宣傳「五佛顯五智說」。所謂「五佛顯五智」，簡述如下：

⑴「中央」的「毗（ㄆㄧˊ）盧遮那佛（大日如來佛）」：化身「廣博身如來」，象徵「五智」中的「法界體性智」，又化育另外「四智」；

⑵「東方」的「阿閦（ㄔㄨˋ）佛」：化身「妙色身如來」，象徵「大圓鏡智」；

⑶「西方」的「阿彌陀佛」：化身「甘露王如來」，象徵「妙觀察智」；

⑷「南方」的「寶生佛」：化身「寶勝如來」，象徵「平等性智」；

⑸「北方」的「不空成就佛」：化身「離怖畏如來」，象徵「成所作智」。

「密教」認爲「五佛」皆是「毗盧遮那佛」所化現。「五方佛」各有不同的「方位、顏色、手印、坐騎」等，代表了「五種智慧」、「降服五毒」的功德，可以廣救「餓鬼」等一切衆生。

「密教」認爲五智」中，最重要的是「法界體性智」，除了「法界體性智」之外，其餘「四智」都是「唯識所轉」，採納了「瑜伽行派」的「轉識成智」的思想。

《金剛頂經》出現以後，「密教」被稱爲「金剛乘」。其後，從「金剛乘」中又分出一支稱爲「俱生乘」或「易行乘」。這派的經典，大多用「孟加拉」等地方語言寫作，其中很多是「導師」所傳的「歌訣」，主張「佛身四身」說（法身、報身、應身和俱生身），宣傳「自我（本性）」是「與生俱有」的性質，並且是實現的目的，在實踐上重視「導師的作用」和「秘密的儀式」。

「密教」在四世紀時，出現在「印度」，以《大日經》爲根本依據。由於在「修行方式上」，有很多不許公開的「秘密傳授」，以及充滿神秘內容的特徵，因而又被稱爲「密教」；之前的「佛教流派」，包括其他的「大乘佛教、上座部佛教」，則被稱爲「顯教」。

「密教」認爲自宗所詮解的教理最爲尊密，而鄙視其餘「諸大乘教派」爲淺顯，認爲「法身佛（大日如來）」所說的「金剛界」、「胎藏界」兩部教法，方爲佛自內證的境界，深妙奧秘，故以「密」自稱；又不得對「未灌頂人」宣示其法，故稱「密」。

「密教」最初流傳於「西南印度、德幹高原」，後來再向「南印度」和「東北印度」傳播，以「超戒寺」爲中心，獲得「波羅王朝」的支援而迅速發展。

在十一世紀，「西亞突厥系」的「伊斯蘭軍隊」侵入「南亞次大陸」以後，在「密教」中又出現了「時輪教」，有些學者認爲「時輪教」即是「俱生乘」。他們宣傳「現實存在」就像「時間的車輪」一樣，倏忽卽逝。「般若與方便二而不二」，只有信仰「宇宙」的「絕對者本初佛」，才能從「迷妄的世間」中解脫出來。

另外，宣傳佛教的理想國「香巴拉」的思想。在「時輪教」出現以後不久，「中印度」的「佛教寺院」受到「入侵軍隊」的徹底摧毀，「佛教」在「印度」也就消失了。

「印度密教」傳入「中國」，開始於「三國時代」，「密教」傳到中國之後，起先就大量吸收「中國道教」的內容。自二世紀中至八世紀中的六百年間，「漢譯佛經」中約有一百多部《陀羅尼經》和《咒經》，其中東晉「帛屍梨蜜多羅」翻譯的《大灌頂經》十二卷，初唐「阿地瞿多」翻譯的《陀羅尼集經》十二卷，屬於「陀羅尼」和「眞言」的彙編性質。

在此期間，「印度、西域」來「中國」的「譯師」和「高僧」也多精於「咒術」和「密儀」。「印度密教」分爲兩派，一爲「胎藏界」，一爲「金剛界」。「密宗」依《大日經》、《金剛頂經》等建立「三密瑜伽」，事理觀行，修習「無上本尊祕法」。

根據「佛書」記載，「西晉」永嘉四年（公元三一〇年）來「洛陽」的「佛圖澄」善誦「神咒」，能役使「鬼物」；大約於「北涼」玄始十年（公元四二一年）至「姑臧」的「曇無讖」，明解咒術，所向皆驗，西域號爲「大神咒師」；「北魏」永平初來「洛陽」的「菩提流支」也兼工「咒術」，莫測其神；「唐朝」的「玄奘、義淨」等，也都傳譯過「密法」，以上後世稱爲「雜密」。

但是，在「中國」弘傳純粹「密教」，並且正式形成宗派的，實際上開始於「善無畏、金剛智、不空」等人。

唐開元四年（公元七一六），「印度密宗」高僧「善無畏」攜帶梵本，經「西域」來到「長安」，深受「唐玄宗」禮遇，被尊爲「國師」。「開元五年」起，先後於「長安、洛陽」兩處譯出

「密教經典」多部。其中最重要的是於洛陽「大福先寺」，由其弟子「一行」協助翻譯出的《大日經》七卷，後來成爲「密宗」的「宗經」。

「一行」親承「善無畏」的講傳，又撰《大日經疏》二十卷、《攝調伏藏》等。他們師徒傳授以「胎藏界」爲主的「密法」，是爲「中國密教」正式傳授的開始。「一行」從此修習傳授形成「密宗」，被稱爲「密宗領袖」。

「善無畏」著名的弟子，除了「一行」之外，還有「溫古、智儼、義林」和「新羅」的「元超」等人。

「唐朝」開元八年（公元七二〇年），「印度密教」南高僧「金剛智」，經「南海、廣州」抵達「洛陽」，大弘「密法」。「金剛智」於「開元」十一年至十八年，先後在「長安」的「資聖寺、大薦福寺」翻譯出《金剛頂瑜伽中略出念誦法》等經軌四部，七卷。

「金剛智」的弟子「不空」，曾經奉師命赴「獅子國（今斯里蘭卡）」學習「密法」，回到「中國」後，先後在「長安、洛陽、武威」等地，翻譯出《金剛頂經》、《金剛頂五秘密修行念誦儀軌》等十一部，一百四十三卷。《金剛頂經》後來也成爲「密宗」所依的主要經典。他們的傳授，以「金剛界密法」爲主。

「不空」著名的弟子有「金閣寺含光」、「新羅慧超」、「青龍寺惠果」、「崇福寺慧朗」、「保壽寺元皎、覺超」，世人稱爲「六哲」。其中，以「青龍寺惠果」傳承「不空」的法系。「青龍寺惠果」曾經擔任「代宗、德宗、順宗」三代的「國師」，他的弟子有「爪哇僧辯弘、日僧空海」等。

「唐朝」的「印果長老」時，將「密宗」傳於日本「空海」。「日本密宗」，分爲「東密」與「台密」。包含「眞言宗、金剛頂宗、毗盧遮那宗、祕密乘、金剛乘」等宗派。

第三單元

「藏傳佛教」的歷史

「藏傳佛教」俗稱「喇嘛教」，是指傳入「西藏區」的佛教分支，屬於「北傳佛教」與「漢傳佛教」、「南傳佛教」並稱「佛教三大地理體系」，但以「密宗傳承」爲其主要特色。

所謂「佛教三大地理體系」，是以「地理位置」來劃分的「佛教派別」，最初爲「南傳佛教」和「北傳佛教」兩支。

由「古印度」向「南方」傳播到「斯里蘭卡、東南亞以及中國雲南」等地，以「上座部佛教」爲主的流傳，被稱爲「南傳佛教」，其經典多爲「巴利語」所寫，現在流行於「斯里蘭卡、緬甸、泰國、柬埔寨、寮國」等地。

由「古印度」向「北方」傳播，被稱爲「北傳佛教」，主要由「北方」經「絲綢之路」向「中亞、中國、朝鮮半島以及日本」等國傳播，其經典多爲「梵文」、「各種中亞文字」和「中文」。

自從「藏傳佛教」出現後，「南傳佛教」和「北傳佛教」的劃分法，改爲「南傳佛教」、「漢傳佛教」和「藏傳佛教」的劃分法。

按「教理」來劃分，「南傳佛教」卽是「上座部佛教」，而「漢傳佛教」和「藏傳佛教」同屬於「大乘佛教」。

這裡要說明一下「喇嘛教」，「喇嘛教」一詞是「漢族民間」，對「藏傳佛教」的簡稱，這種稱呼也被「歐洲」沿用。「喇嘛教」在「學術界」被認爲是一個輕蔑語或貶義詞，暗示這種宗教是

「喇嘛」捏造，而非傳承於「正統佛教」。因此，目前大多採用「藏傳佛教」來代稱「喇嘛教」。

不過，實際上「喇嘛」一詞，是對西藏「藏傳佛教」「僧侶」或「上師」的尊稱，例如「達賴喇嘛」。因此，「藏傳佛教」一直以來，因爲藏語的「喇嘛」翻譯爲「上師」，作爲俗稱或代稱。

而「藏傳密宗」以「上師」高於「佛、法、僧」爲「四皈依」，因此在民間的傳統上，仍然稱爲「喇嘛教」。但是，絕大多數正統的「藏學家」都認爲，「喇嘛教」這樣的稱呼極不嚴謹，屬於典型的「外來詞語」，故不再使用，一律稱爲「藏傳佛教」。

「佛教」在「西藏」，稱爲「藏傳佛教」。「藏傳佛教」的發展，分爲「前弘期」和「後弘期」。「前弘期」自七世紀至公元八三八年「朗達瑪禁佛」，大約兩百多年；「後弘期」開始於公元九七八年，至今已達千年之久。

「藏傳佛教」的發展歷史，簡述如下：

一、「藏傳佛教」的「前弘期」

「吐蕃（今西藏）」是七世紀初到九世紀中葉，存在於「青藏高原」的「藏人君主制國家」，由藏王「松贊干布」到「朗達瑪」延續兩百多年，鼎盛時期疆域囊括今中國西藏、青海、甘肅、四川康巴地區，天山以南新疆和雲南西北部，尼泊爾、不丹全境，以及中亞和印度北部部分地區。

在「佛教」傳入「西藏」之前，當地的宗教名爲「苯（ㄅㄣˇ）教」，是一種類似古代的「巫術」，以「占卜、祈福、驅鬼、治病」等事爲其主要活動。

西藏的「苯（ㄅㄣˇ）教」，是「原始社會」的一種「巫教」。因其所穿著的衣冠皆爲黑色，故俗稱「黑教」。此教崇拜「萬物有靈」，以「動物」爲犧牲以祈福消災、占卜吉凶、驅鬼避邪。依據「西藏傳說」，「苯教」開山祖師爲「雪拉巴」。最初流行於後藏的「阿里」一帶，後來傳佈至「西藏各地」，在「吐番王朝」前期，占有統治地位。

七世紀中葉，「佛教」傳入後，「苯教」曾與「佛教」長期對抗。八世紀後，由於「吐番王室」興「佛教」抑「苯教」，勢力漸衰。

後來，「苯教」吸收「佛教」部份教義，改《佛經》爲《苯經》，繁衍教理教義，成爲類似「藏傳佛教」的教派。十五世紀初，「宗喀巴」成立「黃教」後，因爲勢力幾達全「西藏」，「苯教」勢力僅殘存於「西藏」東部及北方邊地的「游牧民族」之間。

「佛教」出現在「西藏」，開始於「公元四世紀中葉」，藏王「拉托托日年贊」在位的時期。按照「藏族」的傳統，他是「吐蕃雅魯王朝」的第二十八任「贊普（藏王的歷代稱號）」，他是「吐蕃帝國」立國之君「松贊干布」的高祖父之父。

根據藏史《賢者喜宴》的記載，相傳在藏王「拉托托日年贊」六十歲時，得到從天而降的「佛經經咒、佛塔」等六種「佛教文物」，均裝在一個「寶篋（ㄑㄧㄝˋ）」內，傳爲《寶篋經》。

在這些「法器」中，其中一項是刻有「六字真言」的「嘛呢石」，另一件是《百拜讖悔經》；也有說包括了《佛說大乘莊嚴寶王經》、《十善業道經》、《諸佛菩薩名稱經》或《寶篋經》等。

「拉托托日年贊」也因爲供奉從天而降的這些「佛教法器」，而活了一百二十歲。當時他並不知道什麼是「佛教」，天空傳音說「五世」之後，就會知道這些器物的秘密。當時「吐蕃」沒有文字，又不知「佛教」，故不解爲何物，就以「金汁碧玉」供奉，稱之爲「年波桑哇」，意爲「尊嚴秘密」。這些被後世神化的「佛教文物」，可能是最早從外界傳入「吐蕃」的「佛教文物」，「藏史」大多以此「佛教文物」，作爲「吐蕃佛教」的開始。

「松贊干布」是「吐蕃雅魯王朝」的第三十三任「贊普」，也是「吐蕃帝國」的建立者，大約公元六二九年至六五〇年在位。「松贊干布」在位期間，繼承了父親的遺志，不斷的對外擴張，使「吐蕃」東面邊境與「唐朝、吐谷渾」接壤。「吐蕃」一躍成爲了「青藏高原」一帶的強國，根據《新唐書》的記載，「西域諸國共臣之」。

根據「藏傳佛教」文獻的記載，「藏傳佛教」開始於「公元七世紀中葉」。當時「西藏」的藏王「松贊干布」，先後娶了「泥婆羅（今尼泊爾）」的「赤尊公主」爲妻，和「唐朝」的「文成公主」爲妃。

在兩個妻子，「赤尊公主」和「文成公主」共同的影響下，「松贊干布」皈依了「佛教」，並爲「赤尊公主」攜帶的八歲等身「釋尊佛像」，建立「大昭寺」；爲「文成公主」帶去的十二歲等身「釋迦牟尼像」建立「小昭寺」。

「松贊干布」同時也從「尼泊爾」和「迦濕彌羅」等國，引進諸多經書、佛像和佛塔。他派遣大臣「吞彌．桑布扎」等十六人到「印度」學習「梵文」和「佛經」，回來後創造了「藏語文字」並開始翻譯了一些佛經。

「松贊干布」在「瑪布日山」上修建了宮殿，因爲「松贊干布」把「觀世音菩薩」當作自己的「本尊佛」，所以就用「佛經」中，「觀世音菩薩」的住地「布達拉」來給宮殿命名，稱作「布達

拉宮」。

「布達拉宮」是一座規模宏大的「宮殿式建築群」，於十七世紀重建後，成爲歷代「達賴喇嘛」的「冬宮居所」，爲「西藏」政教合一的統治中心。整座宮殿具有鮮明的藏族風格，依山而建，氣勢雄偉。

「松贊干布」與其王妃「赤尊公主」和「文成公主」三人，至今備受「藏族」尊崇，「藏人」堅信三人爲「觀音菩薩、白度母、綠度母」的化身。

「赤德祖贊（公元七〇四到七五五在位）」即位後，迎娶唐室「金城公主」入「西藏」。與「文成公主」入蕃時一樣，「金城公主」同樣攜帶了大量「唐朝」的經書、曆法書籍以及醫學著作。「金城公主」在「西藏」時，致力傳揚「佛教」、「儒術」及「漢醫」入「西藏」，此時「佛教」開始受到重視。

「赤松德贊（公元七五五到九七在位）」即位後，開始發展「佛教」，曾派人到「長安」取「佛經」及請「漢僧」，並邀請「印度佛教」通曉「三藏典籍」的「寂護大師」到「西藏」傳法。

但是，此時「西藏」仍有許多信仰「苯教」的信徒反對「佛教」。後來，「寂護大師」返回「印度」，敦請精通「眞言」的「蓮華生大士」，由「印度」進入「西藏」。

「蓮花生大士」來到「吐蕃」之後，示現多種「神通」，以「神通」戰勝了當地原生盛行的「苯教」的「巫師」。在折服「苯教」之後，同時也兼吸「苯教」的一些內容，並傳下大量珍貴的「密法」，開創了「西藏密宗」，爲「藏傳佛教」的開山祖師。

「寂護大師」及弟子「蓮花戒」，於公元七七九年建立了「吐蕃」第一座出家僧寺「桑耶

寺」，並爲七位「藏族貴族」剃度出家，此卽著名的「七覺士」，逐漸奠定「藏傳佛教」的基礎。

此時，「西藏」開始有「藏人」出家受戒。「赤松德贊」爲培育「翻譯人才」，先後派人到「印度」留學，又從「印度」請來「無垢友」及「法稱」等，開始翻譯佛典。後來，更下令「西藏」全區必需一律尊奉「佛教」，將「佛教」推向「吐蕃」宗教中的最高位。

當時，有一件「頓漸之爭」，值得一提。「唐朝」禪師「摩訶衍」，於公元七八一年奉詔進入「西藏」，宏揚「禪宗」。後來，與「寂護大師」的弟子「蓮花戒」進行辯論，史稱「頓漸之爭」、「桑耶論諍」或「西藏諍論」。

「摩訶衍」禪師的論點是：「成佛之道」應該通過「個人的頓悟」，此「頓悟」包括摒除「善、惡」在內的一切思考。

而「蓮花戒」認爲：任何人都不可能全部「摒除思考」，要求自己「不作任何思考的本身」，就是一種「思考」；他堅持只有經過「逐漸的修持」，才能取得成就，批評「頓悟派」不分別善惡、不累積善行，幻想「立地成佛」，這是不切實際的方法。

雙方相互爭辯，非常激烈。「摩訶衍」還一度占上風，但是最後敗北，被迫返回「中國」。藏王「赤松德贊」更是下令，不得再修「頓修法門」。

由於這場「頓漸之爭」，「漢傳佛教」敗北，所以「西藏王室」刻意壓抑「漢傳佛教」的影響力，使得「漢傳佛教」無法進入「西藏」。但是，在「西藏」固有的「大圓滿、大手印」傳承中，仍然可以看出它受到「漢傳佛教」影響的痕跡。

另外，還有一場「佛苯之爭」，最後造成「朗達瑪滅佛」事件。「佛教」傳入「西藏」之後，

與本土的「苯教」發生衝突，史稱「佛苯之爭」。

公元八四一年，藏王「赤祖德贊」在信奉「苯教」的貴族大臣，發動的政變中被殺，其兄「朗達瑪」被擁戴爲「贊普（藏王）」之後，禁止「佛教」在「吐蕃」境內流傳，寺廟被毀，佛經被焚，僧人被迫還俗或被殺害。

這使得「藏傳佛教」在往後的百年之間陷入了「黑暗時期」，史稱「朗達瑪滅佛」。經過這次的「禁佛運動」，至一百多年後，「佛教」才從「多康地區」重新傳入「西藏」，開始了「後弘期」。

所謂「多康地區」，是指傳統「西藏」有三個大地區：「衛藏、安多、康區」，在「吐蕃王朝」時期，這三個大地區，統稱爲「多康地區」。

二、「藏傳佛教」的「後弘期」

公元八四一年，藏王「朗達瑪滅佛」後，「西藏」長期處於內亂的分裂狀態，「藏傳佛教」中斷了一百多年，「衛藏」等地，都沒有出家的「僧伽（ㄙㄥ ㄐㄧㄚ，和尙）」。

公元八四三年，藏王「朗達瑪」被僧人「拉壠貝吉多吉」射殺。「朗達瑪」的兩個兒子「俄松」和「雲丹」在父親死後，又爲爭奪「贊普（藏王）」之位爆發了「伍約之戰」的內戰，掌握軍權的將領，也隨卽發生混戰，整個「藏區」分崩離析，而進入「群雄割據」的時代。

由於「統治集團」的混亂，在公元八六九年引起「平民百姓」的反上之亂，史稱「奴隸平民大起義」。公元八七七年，「起義軍」發掘「贊普王陵」，逐殺王室和貴族，「吐蕃王朝」徹底崩潰。「西藏」二百多年的統一局面，到此告終，「西藏正」式進入「分裂割據」的時代。

「吐蕃王朝」崩潰後，從公元八六九年到一二三九年的三百七十年當中，「青藏高原」上一直未能建立起大的「統一政權」，所以史稱「分裂割據時期」。

長期的內戰中，整個「西藏」形成許多互不相屬的「小國」，其中「俄松」之子「貝考贊」死於「農民暴動」中。「貝考贊」之子「吉德尼瑪袞」見大勢已去，便率領部下逃亡到「阿里地區」，於十世紀末，建立政權「古格王朝」；而「雲丹」的後裔，占據「拉薩」一帶，形成「拉薩王系」。

此外，在這些小國中，比較強大的是「唃廝囉國（ㄍㄨㄙㄌㄨㄛ，宗喀國）」。「唃廝囉國」曾經很強大，並與同樣是藏族祖先「羌族」的另一分支的「西夏党（ㄉㄤˇ）項人」長期交戰。公元一一〇四年，「唃（ㄍㄨ）廝囉國」被「宋朝」所滅。公元一一一六年，「唃廝囉國」的故地全境，改爲「宋朝」的郡縣。

整體而言，「西藏分裂時期」在「政治上」是各自爲政，在「文化上」卻是一個「百家爭鳴」的時代，各種學說、各種教派紛紛形成。對「西藏」未來的歷史，產生巨大的影響。「佛教」也是在這一時期，成爲主導整個「西藏」的宗教。

在「分裂初期」的戰亂過去之後，「佛教」又再度慢慢復興，並且眞正的「西藏化」，「宗教學者」將這次「佛教」的再復興，稱之爲「後弘期」。

在「後弘期」中，新譯的「經論」甚多，卷帙浩繁，堪稱完備。十四世紀後半葉，「藏族

學者」編成「藏傳佛教」的「經、律、論」總集《甘珠爾（教敕譯典）》和《丹珠爾（論述譯典）》。

《藏文大藏經》版本甚多，內容互異，其中以「德格版」爲現存最完好最正確的一部。「德格版」的內容分爲《甘珠爾》和《丹珠爾》兩部分，二十四類，其中「甘珠爾部」包括「律部、般若部、華嚴部、寶積部、經部（分大乘經與小乘經）、秘密部（分十萬怛特羅部、古怛特羅）」及「總目錄」等，凡一百函七百餘部。

《丹珠爾》是《藏文大藏經》的一部分，意思是「論述譯典」，「丹」意謂「論」，「珠爾」則謂「翻譯」。內容包含「印度諸論師之教語、注釋書、密教儀軌、記傳、語言、文字」等。《甘珠爾》未曾網羅者，包括「讚頌部、秘密部、般若部、中觀部、經疏部、唯識部、俱舍部、律部、佛傳部、書翰部、因明部、聲明部、醫明部、工巧明部、西藏撰述部、補遺經論部」及「總目錄」，總計二十三函，三千四百餘部。

「藏傳佛教」在「後弘期」的發展過程中，既吸收了「西藏」本地的「苯教」的東西，也吸取了晚期「印度佛教」的不少內容。因此，「藏傳佛教」便具有獨特的地方色彩，與其他地區，如：「中國」、「日本」、「泰國」所流傳的「佛教」有所不同，如「活佛轉世制度」以及「跳神」之類的宗教活動儀式等。

「藏傳佛教」的教義特徵爲：大小乘兼學，顯密雙修，見行並重，並吸收了「苯教」的某些特點。傳承各異、儀軌複雜、象設繁多，是「藏傳佛教」有別於其他「佛教」的一個顯著特點。

在九世紀中葉（公元八四二年到九七八年），「朗達瑪滅佛」之後，曾經有一段時間，「佛教」沉寂了。直到十世紀末，「佛教復興運動」漸起於「青海」與西部「阿里」地區。後來，由「西康地區」再度傳入「佛教」，「藏傳佛教」又得復甦。

據說當「朗達瑪滅佛」之時，有三名出家大學者，逃到「西藏」東部的「多康地區」。後來，有一名「青海」「宗喀德康」地方的「藏人」，跟隨這三個人出家，他就是「西藏後弘期」的著名人物「喇欽」。「喇欽」出家以後，就在「安多」的「丹底」授徒傳教，後來「丹底」成爲「安多」地區的一個佛教中心。

公元八四二年，「吐蕃王朝」滅亡後，末代贊普「朗達瑪」的曾孫「吉德尼瑪袞」率部將逃往西部「阿里地區」的「札達縣」境內，其後代建立了「古格、拉達克、普蘭」三個割據王朝。「吉德尼瑪袞」的第二子「德祖袞」成爲「古格王朝」的首領，稱爲第一代「阿里王」。「德祖袞」的長子「意希沃」，見當時「西藏」一些人修習邪術，危害人民，因此派「仁欽桑波」等，於公元一〇四一年，到「克什米爾」學法，又請「印度僧人」進入「西藏」，建立「戒律」傳承（上部律傳）。

「仁欽桑波」是「朗達瑪」六世孫「益希微」之子，也是阿里王「耶歇斡」的上師。「仁欽桑波」三次進入「克什米爾」學習「佛法」，師從七十五位「班智達（學識淵博的大學者）」。回「西藏」後，翻譯「顯教經典」十七部、論三十三部、「怛特羅（是密教的經典，又被稱爲『密續』。）」一百零八部。他和他以後的「譯師」，所翻譯的「密教典籍」，後人稱爲「新譯派」，他以前及吐蕃時代所翻譯的「密教典籍」，稱爲「舊譯派」。

「藏傳佛教」在「西藏」的傳法路徑，分爲「上路弘傳」和「下路弘傳」。

「上路弘傳」指的是「佛教」勢力，從「阿里」進入「衛藏地區」。對「佛教」的發展，做出貢獻的著名僧人有：「拉喇嘛意希沃、降秋沃、仁欽桑波、阿底峽」等。「仁欽桑波」翻譯了十七部「經」、三十三部「論」、一百零八部「怛特羅」，建寺一百零八座。「阿底峽」寫作《菩提道燈論》，對「藏傳佛教」理論的發展，做出了巨大貢獻。其弟子「仲敦巴」創立「噶當派」。同時他還是「觀音、度母信仰」的推動者。

「下路弘傳」指的是「佛教」勢力，從「安多」和「康區」傳入「衛藏地區」。主要人物有：「索南堅贊、賽尊、洛敦．多吉旺秋、卓彌譯師釋迦意希」等。

「藏傳佛教」常見的四個專有名詞「喇嘛、仁波切、活佛、達賴班禪喇嘛」，其意義如下：

(1)喇嘛：是「藏文」的音譯，該詞最初是從「梵文」義譯過來的，其本意爲「上師」；然而在「藏文」中，還含有「至高無上者」或「至尊導師」的意義。因此，後來隨著「活佛制度」的形成，「喇嘛」這一尊稱又逐漸成爲「活佛」的另一個重要稱謂，以表示「活佛」是引導「信徒」，走向成佛之道的「導師」或「上師」。

(2)仁波切：是「藏文」的音譯，意指「珍寶」或「寶貝」。這是廣大「藏族」信教群衆，對「活佛」敬贈的最親切、最爲推崇的一種尊稱。廣大「藏族信徒」在拜見或談論某「活佛」時，一般稱「仁波切」，而不稱呼「活佛」系統稱號，更不直接叫其名字。在「活佛」的多種稱謂中，「仁波切」是唯一普遍使用的一種稱呼。

(3)活佛：「弟子」認爲他們在「圓寂」之後，能夠通過「寄胎轉世」，復接「前生之位」，故稱爲「活佛轉世」，爲「藏傳佛教」特有的制度。此制度創始於十三世紀「噶舉派」的「都松欽巴大師」。「格魯派」興起後，嚴禁僧人娶妻，自「達賴三世」開始，採用「轉世制度」，解決「宗教領袖」的「繼承問題」。「活佛」在「藏傳佛教」裡，具有很高的地位，他是「政教合一」政權的最高代表，又是人民的精神領袖，其中最有影響的「活佛」，是「達賴」和「班禪」二大「活佛系統」。

(4)達賴、班禪喇嘛：是由「宗喀巴」弟子「根敦朱巴」與「克主傑」開始，各自形成的兩大活佛轉世系統「達賴」與「班禪」，而後代代相傳。「達賴」是「蒙古語」，「大海」之意；「喇嘛」爲「西藏語」的音譯，「上人」之意。合之則是「統治西藏的法王」之意。「達賴喇嘛」自第一世以來，就被視爲「觀音菩薩」的化身，住於「布達拉宮」，受到全藏的尊崇。「班禪」，爲「西藏語」的音譯，意思是「大博學者、大智慧者」，「藏人」認爲「班禪」是「金剛」的化身，或是「阿彌陀佛」化身，歷代「班禪」大多住於「日喀則」的「札什倫布寺」，在政治上擁有「後藏政權」。

公元一〇四一年，阿里王「意希沃」迎請「印度超巖寺」的尊者「阿底峽」到「西藏」，「阿底峽」被其盛情所感動，於隔年以六十一歲的高齡到「西藏」宏法。首先，復興「戒律」，並提倡正統的「印度佛教」，撰著《菩提道燈論》，確定「修行次第」從此，邁入十一世紀中葉至十五世紀的「後弘期」佛教。

「阿底峽尊者」是「藏傳佛教」，在「後弘期」迎請入「西藏」的偉大的大師。他入「西藏」之後，主張修持「大乘佛法」，應該「先顯後密」，對「西藏佛教」發展的歷史上有重大的貢獻，後人尊稱爲「覺沃杰」，即「佛尊」的意思。他主要的貢獻可歸納二點，就是「教理系統化」和

「修持規範化」，對以後的「西藏佛教影」響巨大。

「阿底峽尊者」還協助「仁欽桑波」等譯師，翻譯「顯密經論」，並爲僧人講解「顯教經論」及「傳法灌頂」。

公元一〇四五年，「阿底峽尊者」應「衛藏僧人」請到「衛藏」傳法，住「衛藏」九年，卒於公元一〇五四年。其弟子「仲敦巴」於公元一〇五六年建立「熱振寺」，由此建立「噶當派」。

「阿底峽尊者」師徒所宣揚的教義，不僅影響當時的「佛教」各派．而且成爲後來「宗喀巴大師」創立「黃教（格魯派）」的淵源。「宗喀巴大師」以「阿底峽尊者」所撰的《菩提道燈論》爲宗，著成了《菩提道次第廣論》和《密宗道次第廣論》，成爲「格魯派」的理論基礎。

在十到十三世紀，「佛教」在「西藏」非常興盛。在「譯經方面」，有很大的成就，此時期大約有「譯師」一百七十人左右，包括大譯師「瑪爾巴」。此時期，亦出現了不同的「教派」傳承。

此外，這個時期的「興佛活動」比較分散，因而陸陸續續形成許多教派，如：白教（噶舉派）、花教（薩迦派）、紅教（寧瑪派）、黃教（格魯派）、噶當派、希解派、覺宇派、覺囊派等等。

公元一二六〇年，宋元之際，中統元年「元世祖」封「薩迦派」法王「八思巴」爲國師，授與玉印，統領「吐蕃」。於是，「薩迦派」在當時成爲「吐蕃」的政治與宗教領袖，稱爲「薩迦巴」。

公元一二七〇年，「薩迦派」第五代法王「八思巴」，也被認爲是「達賴喇嘛」的前世之一，被元朝「忽必烈」尊之爲「帝師」，統轄「西藏政教」，開始了「西藏地方政教合一」。「八思巴」在「元朝」的支持下，統一「西藏」，結束了長期分裂的局面。這時，「佛教」東山再起，蓬勃發展，寺廟恢復，僧人猛增，香火興旺。

公元一二七一年，蒙古大汗「忽必烈」定國號爲「元」，「烏思藏（今西藏中部、西部及其迤西地區）、朵甘」等地，成爲統一的多民族的「大元帝國」的一部分，「西藏地方」從此正式納入「中國」的直接管轄之下。

元末明初，「帕木竹巴」取代了「薩迦巴」的勢力，「帕竹」的「噶舉派」及其支派也在「帕竹統治時期」興盛起來。

隨著「噶舉派」勢力逐漸抬頭，公元一四〇七年（明永樂五年）「明成祖」冊封「噶瑪」的「噶舉派」第五世法王「得銀協巴（哈立麻）」爲「大寶法王」，而「大寶法王」這個封號，至今也一直被「噶瑪」的「噶舉派」歷代法王所專用。

「藏傳佛教」傳播的另一個高潮，相當於「明神宗」時代。蒙古「土默特部」的首領「俺答汗」與第三世「達賴喇嘛」「索南嘉措」在「青海」的「仰華寺」會面，「俺答汗」給予上「達賴喇嘛」的尊號，成爲「藏傳佛教」再次傳入「蒙古」的契機。到十七世紀中期，大漠南北的大部分「蒙古人」已經信仰「藏傳佛教」。此時新起的「格魯派」聲勢也發展迅速，並不斷擴展。

十五世紀初，「宗喀巴大師」進行「宗教改革」，創立「格魯派（黃教）」。「宗喀巴大師」在四十二歲時，得到「佛護」的《中論釋》，認識到「月稱」和「清辯」兩家見解的異同，了悟到「緣起性空」，提倡「中觀應成」，並依此批判當時「西藏」流行地各種「中觀學說」，主張「一切法唯名分別安立」，建立他在「中觀思想」方面的獨特主張。

「宗喀巴大師」的弟子「克主傑」開「班禪轉世」之先河，其弟子「根敦朱巴」即「達賴轉世」之初尊，「宗喀巴大師」是「藏傳佛教」一代祖師，被「藏族人」認爲是「文殊菩薩」的化身。

關於「活佛的轉世制度」，發端於十二世紀初。公元一一九三年，「藏傳佛教」「噶瑪噶舉派」的創始人「都松欽巴大師」，臨終時口囑他將轉世，後人遵循大師遺言尋找並認定轉世靈童，從而開了「藏傳佛教」「活佛轉世」之先河。

此後，「活佛轉世」這一新生的宗教制度，相續被「藏傳佛教」各宗派所普遍採納，並在長期的發展過程中，逐步形成了對於「活佛轉世靈童」的尋找、認定、教育等一整套嚴格而系統的制度。使「活佛世系」像雨後春筍般地，在「青藏高原」出現。據估計，整個「藏傳佛教」「活佛」的總數可達近萬人。

另外，在「藏傳佛教」各宗派中，分別產生了不同的各類「活佛系統」，而且每個「活佛系統」的「稱謂」，各有自己特殊的「因緣」和「象徵意義」。

公元一六五二年，「藏傳佛教」的「格魯派」第五世「達賴喇嘛」應召到「北京」覲見清世祖「順治皇帝」，次年受到「清朝」正式冊封；後來，第五世「班禪」又受到「康熙皇帝」的冊封。「達賴喇嘛」和「班禪額爾德尼」的封號，和他們在「西藏」的政治宗教地位，由此被正式確立。此後，歷世的「達賴、班禪」必須經「中國政府」冊封遂成定制。公元一七二七年，「雍正皇帝」正式設立「駐藏大臣」處理「西藏」事務。

公元一九一一年，「辛亥革命」推翻了「滿清王朝」，次年建立了「中華民國」。《中華民國臨時約法》中明文規定：「西藏」是「中華民國」二十二行省之一。此後，正式頒佈的《中華民國憲法》等法律法規，也都明確規定「西藏」是「中華民國」的一部分。

公元一九一二年，「民國政府」設立管理「蒙藏事務」的中央機構「蒙藏事務局」，公元一九一四年，改稱「蒙藏院」。公元一九二九年，「蒙藏院」改制爲「蒙藏委員會」。公元一九四〇年，「蒙藏委員會」在「拉薩」設立「駐藏辦事處」，作爲中央政府在西藏的派出機構。第十四世「達賴喇嘛」的「認定、坐牀」也是經當時「中華民國國民政府」批准的。

「民國時期」的歷屆「國民大會」，「達賴喇嘛」、「西藏地方政府」和「班禪額爾德尼」都派有代表參加，並被選舉或委任各種「國家公職」，參與國家事務管理。

今日，「藏傳佛教」已經是「青藏高原、內蒙古、尼泊爾、不丹、蒙古國、卡爾梅克共和國（位於裡海沿岸）、西伯利亞南部」，特別是「布里亞特共和國」和「圖瓦共和國」最重要的宗教。印度「錫金」和「拉達克地區」這些以前的獨立王國，民衆也以信仰「藏傳佛教」爲主。

第四單元

「藏傳佛教」的派別

「藏傳佛教」是「中國佛教」三大系統（南傳佛教、漢傳佛教、藏傳佛教）之一，「清代」以來的「漢文文獻」中，又稱之爲「喇嘛教」。

「藏傳佛教」有兩個含義：

⑴是指在「藏族地區」形成，和經由「藏族地區」傳播並影響其他地區，如「蒙古、錫金、不丹」等地的「佛教」。

⑵是指用「藏文、藏語」傳播的「佛教」，如「蒙古、納西、裕固、土族」等民族，即使有自己的語言或文字，但是講授、辯理、念誦和寫作，仍然用「藏語」和「藏文」，故又稱爲「藏語系佛教」。

現代「藏傳佛教」的派別，主要是在「後弘期」中逐漸形成的。主要分爲四大「主流派別」，分別爲：「寧瑪派、噶舉派、薩迦派、格魯派」。

這四個「主流派別」，因爲其「服飾」及「建築物」之特色，而常被稱爲「紅教、白教、花教、黃教」。其中，「寧瑪派」是「藏傳佛教」中歷史最悠久的派別。另外，也介紹「噶當派、覺朗派、苯教」三個次要的派別。

「佛教」在「吐蕃」逐漸發展成，獨具「高原民族特色」的「藏傳佛教」，而且從十一世紀開始，陸續形成各種支派，主要有「寧瑪派、噶當派、薩迦派、噶舉派」等前期四大派，和後期的

「格魯派」等。

到了十五世紀初，「格魯派」興起後，「噶當派」則併入「格魯派」，而不單獨存在。「格魯派」形成之後，「藏傳佛教」的派別，才最終定型。

「藏傳佛教」的特點，在於各派別之間的差異。由於「不同的師承、不同的修持教授、所依據不同的經典、對經典的不同理解、不同的地域、不同的施主」等因素，而形成衆多派別。

十三世紀，「回教徒」入侵「印度」，大量「僧侶」逃亡入「西藏」，「印度」後期學術中心「超戒寺」的經論，幾乎全部移入「西藏」。「藏傳佛教」雖然「顯、密」皆傳，卻以「密教」爲盛。

另外，有從「尼泊爾、青康」等地，進入「西藏」的「僧侶」，因爲「流派」傳承的不同，一些「高僧大德」便對「佛教教義」的理解和看法，進行著述立說，自成體系，因而逐漸形成「宗教教義」與「修行方法」不同的教派，這是「後弘期」的特色。

一、寧瑪派（紅教）

「寧瑪派」是「藏傳佛教」最古老的一個派別，「寧瑪」的藏語意爲「古、舊」。「寧瑪派」以傳承弘揚「吐蕃時期」譯傳的「舊密咒」爲主，故稱爲「舊」。

「密教」有新舊之分，「蓮花生」傳授的是「舊密咒」，「後宏期」的「仁欽桑布」所傳授的是「新密咒」；其法統與「吐蕃時期」的「佛教」，有直接的傳承關係，歷史淵源早於「後弘期」

出現的其他教派，故稱為「古」。

「寧瑪派」通稱「舊譯密咒派」，它是最早傳入西藏的「密教」，並且吸收原始「苯教」的一些內容，重視尋找和挖掘古代「朗達瑪滅佛」時，所藏匿的經典。由於該教派僧人只戴「紅色僧帽」，所以又稱為「紅教」。

「寧瑪派」起源於「吐蕃時期」，藏王「赤松德贊」從「印度」邀請來的「蓮花生大師」。「蓮花生大師」為「寧瑪派」的祖師，重密輕顯，以「無上瑜伽」為究竟，根本教義為「大圓滿法」，「大圓滿法」的意思是說：「迷卽衆生，悟卽聖佛。」，源自於「印度佛教」的「如來藏佛性學說」。

接著，在十一世紀時，由「大素爾（索爾波且．釋迦迥乃）」、「小素爾（索爾迥喜饒扎巴）」、「卓浦巴（釋迦僧格）」等，「素爾家族」的三人，依照「蓮花生」所傳入的「密咒」及「伏藏經典」所創立的一個派別，創立於十一世紀，興盛於十七世紀。

「寧瑪派」是「藏傳佛教」的法源，它深奧的「大圓滿」教法和其它的一些教法系統，使其聲名大噪。

在「寧寧瑪派」之後，才依次分演出「噶舉、薩迦、格魯」等諸派別。因此，可說「寧瑪巴之法」是「藏傳佛法之母」，而這所有「寧瑪之法」又源於「蓮華生大士」，「蓮華生大師」是「釋迦、彌陀，觀音」三者的化身，他將「佛法」成功地傳入「西藏」。

「蓮華生大師」可說是「密教」的大成就者，他以「神咒」降伏「惡魔妖怪」，無不降服，並帶來「陀羅尼」及「眞言儀軌」，且同行的二十五位弟子，各各均能降妖除魔，這剛好符合了西藏原始宗教「苯教」的傳統。

「蓮華生大師」並不反對「苯教」，以「神通」來解救民間疾苦，而且當其施救後，並不誇其恩德。因此，使得「西藏民衆」能導向「佛教」，他一方面對「藏人」施恩，一方面對境內的「妖魔鬼怪」加威，護持佛法，厥功甚偉。

「蓮花生大師」所持的學說，爲「中觀」而「密乘」者，故一般將他定位爲「中觀自立派（清辨派）」。根據各家的「西藏佛教史」，「蓮華生大師」爲「西藏古派密教」的始祖，而所謂的「古派」，就是指「紅教」的「寧瑪派」，而一般認定他爲「紅教始祖」，卽因爲「蓮華生大師」，本身集譯出有《金鋼緊行根本咒》，其弟子「巴爾杰桑吉」，又爲之開講「空行母火焰熾盛咒」的緣故。

由於「寧瑪派」在早期採取「秘密單傳」，所以沒有「寺院僧侶組織」和構成教派的「系統教義」。到了十一世紀後，才開始有了「紅教寺廟」，並逐步整理「寧瑪派經典」，也才正式形成爲一個教派，尊「蓮花生」爲祖師。

一直到十六、十七世紀，才有較具規模的寺院，後來在「第五世達賴喇嘛」的支持下，得到較大發展。近代的「麥彭仁波切」對「顯密教理」，做了極多的闡述。

「寧瑪派」著名的寺廟，有「西藏」的「多吉扎寺、敏珠林寺」，「四川」的「噶託、竹慶、白玉、協慶」等寺。

「寧瑪派僧徒」可以分兩大類：

⑴第一類稱「阿巴」，專靠「唸經唸咒」，在社會上活動，不注重學習佛經，也無佛教理論。

⑵第二類有經典，也有「師徒傳授」或「父子間傳授」。某些地方對僧侶的要求不甚嚴格，可以娶妻生子。

「寧瑪派」的傳承，主要分爲「經典傳承」和「伏藏傳承」兩部分。十四世紀之後，「經典傳承」卽不見史載，由「伏藏傳承」取而代之。

「伏藏」是在「前弘期」時，「蓮花生」等「密教高僧」所埋藏的「密教經典法門」，在「後弘期」時，發掘出來弘傳於世。「藏傳佛教」各宗派都有「伏藏」，但是以「寧瑪派」最重視，甚至有「南藏、北藏」之分。

「大圓滿法」卽爲「寧瑪派」獨有的特殊「伏藏法」，「寧瑪派」最爲注重修習「心部」的「大圓滿法」，主張「人心本自清淨，三身圓滿，不假造作，本自現成。」，修習的關鍵僅是「消業淨習」，卽可「契證本性，圓滿佛事」。

「寧瑪派」的教法，主要爲「九乘三部」。「九乘」卽「聲聞、獨覺、菩薩」等「顯教三乘」，「事續、行續、瑜伽續」等「外密三乘」，「摩訶瑜伽（大瑜伽）、阿魯瑜伽（隨類瑜伽）、阿底瑜伽）（最極瑜伽）」等「內無上三乘」。其中的「阿底瑜伽」，就是指「大圓滿法」。

自「第五世達賴」開始，歷屆「西藏地方政府」，每逢戰爭、災荒、瘟疫等，都要請「寧瑪派僧人」作法禳解，「寧瑪派高僧」曾經一直作爲「噶廈政權」的專門「祈禱師」，負責「占卜問卦」。

「寧瑪派」在十四紀就已傳播到「不丹、尼泊爾」，如今，「紅教」不僅在「中國藏區」傳

播，在「印度、比利時、希臘、法國、美國」等，都建有「寧瑪派寺廟」，並不斷出版有關教義的著作。

二、噶舉派（白教）

「噶舉派」是「藏傳佛教」支派最多的教派，「噶舉」是藏語，「噶」意爲「佛語」；「舉」意爲「傳承」。「噶舉」意爲「口授傳承」，謂其傳承「金剛持佛」，親口所傳授的「密咒教義」。

「噶舉派」在西元第十一世紀中期創立，創立者爲大譯師「瑪爾巴」及其弟子藏族詩聖「密勒日巴」。因爲，該派僧人按「印度教」的傳統，穿白色僧衣，故稱爲「白教」。

「噶舉派」的支系衆多，有「達波噶舉」和「香巴噶舉」兩大傳承。

「達波噶舉系統」的創始人是「達波拉結」，但是淵源卻可以追溯到「瑪爾巴、米拉日巴」師徒。「達波拉結」是「米拉日巴」的「上首弟子」之一，公元一一二一年，在「達布」建立「岡布寺」，收徒傳法。他融匯「噶當派」的《道次第》和「米拉」的《大手印》教授，寫成《道次第解脫莊嚴論》，逐漸形成獨特的風規，而成爲「達布噶舉派」。

後來，「達波拉結」的衆多門徒，發展出更多的支系，通常有「四系八支」之稱，遍佈於「藏區」等地，至今未衰。四大派系卽：「噶瑪噶舉、採巴噶舉、跋絨噶舉、帕竹噶舉」。

其中「帕竹噶舉」一系又分出八小派，卽：「直貢噶舉、達隆噶舉、竹巴噶舉、雅桑噶舉、措

普噶舉、休色噶舉、耶巴噶舉、瑪倉噶舉」。

「達波噶舉」中的「帕竹噶舉、噶瑪噶舉」的上層，曾受「元、明」兩朝的冊封，相繼執掌「西藏地方政權」。

十三世紀時，「達波噶舉派」首創「活佛轉世」的繼承方式，此後，被「藏傳佛教」各派普遍採用。

「格魯派」興起後，「噶舉派」中僅有「止貢、噶瑪、達隆、主巴」四個支系保有一定勢力。

「香巴噶舉系統」的創始人是「瓊波南交巴」，故也稱爲「瓊布噶舉」，「瓊波南交巴」曾經遠赴「印度」向「尼古瑪」等人學法。因爲「瓊波南交巴」在「後藏」的「香地區」廣建寺廟，傳法講道，故稱爲「香巴噶舉派」。

後來，「瓊波南交巴」的弟子修建了「甲寺」與「桑頂寺」，所以又分成「甲寺、桑頂寺」二派。

「西藏」唯一的女活佛「佛多吉帕姆」，就屬於「桑頂寺」活佛世系。在該教派中，也有位「湯東杰布」的僧人，以「演藏戲募捐」在「西藏」各河流上建立百餘座「鐵索橋」而聞名。該教派後來融入「達波噶舉」中。

「香巴噶舉」到十四、五世紀就消聲匿跡，而「達波噶舉」一直延傳至今。

「噶舉派」主要的寺院有「西藏」「墨竹工卡」的「止貢寺」、「四川」「德格」的「八邦寺」等。

「噶舉派」主張「顯密兼修」，但是較偏重「密教」，主要的學說是「月稱」的「應成中觀派思想」，採取「口耳相傳」的傳授方法，曾融合「噶當派教義」。修習上，「噶舉派」注重「修身」，主修「大手印法」。

「噶舉派」各支系所奉行的教義爲「大手印法」，「大手印法」是「噶舉派」特殊的教法。「手」是「空性智慧」的意思，「印」是「從輪迴解脫」的意思。

「大手印」又分爲「顯教大手印法」與「密教大手印法」二種，「顯教大手印」爲「修心法門」，修的是「空性大手印」，它要求「修行者」要「心住一境」，不分別「善惡美醜」，以得「禪定」。

「密教大手印」爲「修身法門」，「密教大手印」則以「空樂雙運」爲道，分爲「實住太平印、空樂大平印、光明大手印」等。「空樂大平印」修身的方法有四種，最主要的目的是通過對人體「呼吸、脈、明點（心）」的修煉，而達到一種最高境界。

三、薩迦派（花教）

「薩迦派」中的「薩迦」是「藏語」，意爲「灰白色的土地」，因爲該派創建的主寺「薩迦寺」，建寺的所在地呈現「灰白色」而得名。又由於「薩迦派」的寺院圍牆上，塗有象徵「文殊菩薩、觀音菩薩、金剛手菩薩」的「紅、白、黑」三色花條，故又稱爲「花教」。

「薩迦派」是「藏傳佛教」中，最具有影響力的教派。「薩迦」派形成於十一世紀後期，從十三世紀到十四世紀的一百多年間，該教派在「西藏地方」，占據了統治的地位，並在「元朝」的

支持下，建立了「薩迦政府」，管理「全藏事務」。

「薩迦派」在「顯教」方面注重「經論」的翻譯及辯經，「顯教」方面有兩個傳承，一個倡導「唯識見」，傳授「法相學」；一個主張「諸法性空」，傳教「中觀應成學說」。

「薩迦派」的創始人爲「貢卻傑布」，他是「吐蕃」貴族「昆氏家族」中，最早剃度出家的「七覺士」之一的後裔。他以「瑜伽行中觀派」的見解爲主流，盛行「唯識、中觀」的研究。

「貢卻傑布」幼時隨父學習「舊密法」，後來到「紐古隆」拜「卓彌．釋迦益西」爲師，學習「新密法」，創立了自己的一套教法，於公元一〇七三年在「仲曲河谷」的「薩迦」建寺，開始形成「薩迦派」。「貢卻傑布」從一開始就決定，「法王」以「家族相傳」的形式，向下延續，「政教兩權」都集中於一個家族之手。

「薩迦派法王」的繼承方式，是「堂兄弟」二房之中，繼任爲「法王」的這一脈必須出家，但其它兄弟則可結婚。待「法王」圓寂後，再由「堂兄弟」這一房的小孩出家繼承。

「薩迦派」採用「世代相傳」的傳承方法，也是「藏傳佛教」唯一「世襲制」的教派，在十三世紀中，「薩迦派」發展成具有強大政治勢力的教派，有過著名的「薩迦五祖」，即：初祖「貢噶寧波」、二祖「索南孜摩」、三祖「扎巴堅贊」、四祖「薩迦．班智達．貢噶堅贊」、五祖「八思巴．追堅贊」。

在「藏傳佛教」中，能夠被稱爲「班智達」，代表他精通五種學問，也就是「五明（聲明、因明、內明、醫方明、工巧明）」。代表人物有：四祖「薩迦．班智達．貢噶堅贊」、「八思巴．追堅贊」和「班禪」。

公元一二四四年，四祖「薩迦．班智達．貢噶堅贊」應蒙古皇子「闊端」邀請赴「涼州」會談，承認「西藏」是「中國」的版圖，爲「元朝」統一「西藏」做出了重要貢獻。

後來，五祖「八思巴．追堅贊」爲元世祖「忽必烈」灌頂，被「忽必烈」封爲「國師、帝師、大寶法王」，顯赫一時，領「總制院事」，奉命爲「蒙古」創立新字，掌管天下的「佛教」，賜與全藏政、經、軍權，不僅在「西藏地方」有著統治地位，對於「元朝」政治亦有舉足輕重的影響力。

在「密教」方面有「薩迦十三金法（十三種不越外圍之金法）」，其中「道果法」是最獨特的教法，也是主要的教義。

「道果法」的教法認爲，「心性」是「萬物」的最高「本性」，「心性」回覆明淨的本來面貌後，就能夠徹底見「一切皆空」的眞諦，達到一切「明空無執、明空雙融」的境界。

「道果法」認爲，「修習佛法」有三個層次：

⑴第一個層次：是捨去「非福（惡業、做壞事）」，專心於「行善」，來生卽可投生「三善趣」之中。

⑵第二個層次：是斷滅「我執（指執於一切有形或無形的事物）」，「我執」一斷滅，「煩惱痛苦」便無從生起，人也可從「流轉輪迴」的痛苦中，得以解脫。

⑶第三個層次：便是除去「一切見」，「一切見」指「斷見（指片面解釋宇宙萬物皆非實有）」和「常見（指一般人的見解）」。「薩迦派」認爲，要防止「斷見」和「常見」，就要走「中道」，這樣才能達到「智者」的境界。

「薩迦派」有「血統、法統」兩個支派傳承，「元代」以後，「薩迦派」內又出現「俄爾、貢噶、察爾」三個支派。

「薩迦派」的重要寺院有：「四川」「德格」的「貢欽寺」，「青海」「玉樹」的「結古寺」、「稱多縣」的「示藏寺」，「西藏」「林周」的「那爛陀寺」，今「錫金」境內的「結蔡寺」等。

公元一二六七年，「西藏」建立「薩迦派」政教合一地方政權，在「元朝」中央的支持下，「薩迦派」的勢力大增，其寺院及勢力擴及到「康區」和「安多」各地，對「元朝」皇室亦有重大影響。但在此時，「薩迦派」內部的矛盾亦逐漸產生。公元一三三四年，「薩迦寺」分成「細脫、仁欽崗、拉康、都卻」等四個「拉章（寺院）」，各領「屬民、土地」。

公元一三五一年，「薩迦派」在「西藏」的掌權地位，被「帕竹噶舉派」的大司徒「絳曲堅贊」取代，「薩迦派」勢力日漸衰落。

「明成祖」時，封「薩迦派首領」爲「大乘法王」，「薩迦派」僅保有「薩迦寺」附近一小片領地，其首領稱爲「薩迦法王」。

到了「明朝中期」，其他三個「拉章（寺院）」傳承斷絕，「都卻拉章（寺院）」則再分爲「彭措頗章（宮殿）」和「卓瑪頗章（宮殿）」兩房，延續至今，「薩迦法王」由兩房的「長子」輪流擔任，現今的「薩迦法王」在「美國」居住。

「薩迦派」對「藏族文化」的發展，有重要的貢獻。元代帝師「達瑪巴拉」在「北京」召集「藏、漢、印度、北庭」的名僧，用「梵文原本」對勘「藏漢文佛教大藏經典」，歷時三年撰成

《至元法寶勘同總錄》。這爲《藏文大藏經》的編定和刻印，打下了基礎。

「薩迦寺」至今仍然是「藏傳佛教」中，藏書最爲豐富的一座寺院。另外，「薩迦派」於公元一五五〇年，在四川「德格貢欽寺」，設立了「德格印經院」，是「藏區」最著名的「印經院」。專門刻印「藏傳佛教」的經書、曆法和醫學等千多種典籍，對保護和弘揚「佛教」，起了重要的作用。

四、格魯派（黃教）

「格魯派」中的「格魯」一詞，漢語意譯爲「善規」，指該派倡導「僧人應嚴守戒律」。又因爲該派認爲其「教理」源於「噶當派」，故又稱爲「新噶當派」。

「格魯派」是「藏傳佛教」中，最後興起的一個大教派，於十五世紀初，由西藏宗教改革家「宗喀巴大師」，在「噶當派」基礎上所創立。

「宗喀巴大師」有鑒於當時「西藏」的其他教派，「戒律」不是很嚴謹，隨即發動一系列的「宗教改革」，並獲得當時「藏民」的廣大迴響，隨卽創立了「格魯教派」，並與弟子在「拉薩」創立三大寺院，也就是「甘丹寺、哲蚌寺、色拉寺」，以利宏揚佛法。

由於「格魯派」僧人戴「黃色僧帽」，故又稱爲「黃教」。「格魯派」既具有「鮮明的特點」，又有嚴密的「管理制度」，因而很快後來居上，成爲「藏傳佛教」的重要派別之一。

「格魯派」奉「宗喀巴大師」爲祖師，「宗喀巴大師」於公元一四〇二年和公元一四〇六年，

分別寫成《菩提道次第廣論》和《密宗道次第廣論》，爲創立「格魯派」奠定了理論基礎。

公元一四〇九年正月，「宗喀巴大師」在「拉薩」的「大昭寺」首次舉行「祈願大法會」，同年又在「拉薩」東北，興建「甘丹寺」，並自擔任「住持」，這是「格魯派」正式形成的標誌。後來，「格魯派」勢力逐步擴大，修建了以「哲蚌寺、色拉寺、扎什倫布寺」等爲代表的寺院。

「清代」以來，「格魯派」寺院有了很大發展，除「拉薩」的三大寺外，「扎什倫布寺、昌都寺」，「青海」的「塔爾寺、隆務寺、佑寧寺」，「甘肅」的「拉卜楞寺、卓尼寺」，「四川」的「格爾底寺、甘孜寺」，「雲南」中甸的「格丹松贊林寺」，「北京」的「雍和宮」等也都是「格魯派」的著名大寺院。

「宗喀巴大師」採用「活佛轉世制度」，從他的弟子「賈曹杰．克珠（卽班禪一世）」和「根敦珠巴（卽達賴一世）」，直到現在「達賴十四世」與「班禪十一世」。尤其在十七世紀下半葉，「達賴喇嘛五世」在「拉薩」修建了「布達拉宮」，結合了「政教合一」的制度，把「西藏文化」推向另一高峰。「藏傳佛教」在他的領導之下，傳播到「中國、蒙古」以及更遠的地區。

採用「活佛轉世制度」，是「格魯派」走向興盛的轉折點。「清代」的「格魯派」形成「達賴、班禪、章嘉活佛（內蒙古）、哲布尊丹巴（外蒙古）」四大活佛轉世系統。

「格魯派」的「佛教理論」，繼承「阿底峽」所傳的「龍樹」的「中觀應成派思想」，主張「緣起性空」。所謂「緣起」，卽待緣而起，也就是說「一切法」的產生都有原因；「性空」則是「自性空」的略寫，「一切法」都無「自性」，從緣而起，這便是「緣起性空」。

「格魯派」在修行上，採取「止觀雙運」的修行方法，止觀兼重，卽主張「止住修、觀察修」

兩種輪次修習。

「格魯派」認爲，「修止」就是「把心安住於一境」，如果得到「輕安之感」，卽是「止的本體」；「修觀」就是「通過思維而得到輕安之感」，此爲「觀的本體」。修習「止觀」應該要相互配合，由「止」到「觀」，由「觀」到「止」，反覆「交替雙運」，而達到「涅槃」的境界。

「格魯派」認爲「戒律」爲「佛教」之本，因此重視一切微細教法，要「僧人」以身作則，依「戒律」而行。在「顯密兩宗」的關係上，「格魯派」則強調「先顯後密」的「修習次第」和「顯密兼修」的方法。

「格魯派」的「寺院組織」嚴密，較大的「寺院」，一般分爲「寺院、札倉、康村」三級，而且各有「管理組織」，「執事人員」實行「任期制」，各司其責，重要事務則「會商」決定。

「格魯派」的「學經制度」健全，有系統的「佛教」「教育體系」和「學位制度」，規定「顯密並重」，先顯後密，注重「戒、定、慧」三學並習的學經程序。同時，「格魯派」寺院還重視「文法、修辭、工巧、醫藥、歷算」等學科，對「藏族思想文化」的發展，有過重要的作用。

五、噶當派

「噶當派」創建於公元一〇五六年，「噶」是藏語，指「佛語」；「當」指「教授」，「噶當」是「用佛的教誨來指導凡人接受佛教道理」。

「噶當派」的創始人，是「古格時期」，從「印度」迎請過來「西藏」的著名佛教大師「阿底

峽」。「熱振寺」是「噶當派」的主寺，該教派以「修習顯宗」爲主，主張「先顯後密」。

在「西藏」分裂初期的戰亂過去後，「西藏社會」日趨安定，於是，「藏人」紛紛拜請「印度」的「學者、高僧、譯師」來「西藏」講經說法。

公元一〇四一年，阿里王「意希沃」迎請「印度超巖寺」的尊者「阿底峽」到「西藏」，「阿底峽」被其盛情所感動，於隔年以六十一歲的高齡到「西藏」宏法。其弟子「仲敦巴」於公元一〇五六年建立「熱振寺」，由此建立「噶當派」。

在「噶當派」傳承中，形成了三個主要支派：「教授派、教典派、教誡派」，並且各有自己所依的典籍和教義。

十三世紀晚期，一位名叫「泅丹惹遲」的「噶當教典派」僧人，把「噶當派」的「納塘寺」蒐集保存的大量「藏譯佛經」，編訂成《甘珠爾》、《丹珠爾》。這就是在「佛教歷史」上具有重要地位的藏文《大藏經》最早的編纂本。

「噶當派」由於「教理系統化、修持規範化」，因而對「藏傳佛教」其他各派都有重大影響。「噶舉派」和「薩迦派」的一些重要「僧人」，都向「噶當派」學習。

「噶當派」著名的大俄師「俄．勒必喜饒」和小俄師「俄．羅丹喜饒」所傳的「因明」，在「藏傳佛教」史上被稱爲「新因明」。「噶當派」的「桑浦寺」，在大小、小俄師之後，一直到十五世紀，都是「西藏」講授「因明」等五部大論的重要據點，爲「藏傳佛教」的學術發展，產生過重要作用。

「因明」爲「五明」之一，是「印度」的「論理學（邏輯學）」。「因」指推理的根據、理由、原因；「明」即顯明、知識、學問，「因明」意指舉出理由而行論證之論理學。

我們思索事物時，天生具有一種「推演能力」，即根據「已知事件」，以比較推演出「未知事件」。可是，這種「比較推演」的過程，若因爲「思路混亂」，「界說不清」，每易導致結論的偏差、顚倒，故須將此類的「比較推演方法」，加以「整理歸納」，方可論究語言的過失、思索之正偏，從而導入正確之推論，此即爲「因明」的根本要義。

到了十五世紀，「宗喀巴大師」以「噶當派」的教義爲基礎，創立「格魯派」，故有「新噶當派」之稱。「格魯派」興起之後，因爲「格魯派」是在「噶當派」教義的基礎上發展而來的，因此原屬「噶當派」的寺院，都逐漸成了「格魯派」的寺院，「噶當派」從此在藏區隱滅。

此外，「藏傳佛教」中一切「大論」的講說，也都源於「噶當派」。

六、覺朗派

印度僧人「達瓦貢波」進入「西藏」，傳給「域摩、米覺多杰」，再下傳的第七代「宮幫圖解尊珠」建立「覺朗寺」，形成「覺朗派」。

「覺朗派」有一位著名人物「多羅那塔」，著有《印度佛教史》，曾在「蒙古」宏法。圓寂之後，其轉世改宗「格魯派」，即爲蒙古政教領袖「哲布尊丹巴」。

由於他的教義「他空見」，與「藏傳佛教」其他教派的「宗教思想」意義互相牴觸，而受到排斥，隨即逐漸的式微。

七、苯教（黑教）

「苯教」是「波苯教」的簡稱，是「西藏」的本土宗教，由「西藏」的原始「薩滿信仰」演變而來的，也是「西藏」歷史上最早的宗教。

「苯教」其崇拜的對象，包括：「天地日月、雷電冰雹、山石草獸」等各種「自然物」以及「自然界」的「神靈」和「鬼魂」。「苯教」教徒頭裹「黑巾」，因此也被「藏傳佛教」信衆稱爲「黑教」，並且不承認其爲「藏傳佛教」的一支。

後來一部分「苯教」的教士，吸收了「佛法」的名詞及教義，意圖改革「苯教」。但是，在「佛法」傳入「西藏」之後，「苯教」已經不如「佛教」盛行。

「苯教」在「藏傳佛教」勢力較薄弱的地區，如「四川、青海」一帶，仍然有不少的信徒和寺廟。

第五單元

「佛教」的經典

一、《佛經》簡介

「佛教」在「印度」，經過一千多年的發展，誕生了爲數衆多的龐大《佛經》。《佛經》是記載「釋迦牟尼佛」和「諸佛菩薩」教法的經典，主要指「經藏、律藏、論藏」三藏，以及「歷代後賢」著作的全部佛典，總稱爲《大藏經》。

《大藏經》是在「佛教」發展的漫長歷史中，逐漸積累而成的，「釋迦牟尼佛」的學說，只是口頭傳承，並未書於文字。「釋迦牟尼佛」涅槃之後，其弟子爲了繼承其傳教事業，開始以集體「憶誦」和「討論」的方法，收集整理他的言論稱爲卽「結集」。

經過四次的「結集」，形成了《佛經》。其內容博大精深，除了「佛教教義」之外，也包含了政治、倫理、哲學、文學、藝術、習俗等方面的論述，是人類歷史上一筆豐厚的文化遺產。

《大藏經》主要是指「經藏、律藏、論藏」三藏，簡述如下：

(1)「經藏」：是「梵語」的義譯，是指「佛教」始祖「釋迦牟尼佛」親口所說的教義，由其弟子所集成的法本。

(2)「律藏」：亦是「梵語」義譯，是將「釋迦牟尼佛」爲其「弟子」所制定的戒條，作爲學佛的「戒律」。

⑶「論藏」：是「釋迦牟尼佛」的「弟子們」，在學習《佛經》之後，所得到的「心得」，並且以此「心得」將《佛經》的教義，加以詮譯。

簡單的說，《大藏經》爲漢譯的「佛教經典」，與收錄「東土高僧」著作的總稱，簡稱爲《藏經》，又稱爲《一切經》。《一切經》的名稱，起源於「隋朝」，現今的《大藏經》，又加入「中國」及「日本」等「高僧」的著作。

中國歷代，編撰收集《大藏經》的情況如下：

⑴南北朝時期：「梁武帝」在「華林園」中，總集「釋氏經典」共五千四百卷，沙門「寶唱」撰經目錄，這是《佛經》有「藏」的開始。

⑵「唐朝」開元年間：沙門「智昇」著《開元釋經目錄》二十卷，列五千四十八卷。

⑶宋朝時期：有《蜀版》五千四十八卷、《福州東禪寺版》六千四百三十四卷、《福州東禪寺版》六千四百三十四卷、《福州開元寺版》六千一百十七卷、《思溪版》五千九百十八卷、《磧砂版》五千八百零二卷。

⑷元朝時期：有《杭州版》六千零十一卷。

⑸明朝時期：有《南藏》六千三百三十一卷、《北藏》六千三百六十一卷、《武林版》六千七百七十一卷。

⑹清朝時期：有「雍正」刻《龍藏》，「乾隆」的《續藏》。

「宋、元、明」諸版本，多半亡佚，只有「南宋」的《磧砂版》尚存孤本，藏於西安的「臥龍、開元」兩寺之中。

《大藏經》的「經藏、律藏、論藏」三藏的經典，略舉如下：

(1)「經藏」：例如：《阿含經》、《法句經》、《大乘佛教　》、《摩訶般若波羅蜜經》、《般若波羅蜜多心經》、《金剛經》、《法華經》、《華嚴經》、《解深密經》、《楞伽經》等。

(2)「律藏」：例如：《四分律（漢傳僧團）》、《巴利律藏（南傳上座部僧團）》、《根本說一切有部毘奈耶（藏傳僧團）》、《十誦律》、《摩訶僧祇律》、《彌沙塞部和醯五分律》等。

(3)「論藏」：例如：《大智度論》、《十地經論》、《金剛般若波羅蜜經論》、《妙法蓮華經優波提舍》、《中論》、《百論》、《瑜伽師地論》、《大乘阿毘達磨集論》、《攝大乘論》、《唯識三十論》、《成唯識論》、《大乘百法明門論》、《究竟一乘寶性論》、《大乘起信論》等。

《大藏經》浩如煙海，以下僅列出常見的經典，讓「讀者」可以去搜尋閱讀：

(1)阿含部：《增壹阿含經》、《長阿含經》、《中阿含經》、《雜阿含經》、《佛說尸迦羅越六方禮經》、《三歸五戒慈心厭離功德經》、《佛說齋經》、《佛說法滅盡經》、《佛說戒香經》、《玉耶女經》、《佛說九橫經》、《佛遺教經》、《箭喻經》等。

(2)方等部：《佛說阿彌陀經》、《觀無量壽佛經》、《佛說觀無量壽佛經》、《佛說八部佛名經》、《後出阿彌陀佛偈經》、《銀色女經》、《阿彌陀鼓音聲王陀羅尼經》、《佛說八陽神咒經》、《佛說八吉祥神咒經》、《八吉祥經》、《八佛名號經》、《佛說十吉祥經》、

《過去莊嚴劫千佛名經》、《現在賢劫千佛名經》、《未來星宿劫千佛名經》、《維摩詰所說經》、《佛說八大菩薩經》、《六菩薩亦當誦持經》、《長者法志妻經》、《佛說大方等修多羅王經》、《佛說轉有經》、《佛說大乘流轉諸有經》、《盂蘭盆經》、《浴佛功德經》、《造塔功德經》、《占察善惡業報經》、《外道問聖大乘法無我義經》、《右繞佛塔功德經》、《大乘遍照光明藏無字法門經》、《佛說大乘稻杆經》等。

(3)般若部：《大般若波羅蜜多經》、《金剛般若波羅蜜經》、《般若波羅密多心經》、《普遍智藏般若波羅蜜多心經》、《佛說摩呵般若波羅蜜多心經》、《佛說仁王般若波羅蜜經》等。

(4)法華部：《妙法蓮華經》、《正法華經》、《妙法蓮華經觀世音菩薩普門品》、《薩曇分陀利經》、《佛說法華三昧經》、《無量義經》、《佛說觀普賢菩薩行法經》、《佛說觀普賢菩薩行法經》、《普賢十大行願》等。

(5)華嚴部：《大方廣佛華嚴經》、《十住經》、《佛說十地經》、《漸備一切智德經》等。

(7)涅槃部：《大般涅槃經》、《佛說大般泥洹經》、《佛說濟諸方等學經》、《大乘方廣總持經》等。

(8)密教部：《大樂金剛不空眞實三麼耶經》、《佛說大乘聖無量壽決定光明王如來陀羅尼經》、《藥師琉璃光如來本願功德經》、《摩訶般若波羅蜜大明咒經》、《佛頂尊勝陀羅尼經》、《聖妙吉祥眞實名經》、《佛說療痔病經》、《佛說勝幡瓔珞陀羅尼經》、《佛說延命地藏菩薩經》等。

(9)大集部：《大方等大集經》、《大哀經》、《般舟三昧經》、《僧伽吒經》、《地藏菩薩所問經》等。

(10)經集部：《佛說譬喻經》、《阿難問事佛吉凶經》、《阿難七夢經》、《犍陀國王經》、《佛說沙曷比丘功德經》、《佛爲年少比丘說正事經》、《比丘避女惡名欲自殺經》、《佛說進學經》、《阿世王問五逆經》、《佛說出家緣經》、《佛說末羅王經》、《佛說摩達國王經》、《佛說梵摩難國王經》、《佛說越難經》、《佛說呵雕阿那經》、《佛說耶只經》、《佛說摩鄧女經》、《五母子經》、《佛說龍施女經》、《佛說老女人經》、《佛說無常經》、《採花違王上佛授決號妙花經》、《佛爲阿支羅迦葉自化作苦經》、《佈施經》、《佛說出家功德經》、《慢法經》、《佛說輪轉五道罪福報應經》、《佛說婦人遇辜經》、《長爪梵志請問經》、《無垢優婆夷問經》、《隨念三寶經》、《大方廣如來藏經》、《佛說藥師如來本願經》等。

(11)雜部：《佛說八大人覺經》、《四十二章經》等。

(12)律部：《四分律》、《十誦律》、《五分律》、《摩訶僧祇律》、《梵網經》、《瓔珞經》、《三曼陀跋陀羅菩薩經》、《佛說十善業道經》、《佛說戒消災經》、《佛說菩薩內戒經》等。

(13)論部：

①三論：《中論》、《百論》、《十二門論》、《大乘玄論》、《肇論》等。

②華嚴論：《十住毗婆沙論》、《十地經論》、《華嚴一乘教義分齊章》、《大方廣佛華嚴

經金師子章》等。

③唯識論：《成唯識論》、《瑜伽師地論》等。

⒁史傳部：《付法藏因緣傳》、《十八部論》、《馬鳴菩薩傳》、《龍樹菩薩傳》、《高僧傳》、《續高僧傳》、《宋高僧傳》、《比丘尼傳》、《弘明集》、《廣弘明集》、《佛祖統紀》等。

⒂其他部：《佛說父母恩重難報經》、《贊僧功德經》等。

《大藏經》的內容的確浩如煙海，對於有心學佛的「讀者」，大多不曉得要從哪一本書閱讀起?下面我精心幫「讀者們」挑選八本《佛經》，希望對「讀者們」的學習有所幫助。

二、《般若波羅蜜多心經》

《般若波羅蜜多心經》是「大乘佛教」表達「空性」和「般若波羅蜜」觀點的經典，又稱爲《摩訶般若波羅蜜多心經》，簡稱《般若心經》、《心經》。

《般若波羅蜜多心經》與《金剛經》並列爲通行最廣的《般若經》，地位重要，還被稱作《經王》。「藏密」以此《般若波羅蜜多心經》爲「般若佛母」形象化的本尊。

有趣的是，《般若波羅蜜多心經》的「情節」和「人物」是虛構的。《般若波羅蜜多心經》是取自《大品般若經》的「習應品」和「勸持品」，是《大般若經》的精要，沒有「序分」與「流通分」。

我們只能推測，某位古代的「大師」或「高人」，爲了後代衆生容易背誦和流通《大般若波羅蜜多經》的精華，所以奉請「觀自在菩薩」做爲《心經》的主角，以《大般若波羅蜜多經》的精髓，再附加密教的「密咒眞言」而完成單行本的迷你《大般若波羅蜜多經》，也就是現在《心經》的版本。

「讀者」若想要完整的了解《般若波羅蜜多心經》的來龍去脈，請參閱拙作《看懂心經》，限於篇幅，此處不再贅述。

【佳句分享】

(1)色不異空。空不異色。色卽是空。空卽是色。受想行識。亦復如是。

(2)是諸法空相。不生不滅。不垢不淨。不增不減。

(3)無苦集滅道。無智。亦無得。

(4)以無所得得故。菩提薩埵。依般若波羅蜜多故。心無罣礙。無罣礙故。無有恐佈。遠離顚倒夢想。究竟涅槃。

(5)卽說咒曰。揭諦揭諦。波羅揭諦。波羅僧揭諦。菩提薩婆訶。

【作者解析】

「生、滅」，「垢、淨」，「增、減」，有「苦、集、滅、道」，無「苦、集、滅、道」，「有智、無智」，「有得、無得」，「有罣礙、無罣礙」，「有恐佈、無恐佈」等，這些「思維」，對我們的「自性佛」而言，都是「顚倒夢想」，都是「妄想執著」。

唯有透過「靜坐禪定」的練習，停止自己第六識「意識」的分析判斷功能，讓第六識「意識」

無法傳達分析判斷的結果，給第七識「末那識」做決定，第七識「末那識」就會停止作用。一旦第七識「末那識」停止作用，我們的思想活動就停止，「妄想執著」當然就不存在。這時候，你的「自性佛」，就顯現出來，這就是所謂的「見性成佛」，所謂的「究竟涅槃」。

另外，《般若波羅蜜多心經》的最後一段咒語「揭諦揭諦。波羅揭諦。波羅僧揭諦。菩提薩婆訶。」是一句威力非常強大的咒語，可以當作「護身符用」。結果，被大多數人忽略掉了。「讀者」若有興趣了解這句《心經咒語》的來龍去脈，請參閱拙作《看懂心經》，第二單元「唸《心經》眞的可以驅邪避兇嗎？」裡的第二節「《心經》裡的密教咒語」。

三、《金剛般若波羅蜜經》

《金剛般若波羅蜜經》簡稱《金剛經》，是「大乘佛教」「般若部」重要的經典之一，被尊爲「經中之王」。

《金剛般若波羅蜜經》是「釋迦牟尼佛」在「祇樹給孤獨園」，爲「須菩提尊者」宣說的經典，「釋迦牟尼佛」在此闡述「一切法空」，指出一切事物的「本體」皆具「空性」，若要成就「無上正等正覺」，就要破除「四相（我相、人相，衆生相、壽者相）」，破除「我執、法執」，乃至「一切執著」，應該要在「不執著一切」的基礎下，生起「菩提心」，廣度衆生。

《金剛般若波羅蜜經》中的「空」與「無我」，並不是字面上「沒有、不存在」的意思，而是指「不執著」事物的本質，或「不執著」自性的意思。

「南北朝」時代的「開善智藏大師」持誦《金剛經》多有靈驗感應，「唐朝」以後的僧人，將本經視爲闡揚「佛性密意」的經典，更因爲「禪宗」自「六祖惠能」聽誦此經而開悟以來，各祖師的提倡，地位甚高。「唐玄宗」敕定《孝經》、《道德經》、《金剛經》爲三教中最重要的經典，親自爲此三經作註。

《金剛經》的主旨爲「諸菩薩摩訶薩應如是生清淨心：不應住色生心，不應住聲、香、味、觸、法生心，應無所住而生其心」。

【佳句分享】

(1)世尊！善男子、善女人，發阿耨多羅三藐三菩提心，應云何住？云何降伏其心？

(2)菩薩於法，應無所住，行於布施，所謂不住色布施，不住聲香味觸法布施。須菩提！菩薩應如是布施，不住於相。何以故？若菩薩不住相布施，其福德不可思量。

(3)不可以身相得見如來。何以故？如來所說身相，卽非身相。

(4)佛告須菩提：「凡所有相，皆是虛妄。若見諸相非相，則見如來。」

(5)須菩提白佛言：「世尊！頗有衆生，得聞如是言說章句，生實信不？」　佛告須菩提：「莫作是說。如來滅後，後五百歲，有持戒修福者，於此章句能生信心，以此爲實，當知是人不於一佛二佛三四五佛而種善根，已於無量千萬佛所種諸善根，聞是章句，乃至一念生淨信者，須菩提！如來悉知悉見，是諸衆生得如是無量福德。

(6)無法相，亦無非法相。何以故？是諸衆生若心取相，則爲著我、人、衆生、壽者。若取法相，卽著我、人、衆生、壽者。何以故？若取非法相，卽著我、人、衆生、壽者，是故不應取法，不應取非法。以是義故，如來常說：「汝等比丘，知我說法，如筏喻者，法尙應捨，何況非法。」

(7)「須菩提！於意云何？如來得阿耨多羅三藐三菩提耶？如來有所說法耶？」須菩提言：「如我解佛所說義，無有定法名阿耨多羅三藐三菩提，亦無有定法，如來可說。何以故？如來所說法，皆不可取、不可說、非法、非非法。所以者何？一切賢聖，皆以無爲法而有差別。」

(8)須菩提！所謂佛法者，卽非佛法。

(9)佛告須菩提：「於意云何？如來昔在然燈佛所，於法有所得不？」「世尊！如來在然燈佛所，於法實無所得。」

(10)是故須菩提，諸菩薩摩訶薩應如是生清淨心，不應住色生心，不應住聲、香、味、觸、法生心，應無所住而生其心。

(11)須菩提！佛說般若波羅蜜，則非般若波羅蜜。須菩提！於意云何？如來有所說法不？」須菩提白佛言：「世尊！如來無所說。」

(12)須菩提！如來所得法，此法無實無虛。須菩提！若菩薩心住於法而行布施，如人入闇，則無所見；若菩薩心不住法而行布施，如人有目，日光明照，見種種色。

(13)須菩提！汝勿謂如來作是念：「我當有所說法。」莫作是念，以故？若人言：「如來有所說法。」卽爲謗佛，不能解我所說故。須菩提！說法者，無法可說，是名說法。

(14)須菩提！於意云何？汝等勿謂如來作是念：「我當度衆生。」須菩提！莫作是念。何以故？

實無有衆生如來度者，若有衆生如來度者，如來則有我、人、衆生、壽者。

⒂世尊而說偈言：「若以色見我，以音聲求我，是人行邪道，不能見如來。」

⒃云何爲人演說？不取於相，如如不動。何以故？「一切有爲法，如夢、幻、泡、影，如露亦如電，應作如是觀。」

【作者解析】

整部《金剛經》，只有一個關鍵重點。

經文一開始，「須菩提」提問：「世尊！善男子、善女人，發阿耨多羅三藐三菩提心，應云何住？云何降伏其心？」

「釋迦牟尼佛」回答道：「是故須菩提，諸菩薩摩訶薩應如是生清淨心，不應住色生心，不應住聲、香、味、觸、法生心，應無所住而生其心。」

也就是說，只要懂這兩句，師徒之間的對話，就懂整部《金剛經》在說什麼？

「須菩提」提問：「應云何住？云何降伏其心？」

「釋迦牟尼佛」回答道：「應無所住而生其心。」

把這兩句經文翻譯成白話文，就是：

「須菩提」提問：「應該要如何安住自己的心？要如何降伏自己的心？」

「釋迦牟尼佛」回答道：「心應該要不執著於一特定之對象，而自然生起。」

「釋迦牟尼佛」所說的「無所住」，又稱爲「無住、不住」，是指「無固定之實體」；或指心不執著於「一特定之對象」，不失其「自由無礙」之作用者。將「無住」引申爲「否定固定狀態」

之用語，故謂「一切諸法無自性，故爲無所住」。

「無所住」而「生其心」，意卽不論處於何境，此心皆能「無所執著」，而自然生起。

「心」若有所「執著」，猶如「生根不動」，則無法有效掌握一切。故不論處於何處，「心」都不可存有「絲毫執著」，才能隨時「任運自在」，而「如實」體悟「眞理」。

那要怎麼做，才能夠「無所住而生其心」呢？

假如，你沒有學習過「唯識學」，那任你想破頭，你絕對找不到答案。因爲，要能夠「無所住」，就必須要「心」不執著於「一特定之對象」。而你專心地在想「如何無所住」的這個「念頭」，恰好正是「一特定之對象」。既然你執著於「一特定之對象」，你當然就無法做到「無所住」的狀態。

那你一定會問，不想辦法讓自己的「心」處於「無所住」的狀態，那我要怎麼修行呢？

哈哈！以前，我就是被這個問題困擾多年。一直到我遇見了「唯識學」，我才恍然大悟，原來這個修行方法，「不是用想的」，是「不能夠用想的」。

我突然間想到一件事情，從古到今，到底有多少人眞正懂得，什麼叫做「應無所住而生其心」的眞正涵意？

講到這裡，「讀者們」一定會覺得很納悶，「不想」不就「腦袋空空」，更何況人「無時無刻」都有「念頭」產生，人要「不想」，怎麼可能做得到呢？

我先用「唯識學」來解釋這兩句經文，唯有透過「靜坐禪定」的練習，停止自己第六識「意識」的分析判斷功能，讓第六識「意識」無法傳達分析判斷的結果，給第七識「末那識」做決定，第七識「末那識」就會停止作用。一旦第七識「末那識」停止作用，我們的思想活動就停止，「妄想執著」當然就不存在。這時候，就是「應無所住而生其心」的狀態，你的「自性佛」，就顯現出來，這就是所謂的「見性成佛」。

「法國」哲學家「笛卡爾」，有一句舉世聞名的名言：「我思故我在」，其意思是：從「我在思考」這一點上，就能推導出「我」的存在。

其實，「笛卡爾」所謂的「我」，在「唯識學」上，稱爲第七識「末那識」。就像「讀者」現在正在看我這篇文章的解釋，是「讀者」自己的第七識「末那識」在閱讀。但是，「讀者」要覺得這篇文章，說的有沒有道理，你的第七識「末那識」沒有「分析判斷」功能。必須要透過你「前五識」裡的「眼識」，把所看到的「文字訊息」，傳遞給你的第六識「意識」，去做「分析判斷」。

你的第六識「意識」，在接收到「眼識」傳來的「文字訊息」之後，會從第八識「阿賴耶識」裡，尋找你以前儲存的「資訊」，和所做過的「決定」，擷取出來和第七識「末那識」要求做「分析判斷」的資料，做比對分析。你的第六識「意識」再把它分析之後的結果，傳遞給第七識「末那識」做決定。

當你了解你自己心裡八個「心識」，你就會懂得「佛教」修行的「心法」。你只要想辦法停止自己第六識「意識」的「分析判斷」功能，第六識「意識」就無法傳達「分析判斷」的「結果」，給第七識「末那識」做「決定」，自己就處於「無分別心」的狀態，第七識「末那識」就會停止作用，不能產生「妄想執著」。這個狀態，就稱爲「無所住而生其心」。

四、《六祖大師法寶壇經》

《六祖大師法寶壇經》亦稱《六祖壇經》、《壇經》，是「佛教禪宗」的「六祖惠能」對弟子說法，由弟子「法海」集錄的一部經典。

《六祖壇經》記載「禪宗」的「六祖惠能」，他一生「得法傳法」的事跡，及「啟導門徒」的言教。「六祖惠能」根據「自性本清淨」之說，宣揚「明心見性」、「頓悟成佛」的基本思想。

《六祖壇經》的思想，對「禪宗」的發展，起到了重要作用。在「中國佛教」中，「著作」被尊稱爲「經」的，僅此一部。《六祖壇經》的內容豐富，文字通俗，是研究「禪宗」思想淵源的重要依據。

《六祖壇經》的內容，可分爲三個部分：

(1)第一部分：是「六祖惠能」在「大梵寺」開示「摩訶般若波羅蜜法」。

(2)第二部分：是「六祖惠能」回「曹溪山」後，傳授「無相戒」，故「法海」於書名補上「兼授無相戒」。這時候，《壇經》開始外傳。

(3)第三部分：是「六祖惠能」與弟子之間的問答。

【佳句分享】

(1)身是菩提樹，心如明鏡臺，時時勤拂拭，勿使惹塵埃。

(2)菩提本無樹，明鏡亦非臺，本來無一物，何處惹塵埃？

(3)「次日，祖潛至碓坊，見能腰石舂米，語曰：『求道之人，爲法忘軀，當如是乎！』乃問曰：『米熟也未？』惠能曰：『米熟久矣，猶欠篩在。』祖以杖擊碓三下而去。惠能卽會祖意，三鼓入室；祖以袈裟遮圍，不令人見，爲說《金剛經》。至『應無所住而生其心』，惠能言下大悟，一切萬法，不離自性。遂啟祖言：『何期自性，本自清淨；何期自性，本不生滅；何期自性，本自具足；何期自性，本無動搖；何期自性，能生萬法。』祖知悟本性，謂惠能曰：『不識本心，學法無益；若識自本心，見自本性，卽名丈夫、天人師、佛。』三更受法，人盡不知，便傳頓教及衣鉢，云：『汝爲第六代祖，善自護念，廣度有情，流布將來，無令斷絕。聽吾偈曰：「『有情來下種，因地果還生，無情既無種，無性亦無生。』祖復曰：『昔達磨大師，初來此土，人未之信，故傳此衣，以爲信體，代代相承；法則以心傳心，皆令自悟自解。自古，佛佛惟傳本體，師師密付本心；衣爲爭端，止汝勿傳。若傳此衣，命如懸絲。汝須速去，恐人害汝。』

(4) 衆疑，詰問曰：『和尚少病少惱否？』曰：『病卽無。衣法已南矣。』問：『誰人傳授？』曰：『能者得之。』衆乃知焉）。逐後數百人來，欲奪衣鉢。一僧俗姓陳，名惠明，先是四品將軍，性行麤慥，極意參尋。爲衆人先，趁及惠能。惠能擲下衣鉢於石上，云：『此衣表信，可力爭耶？』能隱草莽中。惠明至，提掇不動，乃喚云：『行者！行者！我爲法來，不爲衣來。』惠能遂出，坐盤石上。惠明作禮云：『望行者爲我說法。』惠能云：『汝既爲法而來，可屏息諸緣，勿生一念。吾爲汝說。』明良久。惠能云：『不思善，不思惡，正與麼時，那箇是明上座本來面目？』惠明言下大悟。復問云：『上來密語密意外，還更有密意否？』惠能云：『與汝說者，卽非密也。汝若返照，密在汝邊。』明曰：『惠明雖在黃梅，

實未省自己面目。今蒙指示，如人飲水，冷暖自知。今行者卽惠明師也。』惠能曰：『汝若如是，吾與汝同師黃梅，善自護持。』

(5)「一日思惟：『時當弘法，不可終遯。』遂出至廣州法性寺，值印宗法師講《涅槃經》。時有風吹旛動，一僧曰：『風動。』一僧曰：『旛動。』議論不已。惠能進曰：『不是風動，不是旛動，仁者心動。』一衆駭然。印宗延至上席，徵詰奧義。

(6)善知識！凡夫卽佛，煩惱卽菩提。前念迷卽凡夫，後念悟卽佛。前念著境卽煩惱，後念離境卽菩提。

(7)何名無念？若見一切法，心不染著，是爲無念。用卽遍一切處，亦不著一切處。但淨本心，使六識出六門，於六塵中無染無雜，來去自由，通用無滯，卽是般若三昧、自在解脫，名無念行。若百物不思，當令念絕，卽是法縛，卽名邊見。善知識！悟無念法者，萬法盡通；悟無念法者，見諸佛境界；悟無念法者，至佛地位。「善知識！後代得吾法者，將此頓教法門，於同見同行，發願受持。如事佛故，終身而不退者，定入聖位。然須傳授從上以來默傳分付，不得匿其正法。若不同見同行，在別法中，不得傳付。損彼前人，究竟無益。恐愚人不解，謗此法門，百劫千生，斷佛種性。

(8)佛法在世間，不離世間覺，離世覓菩提，恰如求兔角。

(9)見性是功，平等是德。念念無滯，常見本性，眞實妙用，名爲功德。內心謙下是功，外行於禮是德。自性建立萬法是功，心體離念是德。不離自性是功，應用無染是德。若覓功德法身，但依此作，是眞功德。若修功德之人，心卽不輕，常行普敬。心常輕人，吾我不斷，卽自無功；自性虛妄不實，卽自無德。爲吾我自大，常輕一切故。善知識！念念無間是功，心行平直是德。自修性是功，自修身是德。善知識！功德須自性內見，不是布施供養之所求也。

⑽心平何勞持戒，行直何用修禪！

⑾菩提只向心覓，何勞向外求玄。

⑿若不識法意，自錯猶可，更誤他人；自迷不見，又謗佛經，所以立無念爲宗。善知識！云何立無念爲宗？只緣口說見性，迷人於境上有念，念上便起邪見，一切塵勞妄想從此而生。自性本無一法可得，若有所得，妄說禍福，卽是塵勞邪見，故此法門立無念爲宗。

⒀善知識！何名坐禪？此法門中，無障無礙，外於一切善惡境界，心念不起，名爲坐；內見自性不動，名爲禪。善知識！何名禪定？外離相爲禪，內不亂爲定。外若著相，內心卽亂；外若離相，心卽不亂。本性自淨自定，只爲見境，思境卽亂。若見諸境心不亂者，是眞定也。善知識！外離相卽禪，內不亂卽定。外禪內定，是爲禪定。

⒁四、解脫香。卽自心無所攀緣，不思善、不思惡，自在無礙，名解脫香。

⒂迷人修福不修道，只言修福便是道，布施供養福無邊，心中三惡元來造。擬將修福欲滅罪，後世得福罪還在，但向心中除罪緣，名自性中眞懺悔。

⒃有儒士劉志略，禮遇甚厚。志略有姑爲尼，名無盡藏，常誦《大涅槃經》。師暫聽，卽知妙義，遂爲解說。尼乃執卷問字，師曰：「字卽不識，義卽請問。」尼曰：「字尙不識，焉能會義？」師曰：「諸佛妙理，非關文字。」尼驚異之，遍告里中耆德云：「此是有道之士，

宜請供養。」

⒄大圓鏡智性清淨，平等性智心無病，妙觀察智見非功，成所作智同圓鏡。五八六七果因轉，但用名言無實性，若於轉處不留情，繁興永處那伽定。（如上轉識爲智也。教中云，轉前五識爲成所作智，轉第六識爲妙觀察智，轉第七識爲平等性智，轉第八識爲大圓鏡智。雖六七因中轉，五八果上轉，但轉其名而不轉其體也）。

⒅永嘉玄覺禪師，溫州戴氏子。少習經論，精天台止觀法門。因看《維摩經》發明心地。偶師弟子玄策相訪，與其劇談，出言暗合諸祖。策云：「仁者得法師誰？」曰：「我聽方等經論，各有師承。後於《維摩經》悟佛心宗，未有證明者。」策云：「威音王已前卽得，威音王已後，無師自悟，盡是天然外道。」曰：「願仁者爲我證據。」策云：「我言輕。曹溪有六祖大師，四方雲集，並是受法者。若去，則與偕行。」覺遂同策來參，繞師三匝，振錫而立。師曰：「夫沙門者，具三千威儀、八萬細行。大德自何方而來，生大我慢？」覺曰：「生死事大，無常迅速。」師曰：「何不體取無生，了無速乎？」曰：「體卽無生，了本無速。」師曰：「如是，如是！」玄覺方具威儀禮拜，須臾告辭。師曰：「返太速乎？」曰：「本自非動，豈有速耶？」師曰：「誰知非動？」曰：「仁者自生分別。」師曰：「汝甚得無生之意。」曰：「無生豈有意耶？」師曰：「無意，誰當分別？」曰：「分別亦非意。」師曰：「善哉！少留一宿。」時謂一宿覺。後著《證道歌》，盛行于世（謚曰無相大師，時稱爲眞覺焉）。

⒆有僧舉臥輪禪師偈曰：「臥輪有伎倆，能斷百思想，對境心不起，菩提日日長。」師聞之，

曰：「此偈未明心地，若依而行之，是加繫縛。」因示一偈曰：「惠能沒伎倆，不斷百思想，對境心數起，菩提作麼長。」

⒇達磨大師付授偈意，衣不合傳。偈曰：「『吾本來茲土，傳法救迷情，一華開五葉，結果自然成。』」

【作者解析】

「神秀大師」的「悟道詩」：「身是菩提樹，心如明鏡臺，時時勤拂拭，勿使惹塵埃。」

「六祖惠能」的「悟道詩」：「菩提本無樹，明鏡亦非臺，本來無一物，何處惹塵埃？」

一般人大多稱頌「六祖惠能」的「悟道詩」，其實開始修道，是要從「神秀大師」的「悟道詩」開始修練起。等你達到「神秀大師」的境界之後，你才夠眞正體會「六祖惠能」的「悟道詩」的內涵。

「六祖惠能」教導師兄「惠明」的修練「心法」如下：惠能云：「汝既爲法而來，可屏息諸緣，勿生一念。吾爲汝說。」明良久。惠能云：「不思善，不思惡，正與麼時，那箇是明上座本來面目？」惠明言下大悟。

這是我最喜愛的一段經文，用「唯識學」來解釋，唯有透過「靜坐禪定」的練習，停止自己第六識「意識」的分析判斷功能，讓第六識「意識」無法傳達分析判斷的結果，給第七識「末那識」做決定，第七識「末那識」就會停止作用。此時，正是「不思善，不思惡」的狀態。一旦第七識「末那識」停止作用，我們的思想活動就停止，「妄想執著」當然就不存在。這時候，你的「自性佛」，就顯現出來，這就是所謂的「見性成佛」。「惠明」就見到他的「本來面目（自性佛）」，所以「惠明」才會「言下大悟」。

時有風吹旛動，一僧曰：「風動。」一僧曰：「旛動。」議論不已。「惠能」進曰：「不是風動，不是旛動，仁者心動。」一衆駭然。

「六祖惠能」講的眞好：「仁者心動。」，把「唯識學」的宗旨「三界唯心，萬法唯識」，一語道破。

何名「無念」？若見「一切法」，心不染著，是爲「無念」。用卽遍「一切處」，亦不著「一切處」。但淨「本心」，使「六識」出「六門」，於「六塵」中無染無雜，來去自由，通用無滯，卽是「般若三昧、自在解脫」，名「無念行」。

這一段經文，說明停止自己第六識「意識」的「分析判斷」功能，就是「無念」。

一般人分不清楚「功德」和「福德」的不同，以爲「布施」就有了「功德」。「六祖惠能」對於兩者的差別，解釋的最清楚：

⑴「見性」是「功」，「平等」是「德」。念念無滯，常見「本性」，眞實妙用，名爲「功德」。

⑵「內心謙下」是「功」，「外行於禮」是「德」。

⑶「自性建立萬法」是「功」，「心體離念」是「德」。

⑷「不離自性」是「功」，「應用無染」是「德」。若覓「功德法身」，但依此作，是「眞功德」。

⑸若修「功德」之人，心卽不輕，常行普敬。心常輕人，吾我不斷，卽自「無功」；「自性」

虛妄不實，卽自「無德」。爲吾我「自大」，常輕一切故。

(6)「念念無間」是「功」，「心行平直」是「德」。

(7)「自修性」是「功」，「自修身」是「德」。

(8)善知識！「功德」須「自性內見」，不是「布施供養」之所求也。

「無盡藏」女尼拿《大涅槃經》問字，「六祖惠能」說：「字卽不識，義卽請問。」「無盡藏」女尼問道：「字尚不識，焉能會義？」「六祖惠能」回答說：「諸佛妙理，非關文字。」好一個「諸佛妙理，非關文字。」我非常喜歡這一句經文，是啊！學佛若不懂「唯識學」的妙義，再多的學問，有什麼用處？

「大圓鏡智性清淨，平等性智心無病，妙觀察智見非功，成所作智同圓鏡。五八六七果因轉，但用名言無實性，若於轉處不留情，繁興永處那伽定。（如上轉識爲智也。教中云，轉前五識爲成所作智，轉第六識爲妙觀察智，轉第七識爲平等性智，轉第八識爲大圓鏡智。雖六七因中轉，五八果上轉，但轉其名而不轉其體也）。」

這一段經文，就是「六祖惠能」在闡述「唯識學」的妙理。

五、《佛說阿彌陀經》

《佛說阿彌陀經》是「大乘佛教」的經典，此經爲「佛經」中，極少數非由「佛陀弟子」提問，而由「佛陀」不問自說的經典。《佛說阿彌陀經》是「淨土宗」的根本經典之一，是「念佛

人」修行的重要依據，被列爲「淨土三經」之一。

「淨土三經」是有關「阿彌陀佛」及其「極樂淨土」的三部「佛經」，爲「淨土宗」的根本經典。它們是《佛說無量壽經》、《佛說觀無量壽佛經》和《佛說阿彌陀經》。

《佛說阿彌陀經》在前半段，講說「西方極樂世界」的種種的莊嚴，以及「阿彌陀佛」佛號的來源與意義；其後，說明「釋迦牟尼佛」勸導衆生，念「無量壽佛」的名號「阿彌陀佛」，來往生「西方極樂世界」；最後，以東、南、西、北、下、上等，「六方諸佛」亦勸導其土「衆生」，相信「阿彌陀佛」及其「極樂世界」作結束。

《佛說阿彌陀經》所提倡的「念佛法門」，由於簡單容易，使得「念佛」一時之間，成爲風氣，甚至廣泛流傳於中國、日本、韓國、台灣、越南等地。

在中國，由「唐代」的「善導大師」開創了「淨土宗」。「淨土宗」在中國逐漸傳播，最後成爲與「禪宗」並列爲「中國佛教」主要的兩大宗派。

【佳句分享】

(1)爾時「佛」告長老「舍利弗」。從是「西方」過「十萬億佛土」。有世界名曰「極樂」。其土有佛號「阿彌陀」。今現在說法。「舍利弗」。彼土何故名爲「極樂」。其國衆生無有「衆苦」。但受「諸樂」故名「極樂」。

(2)彼國常有種種奇妙「雜色之鳥」。「白鵠」「孔雀」「鸚鵡」「舍利」「迦陵頻伽」共命之鳥。是諸衆鳥。「晝夜六時」出和「雅音」。其音演暢「五根」「五力」「七菩提分」「八聖道分」如是等法。其土「衆生」聞是音已。皆悉「念佛」「念法」「念僧」。「舍利弗」。汝勿謂「此鳥」實是「罪報」所生。所以者何。彼佛國土無「三惡趣」。

(3)「舍利弗」。於汝意云何。彼佛何故號「阿彌陀」。「舍利弗」。彼佛「光明無量」。照「十方國」無所障礙。是故號爲「阿彌陀」。

(4)又「舍利弗」。「極樂國土衆生」生者皆是「阿鞞跋致（不退轉）」。其中多有「一生補處」。其數甚多。非是算數所能知之。

(5)「舍利弗」。不可以「少善根福德因緣」得生彼國。「舍利弗」。若有「善男子善女人」。聞說「阿彌陀佛」。「執持名號」。若一日。若二日。若三日。若四日。若五日。若六日。若七日。「一心不亂」。其人「臨命終時」。「阿彌陀佛」與諸聖衆。現在其前。是人終時「心不顚倒」。卽得往生「阿彌陀佛極樂國土」。

【作者解析】

「釋迦牟尼佛」說，「阿彌陀佛」的「西方極樂」，是最殊勝的「佛國淨土」。而想要去此「淨土」的「衆生」必須符合下列的條件：

「舍利弗」。不可以「少善根福德因緣」得生彼國。「舍利弗」。若有「善男子善女人」。聞說「阿彌陀佛」。「執持名號」。若一日。若二日。若三日。若四日。若五日。若六日。若七日。「一心不亂」。其人「臨命終時」。「阿彌陀佛」與諸聖衆。現在其前。是人終時「心不顚倒」。卽得往生「阿彌陀佛極樂國土」。

總結經文有三項重點：

(1)不可以「少善根福德因緣」得生彼國。

⑵執持「阿彌陀佛」的名號，「多慧根者」，若一日；「多慧根者」，若七日，達到「一心不亂」的狀態。

⑶是人臨終時，必須「心不顛倒」。

所謂「善根」，就是產生「諸善法的根本」，是指合乎於「善」的一切道理，即指「五戒、十善、三學、六度」。其中，「五戒（不殺生、不偷盜、不邪淫、不妄語、不飲酒）」和「十善（不殺生、不偷盜、不邪淫、不妄語、不兩舌、不惡口、不綺語、不貪欲、不瞋恚、不愚癡）」是「世間的善法」，「三學（戒、定、慧）」和「六度（布施、持戒、忍辱、精進、禪定、智慧）」是「出世間的善法」。

在「諸善根」裡，最難做到的是「不貪、不瞋、不癡」，又稱爲「三毒」。「佛陀」在《長阿含經》卷八裡，特別強調這三項的重要性，「佛陀」說：「諸比丘！如來說三正法，謂三不善根：一者貪欲，二者瞋恚，三者愚癡。復有三法，謂三善根：一者不貪，二者不恚，三者不癡。」所謂「福德」，是「福分」和「德行」的意思，是指「過去世」及「現在世」所做的「一切善行」，以及由於「一切善行」所得到的「福利」。《金剛般若波羅蜜經》上說：「須菩提！菩薩於法，應無所住，行於布施，所謂不住色布施，不住聲香味觸法布施。須菩提！菩薩應如是布施，不住於相。何以故？若菩薩不住相布施，其福德不可思量。」

想要往生最殊勝的「阿彌陀佛淨土」，是沒有那麼容易的，不是只「念念佛號」就可以。「釋迦牟尼佛」說：「不可『少善根福德因緣』得生彼國。」必須修行累積「善根福德因緣」才行。

什麼叫做「一心不亂」？就是「專注一事，使心不散亂、不動搖。」，就像修行「念佛法門」

者，以「至誠的信心」持誦「彌陀名號」，令心不散亂，達到「忘我」的境界，與「南無阿彌陀佛」的稱念合而爲一，這就稱爲「一心不亂」。

那要如何做，才能夠達到「一心不亂」的狀態呢？」

必須先學習「佛法」裡的「唯識學」，「唯識學」可以說是「佛法心理學」，想修行「佛道」，第一步要先理解自己內心的八個「心識」的作用，否則你不知道要「如何修行」，不知道要如何「一心不亂」。

「唯識學」告訴我們一個原理，唯有透過「靜坐禪定」的練習，停止自己第六識「意識」的「分析判斷功能」，讓第六識「意識」無法傳遞「分析判斷的結果」，給第七識「末那識」做決定，第七識「末那識」就會停止作用。

一旦第七識「末那識」停止作用，我們的「思想活動」就停止，「妄想執著」當然就不存在。這時候，你的「自性佛」，就顯現出來，這就是所謂的「見性成佛」。

簡單的說，只要停止自己第六識「意識」的「分析判斷功能」，第七識「末那識」就會停止作用，我們的「思想活動」就會停止。當下就沒有「妄想執著」，就沒有「分別心」，只有自己的「覺知心」，清清楚楚，明明白白，與宇宙間的「大道」頻率相連結，這就是所謂的「見性成佛」，也是所謂的「一心不亂」的狀態。

一般人你只是口唸「彌陀名號」，但是心裡卻是「胡思亂想」的一塌糊塗，這種「念佛號」的方式，你念一輩子，都不會達到「一心不亂」的境界。

你必須在念「南無阿彌陀佛」的時候，一個字，一個字，慢慢的念，要隨時警覺「心識」有

沒有跑掉。若「心識」有跑掉，表示你的第六識「意識」開始在做「分析判斷」的功能，產生「分別意識心」。這時候，你要趕快把「心識」收回念「南無阿彌陀佛」的狀態。如此用功，一直到有一天，當你發現你念的「南無阿彌陀佛」，突然間不見了，你就眞正進入「一心不亂」的境界裡，「禪宗」稱爲進入「初禪」的境界。

最後，什麼是「心不顚倒」呢？所謂「顚倒」，是指違背「常道、正理」，例如以「無常」爲「常」，以「苦」爲「樂」等，違反「眞理」的「妄見」。

「佛陀」在《大品般若經》卷十一裡說：「以無相故，是菩薩將無顚倒。無常謂常，想顚倒、心顚倒、見顚倒，若菩薩摩訶薩念諸佛及僧善根取相，取相已，迴向阿耨多羅三藐三菩提。菩薩如是名爲想顚倒、心顚倒、見顚倒。」

簡單的說，人在「臨終」前，假如心生「取相」，就是「心顚倒」。「取相」是「取執於生死、涅槃、二邊之相」。

「佛陀」說：「以無相故，是菩薩將無顚倒。」，「無相」是一切諸法無「自性」，「本性」爲空，無「形相」可得。簡單的說，「心不顚倒」就是「無相」，既不執著「人世間」，也不執著「西方淨土」。

假如，在「臨終」前，當下你的心還在「念佛號」，是處於「一心不亂」的境界裡，哪來「阿彌陀佛來接我了」和「我要去西方淨土」的「念頭」呢？所以說，要去殊勝的「西方淨土」，是不簡單的事情，千萬不要認爲，我平常有念「南無阿彌陀佛」，就「保證」我一定可以去「西方淨土」，這是一種「妄想」。

六、《地藏菩薩本願經》

《地藏菩薩本願經》又稱爲《地藏本願經》、《地藏本行經》、《地藏本誓力經》，簡稱《地藏經》，「大乘」佛教典，是「釋迦牟尼佛」稱揚贊嘆「地藏菩薩」「地獄未空，誓不成佛，衆生度盡，方證菩提」的宏大願望的經典。

《地藏菩薩本願經》的內容，是敍述「釋迦牟尼佛」上升到「忉利天宮（欲界六天的第二層天）」，爲母親「摩耶夫人」說法，讚揚「地藏菩薩」的「久遠劫來發弘誓願」即將成就，並且介紹了「地藏菩薩」在「因地修行」過程中的事跡，例如他的前世，曾經爲「婆羅門女」和「光目女」時，曾設法救度「母親」。

「釋迦牟尼佛」和「地藏菩薩」對話，其間「文殊菩薩、佛母摩耶夫人、定自在王菩薩、四天王、普賢菩薩、普廣菩薩、大辯長者、閻羅天子、惡毒鬼王、主命鬼王、堅牢地神、觀世音菩薩、虛空藏菩薩」等，依次向他們提問。

「地藏菩薩」簡述「地獄」，介紹了「地獄」及其「衆生」的狀況，描述「惡業報應」的因果關係。

「釋迦牟尼佛」留下「遺囑」，「佛」將自己「涅槃之後」，「彌勒成佛以前」，把教育開化「世人」的任務，託付於「地藏菩薩」。

《地藏菩薩本願經》全經分爲十三個部分：

(1)《忉利天宮神通品第一》：「佛」在「忉利天」，爲「母」說法。十方「諸佛菩薩」集會讚

嘆。「如來」含笑，放光明雲，出「微妙音」。十方「天龍鬼神」亦皆集會。「佛」為「文殊菩薩」說「地藏菩薩」因地行願。

(2)《分身集會品第二》：「十方地獄」處「分身地藏菩薩」，與諸被救「衆生」來見「世尊」。「世尊」摩頂付囑「地藏菩薩」：「汝觀吾累劫勤苦。度脫如是等難化剛彊罪苦衆生。其有『未調伏者』隨業報應，若墮『惡趣』受大苦時，汝當憶念吾在『忉利天宮』殷勤付囑，令『娑婆世界』至『彌勒出世』以前『衆生』，悉使解脫永離諸苦『遇佛授記』。」

(3)《觀衆生業緣品第三》：「摩耶夫人」問「業報所感惡趣」，「地藏菩薩」略答「五無間地獄」的狀況。

(4)《閻浮衆生業感品第四》：「定自在王菩薩」更問「地藏菩薩」過往因緣，「佛」又敍述兩個關於「國王」及「光目女」的故事。「四天王」請問「菩薩大願方便」，「佛」為他們說「因果報應」的法則。

(5)《地獄名號品第五》：「普賢菩薩」問「地獄名號」等情況，「地藏菩薩」作詳細回答。

(6)《如來讚嘆品第六》：「佛」放「身光」，出「大音聲」，讚嘆「地藏菩薩」。「普廣菩薩」請問供養「地藏菩薩」的利益，「佛」為說「供地藏像、讀地藏經、持地藏名」的廣大利益。

(7)《利益存亡品第七》：「地藏菩薩」通過跟「佛」的問答，普勸廣大衆生「斷惡修善」。「太辯長者」請問「超度亡靈」所獲功德，「地藏菩薩」為說，「亡者七分獲一，六分做功德者獲得」。

(8)《閻羅王衆讚嘆品第八》：「鬼王」與「閻羅天子」，承「佛菩薩神力」，俱詣「忉利天」，詢問「衆生不依善道之故」，「佛」以「如迷路人」比喻之。次有「惡毒鬼王、主命鬼王」各發善願，「佛」稱贊認可，並且爲之「授記」。

(9)《稱佛名號品第九》：「地藏菩薩」爲利益衆生，演說「聽聞」及「念誦」過去諸佛名號功德。

(10)《校量布施功德緣品第十》：「地藏菩薩」問「佛」校量布施的功德，「佛」舉例作出詳細回答。

(11)《地神護法品第十一》：「佛」說明供養「地藏菩薩」塑像、畫像的十種廣大利益。

(12)《見聞利益品第十二》：「佛」放「頂光」、「妙音」稱讚「地藏菩薩」。「觀世音菩薩」請問不思議事，「佛」爲說「供像持名」等，應獲的功德。

(13)《囑累人天品第十三》：「佛」又摩「地藏菩薩」頂，以「諸衆生」託付「地藏菩薩」，希望「地藏菩薩」救度「一切受苦衆生」。

《地藏菩薩本願經》是一部記載著萬物衆生其生、老、病、死的過程。它融合了「地藏王菩薩」的「大悲願」和「諸佛菩薩」的「見證」，敍述「佛陀」深入淺出的慈悲開示。在所有經典之中，《地藏菩薩本願經》的教理，相較於其他經典，比較淺顯易懂，故廣受歡迎。

在「佛教」中，《地藏菩薩本願經》亦用於人們對「亡者」的超度（及臨終關懷）。即依誦《地藏菩薩本願經》或遵循《地藏菩薩本願經》中所獲的「功德」，亦可把其迴向給「往生的親人」。

【佳句分享】

(1)如是我聞：一時，「佛」在「忉利天」，爲「母」說法。

(2)「文殊師利」！此菩薩威神誓願，不可思議。若未來世，有善男子、善女人，聞是菩薩名字，或讚歎，或瞻禮，或稱名，或供養，乃至彩畫、刻鏤、塑漆形像，是人當得百返生於三十三天，永不墮惡道。

(3)爾時，「世尊」舒金色臂，「摩」百千萬億不可思、不可議、不可量、不可說、無量阿僧祇世界「諸分身地藏菩薩」摩訶薩「頂」，而作是言：「吾於『五濁惡世』，教化如是『剛彊衆生』，令心調伏，捨邪歸正。十有一二，尙『惡習』在。」

(4)汝當憶念吾在「忉利天宮」，殷勤付囑。令「娑婆世界」，至「彌勒出世」已來衆生，悉使解脫，永離諸苦，遇佛授記。

(5)爾時，諸世界「分身地藏菩薩」，共復一形，涕淚哀戀，白其佛言：「我從久遠劫來，蒙佛接引，使獲不可思議神力，具大智慧。我所『分身』，遍滿『百千萬億恒河沙世界』。每一世界，化『百千萬億身』。每一身，度『百千萬億人』，令歸敬三寶，永離生死，至涅槃樂。

(6)爾時，「佛母摩耶夫人」，恭敬合掌，問「地藏菩薩」言：「聖者！『閻浮』衆生，造業差別，所受報應，其事云何？」

(7)爾時，「地藏菩薩」摩訶薩白「佛」言：「世尊！我承『佛如來威神力』故，遍百千萬億世界，『分是身形』，救拔『一切業報衆生』。若非『如來大慈力』故，卽不能作如是變化。

我今又『蒙佛付囑』，至『阿逸多』成佛已來，六道衆生，遣令度脫。唯然，世尊，願不有慮。」

(8)「佛」告「普廣菩薩」：「未來世中，若有善男子、善女人，聞是『地藏菩薩』摩訶薩名者，或合掌者、讚歎者、作禮者、戀慕者，是人『超越三十劫罪』。」

(9)若有男子女人，在生「不修善因，多造衆罪」，命終之後，眷屬小大爲造福利一切聖事，「七分」之中，而乃獲一，「六分功德，生者自利」。

(10)又「閻浮提」臨命終人，不問善惡，我欲令是「命終之人」，不落「惡道」，何況自修善根，增我力故。是「閻浮提」行善之人，臨命終時，亦有「百千惡道鬼神」，或變作父母，乃至諸眷屬，引接亡人，令落「惡道」，何況本造惡者？

(11)爾時，「佛」告「地藏菩薩」：「是『大鬼王』主命者，已曾經百千生，作『大鬼王』，於生死中，擁護衆生。是『大士』，慈悲願故，『現大鬼身，實非鬼也』。卻後過一百七十劫，當得成佛，號曰『無相如來』。劫名『安樂』，世界名『淨住』。其佛壽命，不可計劫。『地藏』！是『大鬼王』，其事如是，不可思議，所度『天人』，亦不可限量。」

(12)「世尊」！是「地藏菩薩」，於「閻浮提」，有大因緣。如「文殊、普賢、觀音、彌勒」，亦「化百千身形」，度於「六道」，其願尚有畢竟。是「地藏菩薩」，教化「六道」一切衆生，所發誓願劫數，如千百億恒河沙。

(13)「佛」告「觀世音菩薩」：「未來現在諸世界中，有『天人』受天福盡，有『五衰相』現，或有墮於『惡道』之者。如是『天人』，若男若女，當現相時，或見『地藏菩薩形像』，或

聞『地藏菩薩名』，一瞻一禮，是諸『天人』，轉增『天福』，受大快樂，永不墮『三惡道』報。

⒁「地藏」！是「南閻浮提」眾生，「志性無定，習惡者多」，縱發「善心」，須臾卽退，若遇「惡緣」，念念增長。以是之故，吾分是形，「百千億」化度，隨其「根性」而度脫之。

【作者解析】

「摩耶夫人」生下「釋迦牟尼佛」後的第七天，就逝世了。所以，「釋迦牟尼佛」證道成佛之後，以「神足神通」上升到「忉利天」，爲「母親」說法，以盡孝道。

這部《地藏菩薩本願經》，是在「釋迦牟尼佛」爲「母親」說法到一個段落後，「佛母摩耶夫人」，恭敬合掌，問「地藏菩薩」言：「聖者！『閻浮』眾生，造業差別，所受報應，其事云何？」就在這個因緣際會之下，讓我們可以一窺「地獄」的樣貌，而且產生這部經典。

當我閱讀到「釋迦牟尼佛」說：「吾於『五濁惡世』，教化如是『剛彊（強）眾生』，令心調伏，捨邪歸正。十有一二，尚『惡習』在。」就心情沉重。「剛彊」就是「剛強」，本來是形容性格、意志堅強，不怕困難或不屈服於惡勢力。但是，在這裡指的是「惡習剛強」，意思是「很難教化」。

「釋迦牟尼佛」又說：「『地藏』！是『南閻浮提（地球）』眾生，『志性無定，習惡者多』，縱發『善心』，須臾卽退，若遇『惡緣』，念念增長。以是之故，吾分是形，『百千億』化度，隨其『根性』而度脫之。」

「釋迦牟尼佛」說的沒錯，看看現今的世界，詐騙、霸凌、吸毒、暴力的事件，多如牛毛。

有意思的是，在《地藏菩薩本願經》裡，「釋迦牟尼佛」對「地藏菩薩」說道：「汝當憶念吾在『忉利天宮』，殷勤付囑。令『娑婆世界』，至『彌勒出世』已來衆生，悉使解脫，永離諸苦，遇佛授記。」

「地藏菩薩」回答道：「我今又『蒙佛付囑』，至『阿逸多』成佛已來，六道衆生，遣令度脫。唯然，世尊，願不有慮。」

「阿逸多」卽是「彌勒佛」成佛之前，在「印度」的俗名。所以，「釋迦牟尼佛」眞的很慈悲，在他「涅槃」之前，早已經安排「地藏菩薩」在「彌勒佛」降到人世間之前，擔任「代理佛」的角色，繼續教化衆生。

《地藏菩薩本願經》有提到：「命終之後，眷屬小大爲造福利一切聖事，『七分』之中，而乃獲一，『六分功德，生者自利』」這說明了，替「往生者」助念，「助念者」所獲得的「功德」有七分之六。

《地藏菩薩本願經》也提到：「是『大鬼王』主命者，已曾經百千生，作『大鬼王』，於生死中，擁護衆生。是『大士』，慈悲願故，『現大鬼身，實非鬼也』。卻後過一百七十劫，當得成佛，號曰『無相如來』。劫名『安樂』，世界名『淨住』。其佛壽命，不可計劫。」這說明了，許多「大鬼王」，其實都是「菩薩」的化生，以渡化「鬼道衆生」。

《地藏菩薩本願經》還提到一個觀念：「未來現在諸世界中，有『天人』受天福盡，有『五衰相』現，或有墮於『惡道』之者。」所以，當「天人」衆生的「福報」盡了，不一定就是投胎做人，也有可能投胎到「三惡道」裡去。

七、《佛說觀彌勒菩薩上生兜率天經》

《觀彌勒菩薩上生兜率天經》，略稱《觀彌勒上生經》，本經與《彌勒下生經》同爲「彌勒信仰」的重要經典，敍述「彌勒菩薩」命終往生「兜率天」、在「兜率淨土」說法的情景、「兜率天宮」的殊勝、以及講述「十善、念佛」等往生「兜率天」的修行方法，並以此念佛功德，可超越「九十六億劫」生死之罪。

「彌勒菩薩摩訶薩」，又名「阿逸多尊者」，是繼「釋迦牟尼佛」之後的下一位世尊，民間稱之爲「未來佛」。關於「彌勒菩薩」，主要有《佛說彌勒下生經》、《佛說彌勒大成佛經》、《佛說彌勒上生經》，這三部佛經統稱爲「彌勒三經」，是修學「彌勒法門」的重要經典。

作爲「一生補處菩薩」，「彌勒菩薩」在滅度後，距離「成佛之時」尚遠。所以，就上生至「欲界」第四天「兜率陀天」，此天有「善法堂」，清淨莊嚴，爲「一生補處菩薩」不退轉說法的處所。

古往今來，有很多「大德」都發願往生「兜率陀天淨土」，如「印度」的「無著菩薩、天親菩薩」，在「中國」有「玄奘大師、窺基大師」，現代的「太虛大師」等。

「彌勒菩薩」是下一尊在「娑婆世界」成「佛」的「菩薩摩訶薩」，與我們有很深的緣分，「彌勒法門」在「佛教」的各種「修行方式」中，相對而言比較容易。

【佳句分享】

(1)爾時會中有一菩薩名曰「彌勒」。聞「佛」所說。應時卽得「百萬億陀羅尼門」。卽從座起整衣服。叉手合掌住立佛前。爾時「優波離」亦從座起。頭面作禮而白「佛」言。「世尊」。「世尊」往昔於「毘尼（ㄆㄧˊ，佛教戒律）」中及「諸經藏」說「阿逸多（『彌勒佛』的俗家名）」次當「作佛」。此「阿逸多」具「凡夫身」未斷「諸漏」。此人命終當生何處。其人今者雖復出家。「不修禪定不斷煩惱」。「佛記此人成佛無疑」。此人命終生何國土。「佛」告「優波離」。諦聽諦聽善思念之。「如來」應「正遍知（佛十號之一，卽眞正遍知一切法。）」」。今於此衆說「彌勒菩薩」摩訶薩「阿耨多羅三藐三菩提（無上正等正覺）」記。此人「從今十二年後命終」。必得往生「兜率陀天」上。爾時「兜率陀天」上。有五百萬億天子。一一天子皆修甚深「檀波羅蜜（佈施波羅蜜）」。爲供養「一生補處菩薩（謂經過此生，來生定可在世間成佛，略稱補處，卽指菩薩之最高位——等覺菩薩。）」故。

(2)爾時「優波離」卽從座起。整衣服頭面作禮。白「佛」言。「世尊」「兜率陀天」上乃有如是極妙樂事。今「此大士（阿逸多）」何時於「閻浮提（地球）」「沒生（ㄇㄛˋ，死後頭生）」於彼天。「佛」告「優波離」「彌勒」先於「波羅捺國」「劫波利村」「波婆利」「大婆羅門」家生。「卻後（過後）」十二年二月十五日。還「本生處」結加趺坐如入「滅定」。身紫金色光明豔赫如百千日。上至「兜率陀天」。

(3)「閻浮提（地球）」歲數「五十六億萬歲」。爾乃下生於「閻浮提」。如《彌勒下生經》說。

(4)「佛」告「優波離」。是名「彌勒菩薩」於「閻浮提」沒生「兜率陀天」因緣。「佛滅度」後「我諸弟子」。若有「精勤修諸功德威儀」不缺掃塔塗地。以「衆名香妙花」供養行衆三

昧深入正受讀誦經典。如是等人應當至心。雖不斷結如得六通。應當「繫念念佛形像」稱「彌勒名」。如是等輩若一念頃受八戒齋。修諸淨業發弘誓願。命終之後「譬如壯士屈申臂頃」。卽得往生「兜率陀天」。於「蓮華上結加趺坐」。百千天子作天伎樂。持「天曼陀羅花」「摩訶曼陀羅華」。以散其上讚言。善哉善哉「善男子」。汝於「閻浮提」廣修「福業」來生此處。此處名「兜率陀天」。今此「天主」名曰「彌勒」。汝當歸依。應聲卽禮禮已。諦觀「眉間白毫相光」。卽得超越「九十億劫生死之罪」。是時「菩薩」隨其宿緣爲說妙法。令其堅固不退轉於「無上道心」。

(5)「佛」告「優波離」。「佛滅度後」。「比丘」「比丘尼」「優婆塞（指在家中奉佛的男子，卽居士。）」「優婆夷（指在家中奉佛的女子）」。「天」「龍」「夜叉」「乾闥婆（帝釋天之樂神）」「阿脩羅」「迦樓羅（金翅鳥）」「緊那羅（帝釋天之歌神）」「摩睺羅伽（大蟒神）」等。是諸大衆。若有得聞「彌勒菩薩」摩訶薩名者。聞已歡喜恭敬禮拜。此人命終「如彈指頃」卽得往生。如前無異。但得聞是「彌勒名」者。命終亦不墮「黑闇處邊地」邪見諸惡律儀。恒生正見眷屬成就不謗三寶。

(6)「佛」告「優波離」。若「善男子」「善女人」。犯「諸禁戒」造「衆惡業」。聞是「菩薩大悲」名字。五體投地「誠心懺悔」。是「諸惡業」速得清淨。未來世中「諸衆生」等。聞是「菩薩大悲」名稱。「造立形像」「香花」「衣服」「繒蓋（ㄗㄥ，以絹帛製造之大蓋）」「幢幡（ㄓㄨㄤˋ ㄈㄢ，指佛教所用的旌旗。）」禮拜繫念。此人「命欲終時」。「彌勒菩薩」放「眉間白毫大人相光」。與諸天子「雨曼陀羅花」。來迎此人。此人「須臾卽得往生」。值遇「彌勒」頭面禮敬。未舉頭頃便得聞法。卽於「無上道」得「不退轉」。於「未來世」得值恒河沙等諸佛如來。

(7)「佛」告「優波離」。汝今諦聽。是「彌勒菩薩」於未來世當爲衆生。作「大歸依處」。若有「歸依彌勒菩薩者」。當知是人於「無上道」得「不退轉」。「彌勒菩薩」成「多陀阿伽度阿羅訶三藐三佛陀（如來十號中之一）」時。如此行人「見佛光明」卽得「授記」。

(8)「佛」告「優波離」。「佛滅度」後「四部弟子」天龍鬼神。若有欲生「兜率陀天」者。「當作是觀」「繫念思惟」。念「兜率陀天」持佛禁戒。一日至七日。「思念十善」「行十善道」。以此功德迴向願生「彌勒」前者。當作是觀。作是觀者。若見一「天人」見一「蓮花」。若「一念頃」稱「彌勒名」。此人除卻「千二百劫」生死之罪。但聞「彌勒名」合掌恭敬。此人除卻「五十劫」生死之罪。若有敬禮「彌勒」者。除卻「百億劫」生死之罪。設不生天「未來世」中「龍花菩提樹」下亦得值遇。發「無上心」。

【作者解析】

「釋迦牟尼佛」鼓勵衆生，要往生「彌勒佛」的「兜率陀天淨土」，因爲比較容易，尤其適合在今日「末法時期」的衆生。

「佛」告「優波離」。「佛滅度」後「四部弟子」天龍鬼神。若有欲生「兜率陀天」者。「當作是觀」「繫念思惟」。念「兜率陀天」持佛禁戒。一日至七日。「思念十善」「行十善道」。以此功德迴向願生「彌勒」前者。當作是觀。

所以，要去「彌勒淨土」的條件是「繫念思惟（常常想著）」三件事情：

⑴念兜率陀天：心中常念彌勒佛，念念不忘兜率陀天淨土。
⑵持佛禁戒一日至七日：平時要「諸惡莫做，衆善奉行。」
⑶思念十善，行十善道。
所謂「十善道」就是「身、口、意」三清（三個清淨項目）：
⑴身清：不殺生、不偷盜、不邪婬；
⑵意清：不貪欲、不瞋恚、不愚癡；
⑶口清：不惡口、不綺語、不妄語、不兩舌。
「釋迦牟尼佛」爲了鼓勵「末法時期」的衆生去「彌勒淨土」，在經中告訴弟子「優波離」：「是『諸大衆』若有得聞『彌勒菩薩』摩訶薩名者，聞已歡喜恭敬禮拜，此人命終『如彈指』頃卽得往生。」
看到沒有？聽到「彌勒菩薩」名號的人，只要「歡喜恭敬禮拜」，此人命終馬上可以往生「彌勒淨土」。只要「往生者」在臨終前「親自」誠心的念「彌勒佛」的佛號，腦海裡專心的想著「彌勒佛」，命終後就有機會往生「彌勒淨土」。這說明了，衆生要往生「彌勒淨土」眞的是很容易的。
另外，「釋迦牟尼佛」對「彌勒菩薩」說：「『閻浮提（地球）』歲數『五十六億萬歲』。爾乃下生於『閻浮提（地球）』。如《彌勒下生經》說。」
古代的「中國」和「印度」的「數字」，都是「十進位位法」，所以「十百是千，十千是萬，十萬是億」。

《阿毘達磨俱舍論》：「解脫經說六十數中。阿僧企耶是其一數。云何六十。如彼經言。有一無餘數始爲一。一十爲十。十十爲百。十百爲千。十千爲萬。十萬爲洛叉。」

依據《阿毘達磨俱舍論》和《如意輪陀羅尼經》的記載，「印度」的「數字單位」是：十、百、千、萬、落叉等，以十倍增，「落叉」等於「十萬」。

《如意輪陀羅尼經》：「梵云一洛叉唐云十萬」

《梵語雜名》：「十萬攞乞史二合億也」

《梵語千字文》：「十萬爲億」

依據《梵語雜名》和《梵語千字文》的記載，「印度」的「數字單位」，「十萬」又等於「億」。所以，古印度所謂的「億」，不是我們所知道的「億」，實際上是「十萬」。

所以，古代「佛經」中描寫「時間、長度」等的數字時，動輒數「億」，此中的「億」，實際上是指「十萬」而已。

因此，經中說「彌勒菩薩」於「閻浮提（地球）」歲數「五十六億萬歲」，就下生於「閻浮提（地球）」。此處的「億萬」是指「十萬」，所以「五十六億萬歲」，實際上是「五百六十萬年」。我們可以概略的說，「彌勒菩薩」距今大約「五百六十萬年」之後，下生人間成佛。

八、《佛說彌勒下生經》

《彌勒下生經》是講述「彌勒菩薩」從「兜率天」下生人間成佛的佛典，內容主要描述「彌勒

菩薩」下生時，人間五穀豐登，天下太平，「彌勒佛」在「龍華三會」中說法度眾的盛況。

《彌勒下生經》描述「彌勒」將來「下生成佛」的情形，那時候的「閻浮地（地球）」，已經淨化成一個「淨土」。「彌勒菩薩」於「兜率天」觀察父母，降而出世。後來，「彌勒菩薩」出家學道，在「龍華樹」下修行，夜半出家，即於其夜成無上道。成佛後的「彌勒佛」，在「龍華樹」下說法，度化眾生。「彌勒佛初會」，九十六億人得「阿羅漢」；「彌勒佛二會」，九十四億人得「阿羅漢」；「彌勒佛三會」，九十二億人得「阿羅漢」。

【佳句分享】

⑴是時「修梵摩（彌勒佛的父親）」有妻名「梵摩越」。王女中最極爲殊妙。如「天帝妃」。口作「優缽蓮華」香。身作「栴檀」香。諸婦人八十四態永無復有。亦無疾病亂想之念。爾時「彌勒菩薩」。於「兜率天」觀察「父母」不老不少。便降神下應從「右脅」生。如我今日「右脅」生無異。「彌勒菩薩」亦復如是。「兜率諸天」各各唱令。「彌勒菩薩」已降神生。是時「修梵摩」即與「子」立字。名曰「彌勒」。

⑵爾時「彌勒」在家未經幾時。便當「出家學道」。爾時去「翅頭城」不遠有「道樹」名曰「龍花」。高一由旬廣五百步。時「彌勒菩薩」坐彼樹下成「無上道果」。當其夜半「彌勒出家」。即於其夜成「無上道」。時三千大千刹土「六返震動」。「地神」各各相告曰。今時「彌勒已成佛」。轉至聞「四天王宮」。「彌勒已成佛道」。轉轉聞徹「三十三天」。「豔天」。「兜率天」。「化自在天」。「他化自在天」。聲聞展轉至「梵天」。「彌勒已成佛道」。爾時「魔王」名大將。以法治化。聞如來名音響之聲。歡喜踊躍不能自勝。七日

七夜不眠不寐。是時「魔王」將「欲界」無數「天人」至「彌勒佛」所。恭敬禮拜。「彌勒聖尊」與「諸天人」。漸漸說法微妙之論。

(3)爾時「世尊」告「迦葉」曰。吾今年已衰耗向八十餘。然今「如來」有四大聲聞。堪任遊化。智慧無盡衆德具足。云何爲四。所謂「大迦葉比丘。屠鉢歎比丘。賓頭盧比丘。羅云比丘」。汝等「四大聲聞」。要「不般涅槃」。須吾法沒盡。然後乃當般涅槃。「大迦葉」。亦不應般涅槃。要須「彌勒」出現世間。

(4)「彌勒」所化弟子。盡是「釋迦文」弟子。由我遺化得盡有漏。

(5)「大迦葉」於彼山中住。又「彌勒」如來將無數千人衆。前後圍遶往至此山中。遂蒙佛恩。「諸鬼神」當與開門。使得見「迦葉禪窟」。是時「彌勒」。申右手指示「迦葉」告諸人民。過去久遠「釋迦文佛」弟子。名曰「迦葉」。今日現在「頭陀苦行最爲第一」。是時諸人見是事已歎未曾有。無數百千衆生。諸塵垢盡得「法眼淨」。或復有衆生見「迦葉」身已。此名爲「最初之會」。九十六億人皆得「阿羅漢」。斯等之人皆是我弟子。所以然者。悉由受我訓之所致也。亦由四事因緣惠施仁愛利人等利。

(6)爾時「阿難」。「彌勒如來」當取「迦葉」「僧伽梨」著之。是時「迦葉」身體奄然星散。是時「彌勒」復取種種「華香」供養「迦葉」。所以然者。諸佛世尊有敬心於正法故。「彌勒」亦由我所受正法化。得成「無上正眞之道」。「阿難」當知。「彌勒佛第二會」時。有九十四億人。皆是「阿羅漢」。亦復是我遺教弟子。行四事供養之所致也。

(7)又「彌勒第三之會」。九十二億人。皆是「阿羅漢」。亦復是我遺教弟子。爾時比丘姓號皆名「慈氏弟子」。如我今日諸聲聞皆稱「釋迦弟子」。

【作者解析】

「彌勒菩薩」的父親，叫做「修梵摩」，母親，叫做「梵摩越」。「彌勒菩薩」是由「兜率天」降生人世間，由母親的「右脅」出生。

「釋迦牟尼佛」當年也是從「右脅」出生，在《佛本行經》如來生品第四說：「于時佛星，適與月合；吉瑞應期，從『右脇生』。」

在《佛所行讚》也說：「菩薩右脅生。大悲救世間。不令母苦惱。優留王股生。畀偸王手生。曼陀王頂生。伽叉王腋生。菩薩亦如是。誕從『右脅生』。」

在《佛說長阿含經》第一卷說：「佛告諸比丘：『諦聽！諦聽！善思念之，吾當爲汝分別解說。比丘，當知諸佛常法：『毘婆屍菩薩』從『兜率天』降神母胎，從『右脅入』，正念不亂。』」

好像「佛經」都強調，「諸佛菩薩」都是從「右脅」出生。你相信「佛菩薩」是「自右脅出生」的嗎？

這裡要解釋一下「從右脇生」這件事情。「脇（ㄒㄧㄝˊ）」同「脅」，是指從「腋下」到「肋骨盡處」的部分。

在一般人的「認知」裡，認爲「胎兒」都是從「母體」的「陰道產門」生出來，怎麼可能從「右脇（右邊腋下）」生出來呢？所以，就眾說紛紜，有各種解釋，我把它整理出來如下：

(1)大多數的人都認爲「從右脇生」是個「神話」，人怎麼可能從「右脅」生下？不可信的。

(2)「佛」是可以「化生」而來的，但是爲了示現「入母胎」，這些「清淨高潔」的「大聖者」能走「穢門」嗎？所以，選擇從「右脅」「化生」出來。其實，古今中外都很多類似的「出生神話」。例如：古希臘神話的「雅典娜」，是從「宙斯」的「大腦」中出生、「耶穌」是「無性而生」、華夏神話「天命玄鳥，降而生商」，直接說是吞了「燕子卵」生的等等。

(3)「佛」爲什麼是從「右脅」出生的，而不是從「左脅」出生的？因爲，「佛」爲化衆生，離「左道」故，「左道」者，非「正法也，所謂「旁門左道」就是「邪道」。

(4)「古印度」的習俗，以「右側」爲「尊貴」。「右脅而生」，表示「釋伽牟尼佛」生於高貴的種族。人不可能是從「右肋」下出生的，「釋迦牟尼佛」是個普通人，只是被教徒神化了。

(5)從「印度」的古文獻中，可以知道「印度人」深信自己是「大梵天」所創造，但是「大梵天」所創造的人，因爲「出生部位」的差異，而有「四姓」的差別。這種「大梵天的創造說」及「四姓階級的分別」，至今仍爲「印度人民」所深信與奉行著。

在「印度思想」的濫觴《梨俱吠陀．原人歌（頌）》裡，講述「人類的形成」，是由「大梵天」生出「印度」的四個「種姓階級」。後來，「種姓階級」發展成「種姓制度」。

「印度」的「種姓制度」，是「印度教社會」特有的「階級制度」，這個制度將人劃分爲四個等級：

①第一等級「婆羅門（祭司）」：生於「大梵天」的「嘴」；掌管「宗教文化權利」的祭祀階層，享有崇高地位；

②第二等級「剎帝利（王族）」：生於「大梵天」的「雙臂」；掌握行政軍權的武士階層，包括「王」在內；

③第三等級「吠舍（庶民）」：生於「大梵天」的「雙腿」；一般平民，以農、牧、工、商為職業，但多數人沒有政治權利，它和前兩個「種姓」屬於「再生族」，是社會生產的主體；

④第四等級「首陀羅（奴隸）」：從「大梵天」的雙足出生；從事各種低賤職業，包括「漁獵、重體力勞動」等，是「非再生族」，不享有任何「政治權利」。

在「種姓制度」下，「個人社會地位」取決於他的「家庭出身」，嚴格按照「血統」，世代保持不變。各「種姓」之間，原則上不能夠「通婚」，「法律地位」也不平等。

後來，由於「人種」增加，規定「種姓」之間可通婚，但只准「順婚（高種姓男子娶低種姓女子為妻）」，反之，「逆婚（低種姓男子娶高種姓女子為妻）」所生子女叫「賤民」，排斥在四個「種姓」之外，地位比「首陀羅（奴隸）」還低。

「釋迦牟尼佛」屬於「剎帝利」種姓，是「古印度」中期「迦毗羅衛國」的「釋迦族人」。按照《梨俱吠陀》的記載，「大梵天」的手臂，化生出「剎帝利種」，「右脅出生」的「釋迦牟尼佛」，恰好是「剎帝利族」。

其實，「四姓階級」本來是「印度社會」的職業分工。「佛經」中說，「悉達多太子」從「右脅」而生，只是在表明他的「父親」是「剎帝利王族」，是屬於「統治階級」，「悉達多太子」當然就是「剎帝利階級」。

「佛經」在傳播到「中國」之後，用文學的手法，將「釋迦牟尼佛出生是剎帝利種姓」，翻譯

成是「釋迦牟尼佛從右脅出生」。這是因爲「文化差異」的誤解，當時的「中國人」，無法了解這一層「歷史文化」的背景，以致於翻譯錯誤。

在上述的解釋中，我比較接受「印度的種姓制度」這種說法。

雖然，我接受了「印度的種姓制度」的解釋，但是心中總是有點不踏實，我還是有個疑惑：「難道眞的是把『佛菩薩』的出生『神格化』了嗎？或者是翻譯錯誤了？」

這個疑惑，一直到有一天，我無意間看到一個「醫學專有名詞」，叫做「異位妊娠（指懷孕）」，才讓我找到一條解惑的線索。「異位妊娠」又稱爲「子宮外孕」，意思是指「胚胎」在「子宮以外部位著床」的「妊娠併發症」。

依照「子宮外孕」的這條線索，我突然間靈光一閃，心裡想著：「古代應該也有『子宮外孕』的記載吧？」然後就開始搜尋古書。

皇天不負苦心人，我眞的在《史記》裡，找到「子宮外孕」的記載。在《史記》的「天中記」卷三十九說：「『啟脅』生，『吳回』生『陸終』，『陸終』娶『鬼方國君』之妹，謂之『女嬇』孕而不育，三年啟其母『左脅』三人出，『右脅』三人出。」這是「明朝」的「陳耀文」所撰寫。

「陳耀文」是誰？經查證，「陳耀文」，字「晦伯」，號「筆山」，「明代」確山縣人，中「進士」，授「中書舍人」。後升「工部給事中」，後遷「南京戶部郎中、淮安兵備副使」，又升「陝西太僕寺卿」，未到任，請告歸。此後累官至「監察副史」，爲「京官、地方官」多年。政務閒暇，卽以博覽群書娛。後因忤觸權相嚴嵩，辭官歸故里「汝南天中」山下，專心致志於鉤沉纂輯，辨正稽疑。所著有《經典稽疑》二卷、《正楊》四卷、《學林就正》四卷、《學圃萱蘇》六

卷、《嘉靖確山縣志》二卷、《花草粹編》十二卷。其中《天中記》六十卷，最爲知名。

天啊！「陳耀文」在他的著作《天中記》裡，已經有記錄「啟脅生」和「其母『左脅』三人出，『右脅』三人出。」的事情。原來，在古代的中國，眞的有有「右脅出生」這種事情。可是，「右脅出生」的事情，只有這本書有記載嗎？帶著激動的心情，繼續搜尋中國的「古代醫書」。

終於，我找到一本《女科指掌》，《女科指掌》是古代「中國」的「婦產科著作」，共五卷，是「清代」的「葉其蓁（困庵）」所編輯，刊於雍正二年（公元一七二四年）。在「卷三」的《女科指掌．胎前門異產》分述「妊娠疾病」，書中雖無作者的獨特見解，然能集古今「女科臨證醫論」於一帙，頗方便於初學者學習。

我把《女科指掌．胎前門異產》卷之三的重點文章，整理條列如下：

⑴「胞門（指子宮口）」「子髒（卽子宮）」爲奇恆之府，所以爲「生人之戶」，常理也。而「有自脅產」，「自額產」，「自背產」，「自髀（ㄅㄧˋ，大腿）產者」何也。豈「子髒（卽子宮）」受氣駁離，而其系有不同。

⑵《史記》云：「陸終氏」娶「鬼方之女」，孕而「左脅出三人」，「右脅出三人」。

⑶如「修巳」背「坼（ㄔㄜˋ，裂開）」而生「禹」，「簡狄」胸坼而生「契」也。

⑷魏黃初六年，孔羨表言汝南屈雍妻王氏生男，「從右脅下小腹上出」，子母全安。

⑸異死曰：晉時李宣妻樊氏義熙中懷孕不生，而「額上有瘡，兒從瘡出」。

⑹又趙宣母妊，「股髀（ㄅㄧˋ，大腿）作癢」，搔之成瘡，「兒從瘡出」。

(7)嵩山記陽翟有婦人妊三十月，「兒從母背出」，五歲便入山學道去。

(8)琅琊鈔雲成化中宿州，「婦孕脅腫如癰（ㄩㄥ，一種皮膚和皮下組織的化膿性炎症，易生於頸、背部，常伴有畏寒、發熱等全身症狀。），及期兒從癰出」，瘡隨合，其子名佛記兒。

(9)隆慶五年二月唐山縣民婦有孕，「左脅腫起，兒脅生」，子母俱無恙，此皆「產理異中之異者」也。

(10)女子「二七（十四歲）」「天癸（月經）」至，「任脈」通，故有子。「七七（四十九歲）」「天癸（月經）」絕，無子常理也。

(11)乃有「十二歲而生子」者，如褚記室所載，平江蘇達卿之女類是也。

(12)有婦人五十、六十而生子者，如遼史所載，亟普妻年六十生二男一女，此則「異中之常者」也。

(13)《玄珠密語》曰：人生三子主太平，人生三女主「淫失（淫蕩；淫亂）」，政人生十子，諸侯競位。人生「肉塊」，天下飢荒，此就人事而論，氣化所感，別有所關也。

(14)如西樵野記載，嘉靖己酉橫涇佣農孔方忽患膨脹，憒憒幾數月，「自脅產一肉塊」，剖視之，一兒肢體，毛髮悉具也。

(15)又有人生於卵，生於馬之類，徐偃王之母產卵，棄之，孤獨老母取伏之，出一兒。

(16)漢末有「馬生人」，名曰「馬異」，此皆「造化無窮之變異」也。

閱讀完《女科指掌．胎前門異產》卷之三的記載，我的內心百感交集，既激動又慚愧。

我學習「佛法」三十幾年，對「佛法」堅信不移，唯獨對「佛自右脅生」這件事情，耿耿於

懷。因爲，我眞的無法相信，「母體」的「右脅」可以生出孩子？

甚至，我的「基督教朋友」，也拿「佛自右脅生」這件事情，來嘲笑「佛教」的違反醫學常理；而我當時啞口無言，無言以對，只能惱羞成怒的用「處女生子」來反諷「基督教」也是違反醫學常理。但是，我的內心終究感到遺憾，我眞的無法對外解釋「佛自右脅生」這件事情。

如今，總算眞相大白，既然「凡夫俗子」都可以「自右脅生」，那擁有「神通」的「佛菩薩自右脅生」，也就不足爲奇了。原來，「佛經」所寫的「佛自右脅生」這件事情，是眞實不虛的。

另外，經文提到「四大聲聞，不般涅槃。」，是指受「佛敕」，不入「涅槃」，永住世間護持教法，饒益有情，令彼等得「勝果報」的「四大阿羅漢」。但是，諸經論所舉之名稱不一：

(1)《增一阿含經》卷四十四，舉出「大迦葉、君屠鉢漢、賓頭盧、羅云」四人。其中，「大迦葉」入「雞足山」，待「彌勒」出世，方取滅度。

(2)《增一阿含經》卷二十，所舉之四人：「大目犍連、大迦葉、阿那律、賓頭盧」。

(3)《維摩經》卷上弟子品中，列舉「十大弟子」之名，其中又選「慧、定、行、解」，四項目最優勝之四人爲「四大聲聞」，即「舍利弗（慧第一）、目連（定第一）、迦葉（行第一）、須菩提（解第一）」。

(4)《寶星陀羅尼經》卷三，所列舉之四人：「舍利弗、大目犍連、富樓那、須菩提」。

經文最後提到「龍華三會」，是指「彌勒菩薩」於「龍華樹」下成道後的「三會說法」。又稱爲「龍華會、彌勒三會」，略稱「龍華」。「龍華三會」的因緣，是「釋迦牟尼佛」入滅後，經過「五十六億萬年」，「彌勒菩薩」自「兜率天」下生到人間，出家學道，坐於「翅頭城」的「華林

園」中的「龍華樹」下成「正等覺」，前後分三次說法。過去，於「釋迦牟尼佛」的教法下，未曾得道者，至此會時，以上、中、下根之別，皆可得道。

在這裡，要說明一下另外一個重點，就是在「龍華三會」裡所說的：

⑴「此名爲最初之會。九十六億人皆得阿羅漢。。」

⑵「彌勒佛第二會時。有九十四億人。皆是阿羅漢。」

⑶「又彌勒第三之會。九十二億人。皆是「阿羅漢。」

古代的「中國」和「印度」的「數字」，都是「十進位位法」，所以「十百是千，十千是萬，十萬是億。」」。

《阿毘達磨俱舍論》：「解脫經說六十數中。阿僧企耶是其一數。云何六十。如彼經言。有一無餘數始爲一。一十爲十。十十爲百。十百爲千。十千爲萬。十萬爲洛叉。」

依據《阿毘達磨俱舍論》和《如意輪陀羅尼經》的記載，「印度」的「數字單位」是：十、百、千、萬、落叉等，以十倍增，「落叉」等於「十萬」。

《如意輪陀羅尼經》：「梵云一洛叉唐云十萬」

《梵語雜名》：「十萬攞乞史二合億也」

《梵語千字文》：「十萬爲億」

依據《梵語雜名》和《梵語千字文》的記載，「印度」的「數字單位」，「十萬」又等於「億」。所以，古印度所謂的「億」，不是我們所知道的「億」，實際上是「十萬」。

所以，古代「佛經」中描寫「時間、長度」等的數字時，動輒數「億」，此中的「億」，實際上是指「十萬」而已。

所以，我們可以推知，經文中所說的實際人數：

⑴初會的「九十六億」個比丘衆，實際上是「九百六十萬」個比丘衆。

⑵第二會的「九十四億」個比丘衆，實際上是「九百四十萬」個比丘衆。

⑶第三會的「九十二億」個比丘衆，實際上是「九百二十萬」個比丘衆。

九、《藥師琉璃光如來本願功德經》

《藥師琉璃光如來本願功德經》又名《十二神將饒益有情結願神咒經》，簡稱《藥師經》。本經敘述「藥師佛」於過去世修「菩薩行」，爲利導衆生，發「十二大願」，著重於對「衆生現世病苦災厄」的救濟和獲得福樂。

「藥師琉璃光如來」又稱爲「藥師佛」，是救濟世間疾苦的「大醫王」。「琉璃」是梵語「薜琉璃」的略譯，是一種極稀有的寶物。「藥師佛」的第二大願：「願我來世得菩提時。身如琉璃內外明徹淨無瑕穢。」，又「藥師佛」的淨土，是「以琉璃爲地」。

「本願功德」，「願」是「願欲」，「本願」即「菩薩」所發弘願，由其「本願」所產生的功德，即爲「本願功德」。

《藥師琉璃光如來本願功德經》爲「佛陀」應「曼殊室利（文殊師利菩薩）」的啟請，說明「東方淨琉璃世界」「藥師如來」的功德，並詳述「藥師如來」因地所發的「十二大願」，即：

「生佛平等願、開曉事業願、無盡資生願、安立大道願、戒行清淨願、諸根具足願、身心康樂願、轉女成男願、回邪歸正願、從縛得脫願、得妙飲食願、得妙衣具願」。

此「十二大願」是「藥師如來」在「因地（指修行佛道之階位）」修行的廣大行願，而其果德，也就是受報國土「東方淨琉璃世界」。「藥師佛」注重為眾生求得現世的安樂，以念佛、持咒、供養等善巧方便，度化眾生，經中並宣說為現世眾生救病、救國難、救眾難，用以「消災延壽的法門」。

【佳句分享】

(1)佛告「曼殊室利」。「東方」去此過「十殑（ㄑㄧㄥˊ）伽沙（十恆河沙）」等佛土。有世界名「淨琉璃」。佛號「藥師琉璃光如來應正等覺明行圓滿善逝世間解無上丈夫調御士天人師佛薄伽梵」。

(2)「曼殊室利」。彼佛世尊「藥師琉璃光如來」。本行「菩薩道」時「發十二大願」。令諸「有情」所求皆得。

(3)第七大願。願我來世「得菩提」時。若「諸有情」。「眾病逼切」「無救無歸」「無醫無藥」「無親無家」「貧窮多苦」。我之名號一經其耳。「眾病悉得除」「身心安樂」。「家屬資具」悉皆豐足。乃至證得「無上菩提」。

(4)復次「曼殊室利」。彼世尊「藥師琉璃光如來」行「菩薩道」時。所發大願及彼佛土功德莊嚴。我若一劫若一劫餘說不能盡。然彼佛土一向「清淨無有女人」。亦「無惡趣及苦音聲」。「琉璃」為地。「金繩」界道。「城闕」「宮閣」「軒窓（ㄔㄨㄤ，窗戶。）」「羅

網（連綴衆寶珠所作之網）」皆「七寶」成。亦如「西方極樂世界」。「功德莊嚴等無差別」。於其國中有「二菩薩」摩訶薩。一名「日光遍照」。二名「月光遍照」。是彼「無量無數菩薩衆」之「上首」。悉持彼世尊「藥師琉璃光如來」正法寶藏。是故「曼殊室利」諸有信心「善男子」「善女人」等。「應當願生彼佛世界」。

(5)復次「曼殊室利」。若有四衆「苾芻（ㄅㄧˋ ㄔㄨˊ，比丘）」「苾芻尼（比丘尼）」「鄔波索迦（居士）」「鄔波斯迦（女居士）」。及餘淨信「善男子」「善女人」等。有能受持「八分齋戒（八關齋戒）」。或經一年或復三月受持學處。以此「善根」願生「西方極樂世界」「無量壽佛所」。「聽聞正法」而「未定者」。若聞世尊「藥師琉璃光如來」名號。「臨命終時」有「八菩薩」。乘「神通」來「示其道路」。卽於彼界種種「雜色衆寶華」中「自然化生」。或有因此「生於天上」。雖生天中而「本善根」亦未窮盡。不復更生「諸餘惡趣」。「天上壽盡還生人間」。或爲「輪王」統攝「四洲」。威德自在安立無量百千「有情」於「十善道」。或生「刹帝利」「婆羅門」「居士」大家。多饒「財寶」倉庫盈溢。「形相端嚴」「眷屬具足」。聰明智慧。勇健威猛如「大力士」。若是「女人」得聞世尊「藥師如來」名號至心受持。於後「不復更受女身」。

(6)爾時「阿難」問「救脫菩薩」曰。善男子。應云何恭敬供養彼世尊「藥師琉璃光如來」。「續命幡燈」復云何造。「救脫菩薩」言。大德。若有「病人」欲脫病苦。當爲其人。七日七夜受持「八分齋戒（八關齋戒）」。應以飲食及餘資具。隨力所辦供養「苾芻僧（比丘）」。晝夜六時禮拜供養彼世尊「藥師琉璃光如來」。「讀誦此經四十九遍」。「然

（燃）四十九燈」。造「彼如來形像」七軀。一一像前各置「七燈」。一一燈量大如車輪。乃至「四十九日」光明不絕。造「五色綵幡（即以五色綵畫書寫、繪製成，或以五色寶繒繡製成之旗幡。）」長四十九「搩手（ㄓㄜˊ，中指與拇指兩指端張開之距離）」。應放「雜類衆生」至四十九。可得過度「危厄之難」。不爲「諸橫惡鬼」所持。

(7)爾時衆中有「十二藥叉大將」俱在會坐。所謂「宮毘羅大將。伐折羅大將。迷企羅大將。安底羅大將。頞儞羅大將。珊底羅大將。因達羅大將。波夷羅大將。　摩虎羅大將。眞達羅大將。招杜羅大將。毘羯羅大將」。此「十二藥叉大將」。一一各有「七千藥叉」以爲「眷屬」。同時舉聲白佛言。「世尊」。我等今者蒙佛威力。得聞世尊「藥師琉璃光如來」名號。不復更有「惡趣」之怖。我等相率皆同一心。乃至盡形歸「佛法僧」。誓當荷負一切「有情」爲作義利饒益安樂。隨於何等村城國邑空閑林中。若有「流布此經」或復「受持藥師琉璃光如來名號」恭敬供養者。我等眷屬「衛護是人」。皆使解脫一切苦難。諸有願求悉令滿足。或「有疾厄求度脫者」。亦應「讀誦此經」以「五色縷（取五色蠶蠶絲製成的繩索，纏於胳膊上可以辟邪去災，長命百歲。）」結我名字得如願已然後解結。

(8)復應念彼「如來本願功德」「讀誦此經」「思惟其義」演說開示。隨所樂求一切皆遂。「求長壽得長壽」。求富饒得富饒。求官位得官位。「求男女得男女」。

【作者解析】

大多數人都知道，「西方」有個「阿彌陀佛」的「西方極樂世界」，只有少數人知道，「東方」有個「藥師佛」的「東方琉璃淨土」。

「阿彌陀佛」的「西方極樂世界」，是「衆生」離世之後，希望往生的「淨土」；而「藥師佛」的「東方琉璃淨土」，也是一個殊勝的「淨土」。經文中說：「亦如西方極樂世界。功德莊嚴等無差別。」「釋迦牟尼佛」也建議說：「有信心善男子善女人等。應當願生彼佛世界。」。

但是，對我們「凡夫俗子」而言，「藥師佛」最吸引人的地方，不是「東方琉璃淨土」的殊勝，而是「藥師佛」所發的「十二大願」，尤其是「第七大願」是最吸引「衆生」的地方：

第七大願。願我來世「得菩提」時。若「諸有情」。「衆病逼切」「無救無歸」「無醫無藥」「無親無家」「貧窮多苦」。我之名號一經其耳。「衆病悉得除」「身心安樂」。「家屬資具」悉皆豐足。乃至證得「無上菩提」。

「第七大願」就是和「衆生疾病醫療」有關的「大願」，人世間誰不生病，所以「藥師佛」所發的「第七大願」爲「衆生」所樂受。

「藥師佛」所發的「十二大願」，簡述如下：

(1)第一大願：願我來世成佛時，自身光明熾然，照曜無量無數無邊的世界，令一切有情如我無異。

(2)第二大願：願我來世成佛時，「身如琉璃」內外明徹淨無瑕穢，「幽冥衆生」悉蒙開曉。

(3)第三大願：願我來世成佛時，以無量無邊的「智慧方便」，令「諸有情」皆得無盡，所「受用物」，莫令「衆生」有所乏少。

(4)第四大願：願我來世成佛時，若「諸有情」行「邪道」者，悉令安住「菩提道」中。若修行「聲聞乘」和「獨覺乘」者，皆以「大乘」而安立之。

(5)第五大願：願我來世成佛時，若有無量無邊「有情」，於「我法」中「修行梵行」。一切皆令得「不缺戒具（修行應備的陳設器具）」和「三聚戒（指大乘菩薩之戒法，卽：攝律儀戒、攝善法戒、攝衆生戒）」。假設有毀犯者，聞我名號之後，還得清淨不墮「惡趣」。

(6)第六大願：願我來世成佛時，若「諸有情」其身下「劣諸根」不具。醜陋、頑愚、盲聾、瘖瘂、攣躄、背僂、白癩、癲狂等種種病苦。聞我名號之後，一切皆得「端正黠慧」，「諸根完具」「無諸疾苦」。

(7)第七大願：願我來世成佛時，若「諸有情」。「衆病逼切」「無救無歸」「無醫無藥」「無親無家」「貧窮多苦」。我的名號一經其耳，「衆病悉得除」「身心安樂」。「家屬資具（卽資生之具，指戒律允許之物。）」悉皆豐足。乃至證得「無上菩提」。

(8)第八大願：願我來世成佛時，若有「女人」，爲「女百惡（多種生理與心理方面的苦患）」之所逼惱。極生厭離「願捨女身」。聞我名號之後，一切皆得「轉女成男」具「丈夫相」，乃至證得「無上菩提」。

(9)第九大願：願我來世成佛時，令「諸有情」，出「魔羂（ㄐㄩㄢˋ，捕捉鳥獸的網）網」，解脫一切「外道纏縛」。若墮種種「惡見稠林（密林）」。皆當引攝置於「正見」。漸令修習諸「菩薩行」速證「無上正等菩提」。

(10)第十大願：願我來世成佛時，若「諸有情」，「王法」所記載。「縲縛鞭撻」「繫閉牢獄」「或當刑戮」。及餘「無量災難淩辱」「悲愁煎迫」，身心受苦。若聞我名號，以我的「福德威神力」故，皆得解脫一切憂苦

⑾第十一大願：願我來世成佛時，若「諸有情」，「飢渴所惱」，「爲求食故」造諸惡業。得聞我名號，專念受持，我當先以「上妙飲食」飽足其身。後以「法味」，畢竟安樂而建立之。

⑿第十二大願：願我來世成佛時，若「諸有情」，「貧無衣服」。「蚊虻（ㄇㄥˊ）寒熱」晝夜逼惱。若聞我名號，專念受持。如其所好，卽得種種「上妙衣服」。亦得一切「寶莊嚴具」「華鬘塗香」「鼓樂衆伎」。隨心所翫，皆令滿足。

在「東方琉璃淨土」，「藥師佛」的身旁有二位「大菩薩」，「日光遍照菩薩」和「月光遍照菩薩」，領導無數的「衆菩薩」。另外，還有「十二藥叉大將」，各有「七千藥叉」以爲「眷屬」。

在《藥師琉璃光如來本願功德經》裡，居然提到一件事情。假如有人想要往生「西方極樂世界」，卻因爲「定力不夠」，無法前去。此時，只要聽到「藥師琉璃光如來」的名號，臨命終時，就會有「八位菩薩」，乘「神通」來「指示其道路」，就可以順利到達「西方極樂世界」，在種種「雜色衆寶華」中「自然化生」。

假如，「定力」太差，無法「一心不亂」，那也沒關係，還有別的去路，經中說：或有因此「生於天上」。雖生天中而「本善根」亦未窮盡。不復更生「諸餘惡趣」。「天上壽盡還生人間」。或爲「輪王」統攝「四洲」。威德自在安立無量百千「有情」於「十善道」。或生「剎帝利」「婆羅門」「居士」大家。多饒「財寶」倉庫盈溢。「形相端嚴」「眷屬具足」。聰明智慧。勇健威猛如「大力士」。若是「女人」得聞世尊「藥師如來」名號至心受持。於後「不復更受女身」。

第六單元

「佛教」的《唯識學》

我在我出版的《看懂心經》中，在第十單元認識「唯識學」裡，有簡單的介紹「唯識學」是什麼？在這個單元裡，我把「唯識學」的根源，做個詳細的介紹。

「唯識學」的根源，來自於《瑜伽師地論》，共有一百卷，非常深奧。爲了讓世人容易理解《瑜伽師地論》，印度的「世親菩薩」撰寫《唯識三十頌》，整理出《瑜伽師地論》的精華重點。但是，他來不及爲《唯識三十頌》注釋，就辭世了。

還好，「唐代」著名高僧「玄奘法師」，以「世親菩薩」的《唯識三十頌》爲主體，揉合「印度十大論師」的詮釋，編譯而成《成唯識論》，來注釋《唯識三十頌》，更能體現「唯識學」的基本思想。

最後，「玄奘法師」爲了讓後世的衆生，更加容易理解《唯識三十頌》的涵義，自己再撰寫《八識規矩頌》，把《唯識三十頌》的重點精髓，再進一步的濃縮整理。

所以，本單元主要解析《八識規矩頌》的內容，其餘的《成唯識論》、《唯識三十頌》和《瑜伽師地論》，就留給有興趣的讀者自己繼續進修學習。

另外，對「唯識學」興趣濃厚的「讀者」，還可以研讀另外兩本有關「唯識學」的佛經《百法明門論》和《解深密經》，這兩本佛經都是「唐代」的「玄奘法師」西行取經帶回中國，並且翻譯成漢文的重要佛經。

《百法明門論》的作者是「印度」的「世親菩薩」，《百法明門論》是把「瑜伽論」六百六十法中，最重要的提綱挈領，整理編成一百個法門。「明門」的「明」字，是明白的意思，明白了這個百法的門路。

《百法明門論》的重要性，是把「唯識學派」對一切「萬有諸法」的論說，進行分類整理，簡稱「五位百法」。《百法明門論》把諸法分爲五類：「心法、心所法、色法、心不相應行法、無爲法」，共計有「百種法」，所以稱爲「五位百法」。

《解深密經》提出的「三性」思想是「唯識宗」的核心理論，也是佛教思想中最深奧的理論之一。

其實，對一般人而言，只要讀過《看懂心經》中，在第十單元認識「唯識學」裡的內容，以及本單元的五、《八識規矩頌》解析的內容，就能夠理解《唯識學》到底在講什麼？對於「學習佛法」和「實際修行」，會有非常大的幫助。

因爲，當你知道「佛法的原理」之後，你對「修行佛法」這件事，會產生無比的信心和歡喜。

一、《瑜伽師地論》簡介

《瑜伽師地論》舊名《十七地論》，簡稱《瑜伽論》，是印度佛教「瑜伽行唯識學派」及「法相宗」的根本大論，也是「大乘佛教瑜伽行者」修行所依循的根本論典，，亦是「玄奘法師」西行「印度」取經，所取的重要經典之一。

「瑜伽（yoga）」這個名詞來自於「古印度文（梵文）」，意思是「相應（相互呼應；應和；相符合）、和諧一致」，意謂「一切『乘境（本是車乘之意，用來譬喻教法，以其能載修行者到達解脫的境界。如：大乘、小乘。）』、『行（指爲到達悟境所作之修行）』、『果（原指草木的果實；轉指由因所生出之結果。

因爲一切有爲法，都是前後相續，所以相對於前因，則後生之法，稱爲果。）』等所有諸法」，以其「一切並有方便善巧相應義故，亦卽『相應』。」也就是「心靈、身體與靈魂全然的和諧狀態」。

簡單地說，「瑜伽」卽是在「禪定修行」中，心境相應。「瑜伽」原本是「古印度教」修行的方法之一，「漢傳佛教」沿用此名，作爲「禪定」或「止觀」的代名詞。

所謂「瑜伽行」，就是修行種種「禪定、觀行」，其中最常用者，爲「小乘部派」所修之「數息觀」與「不淨觀」。「觀行」是指「觀心之行法」，卽「觀心修行」，鑒照「自心」以明了「本性」。

所謂「瑜伽師」卽是「自作修行瑜伽諸法者」或「講述傳授瑜伽諸法之師」，實際上就是中國歷來常說的「禪師」。

所謂「地論」，「地」就是「範圍」，「論」就是依據佛經而發揮其義者。

總括來說，「一切法」無不皆是「瑜伽師地」，以「瑜伽師」用「一切法」爲依緣故，也就是說「一切法」都是「瑜伽師」用來「修行、觀行」的對象。修習種種「觀行」的佛教僧侶，被尊稱爲「瑜伽師」或「觀行師」，這些「瑜伽行者」，卽是「瑜伽行唯識學派」的前身。

《瑜伽師地論》的內容重點，是論釋「眼識、耳識、鼻識、舌識、身識、意識」六識的性質，及其所依的「客觀對象」，是人們的根本心識「阿賴耶識」所假現的現象。「禪觀」漸次發展過程中的「精神境界」，以及修行「瑜伽禪觀」的各種「果位」。以分析「名相」的有無開始，最後加以排斥，從而使人悟入「中道」。

《瑜伽師地論》這本佛經，把學佛修證的道理，分成「五道（先修人道，再修天道、聲聞道、緣覺道和菩薩道，最後證果成佛。）」和「十七個範圍」來說明「修行的順序」。

簡單的說，《瑜伽師地論》就是「瑜伽師（禪定者）」修行時，所經歷的「境界（十七地）」，所以又稱爲《十七地論》。

《瑜伽師地論》大約於公元四、五世紀，出現在「古印度」，相傳是「無著菩薩」經由「禪定」，夜升「兜率天彌勒內院」，聽聞「彌勒菩薩」說法，返回人間後，再爲大衆演說，併成的記錄，總共一百卷。

在「漢傳譯本」中，最完善的是「玄奘法師」於貞觀二十一年（公元六四七年）至二十二年（公元六四八年）之間，在東都「弘福寺」所翻譯者，共一百卷。相傳這一百卷，是由「戒賢論師」於「中印度」摩揭陀國的「那爛陀寺」，爲「玄奘法師」一共講授了三遍。第一次講了十五個月，第二次講了九個月，第三次無相關記載時間。

《瑜伽師地論》共有「五分」，五分中以《本地分》爲中心所在，後四分主要是解釋其中的義理。主旨爲揭示根本心識（阿賴耶識）總持眼耳等「六識」及「所知境界」的作用，「禪觀」漸進的各種「境界」及「修習」所得的「果位」，借分析名相，斥「有無二見」而使人悟入「中道」。

餘四分是「本地分」的更詳細補充說明。

《瑜伽師地論》的內容簡述如下：

(1)本地分：一卷至五十卷，略廣說明，將「瑜伽禪觀」的「境界」分爲「十七地」，即「五識身相應地、意地、有尋有伺地、無尋唯伺地、無尋無伺地、三摩呬多地、非三摩呬多地、有心地、無心地、聞所成地、思所成地、修所成地、聲聞地、獨覺地、菩薩地、有餘依地、無餘依地」等，並且解釋「十七地瑜伽」禪觀的境界，內容可以歸納爲「境、行、果」三相。

(2)攝抉擇分：五十一卷至八十卷，論述「十七地」的深隱要義。

(3)攝釋分：八十一卷至八十二卷，解說「十七地」中，諸經的儀則，特別是《阿含經》的說法和儀則。起初說明「說法」應知的「五分」，其次說明「解經」的「六義」。

(4)攝異門分：八十三卷至八十四卷，解釋「十七地」經典中，諸法名義差別，特別是《阿含經》所有諸法的名義和差別。

(5)攝事分：八十五卷至一百卷，解釋「十七地」「三藏」中，眾要事義，特別是《雜阿含經》等眾多要義，起初說明「契經事」，其次說明「調伏事」，最後說明「本母事」。

《瑜伽師地論》可以說是最殊勝、全面性、有次第的介紹「佛學」與「佛法」，是一部很詳細、很深入性開示「佛法」的論典，這部根本論著，含蓋「三乘」理事圓融的修行次第：「聲聞」的「小乘佛法」、「緣覺」的「中乘佛法」和「菩薩」的「大乘佛法」，以此修行才能圓滿佛道五十二個位階的修證。

二、《唯識三十頌》簡介

《唯識三十頌》或稱《唯識三十論頌》，全一卷，是「大乘佛教」典籍，由「世親菩薩」撰寫，「玄奘法師」翻譯。

「世親菩薩」融通佛教大小二乘思想，他總結整理了前期各種「經論」中的「唯識思想」，撰寫《唯識三十頌》，以「三十頌六百言」闡述「大乘法相」之妙趣，這是代表著「世親菩薩」在「唯識學」上的最高成就。但是，他來不及為《唯識三十頌》注釋，就辭世了。

其後，先後有「德慧、安慧、難陀、護法、親勝、火辨、淨月、勝友、勝子、智月」等人，為《唯識三十頌》作注釋，並加「序分、流通」二頌，時稱「十大論師」，而確立了各自的學說。

後來，「玄奘法師」所撰寫的《成唯識論》十卷，就是以「十大論師」的解釋為主，糅合了此「十大論師」的注釋。

《唯識三十頌》的內容，以「三十偈頌」詮釋「唯識教義」，「前二十四行頌」闡明「唯識之相」，「後一行頌」說明「唯識之性」，「最後五行頌」明「唯識之行位」。

《唯識三十頌》的每一偈，均先立「萬法」乃「唯識」所變現，分「能變之識」為「異熟識（第八識）」、「思量識（第七識）」、「了別境識（前六識）」等三種，其次再辨「唯識之理」，最後揭示「唯識三性（遍計所執性、依他起性、圓成實性）」及「修行階位」。

《唯識三十頌》的結構，可分為三個部分：

(1)唯識相：即「前面二十四頌」，是對「宇宙萬有」之「現象界」的說明。

(2)唯識性：即「第二十五頌」，是對「一切事相」之「理性（本體）」的說明。

(3)唯識位：即「末後五頌」，是對「修行證果」之「位別程序」的說明。

《唯識三十頌》以「識轉變理論」為中心，論述以「阿賴耶識」為「根本識」的「八識」如何轉變為人們的「經驗世界」，由此組織成一套完整的「阿賴耶識緣起說」，並且進而論述「三性、三無性」等「唯識論」的中心概念，及有關「唯識修行」實踐的一系列問題，從正面闡發了「唯識無境說」。

《唯識三十頌》是整個「唯識學」經論中，最「短小精幹、簡捷扼要」的著作。其篇幅雖然精簡，但卻是節錄一百卷《瑜伽師地論》的菁華而成的，故《唯識三十頌》可說是《瑜伽師地論》重點的結晶。因此，若能通達《唯識三十頌》，則不但《瑜伽師地論》的要旨也掌握到了，甚至能夠通達整個「唯識學」的大體。這是《唯識三十頌》在「唯識學」中的重要性及可貴之處。

《唯識三十頌》原文如下：

護法等菩薩。約此三十頌造成唯識。今略標所以。謂此三十頌中。初二十四行頌明唯識相。次一行頌明唯識性。後五行頌明唯識行位。就二十四行頌中。初一行半略辯唯識相。次二十二行半廣辯唯識相。謂外問言。若唯有識。云何世間及諸聖教說有我法。舉頌詶答頌曰：

（〇一）由假說我法，有種種相轉，彼依識所變，此能變唯三。

（〇二）謂異熟思量，及了別境識，次二十二行，半廣辯唯識相者。由前頌文略標三能變。今廣明三變相。且初能變其相云何。頌曰：初阿賴耶識，異熟一切種。

（〇三）不可知執受，處了常與觸，作意受想思，相應唯捨受。

（〇四）是無覆無記，觸等亦如是，恒轉如瀑流，阿羅漢位捨。

已說初能變，第二能變其相云何。頌曰：

（〇五）次第二能變，是識名末那，依彼轉緣彼，思量爲性相。

（〇六）四煩惱常俱，謂我癡我見，并我慢我愛，及餘觸等俱。

（〇七）有覆無記攝，隨所生所繫，阿羅漢滅定，出世道無有。

如是已說第二能變。第三能變其相云何。頌曰：

（〇八）次第三能變，差別有六種，了境爲性相，善不善俱非。

（〇九）此心所遍行，別境善煩惱，隨煩惱不定，皆三受相應。

（一〇）初遍行觸等，次別境謂欲，勝解念定慧，所緣事不同。

（一一）善謂信慚愧，無貪等三根，勤安不放逸，行捨及不害。

（一二）煩惱謂貪瞋，癡慢疑惡見，隨煩惱謂忿，恨覆惱嫉慳。

（一三）誑諂與害憍，無慚及無愧，掉舉與惛沈，不信并懈怠。

（一四）放逸及失念，散亂不正知，不定謂悔眠，尋伺二各二。

已說六識心所相應，云何應知現起分位。頌曰：

（一五）依止根本識，五識隨緣現，或俱或不俱，如濤波依水。

（一六）意識常現起，除生無想天，及無心二定，睡眠與悶絕。

已廣分別三能變相爲自所變，二分所依，云何應知依識所變，假說我法非別實有，由斯一切唯有識耶。頌曰：

（一七）是諸識轉變，分別所分別，由此彼皆無，故一切唯識。

若唯有識都無外緣，由何而生，種種分別。頌曰：

（一八）由一切種識，如是如是變，以展轉力故，彼彼分別生。

雖有內識而無外緣，由何有情生死相續。頌曰：

（一九）由諸業習氣，二取習氣俱，前異熟既盡，復生餘異熟。

若唯有識，何故世尊處處經中說有三性，應知三性亦不離識，所以者何。頌曰：

（二〇）由彼彼遍計，遍計種種物，此遍計所執，自性無所有。

（二一）依他起自性，分別緣所生，圓成實於彼，常遠離前性。

（二二）故此與依他，非異非不異，如無常等性，非不見此彼。

若有三性，如何世尊說一切法皆無自性，頌曰：

（二三）卽依此三性，立彼三無性，故佛密意說，一切法無性。

（二四）初卽相無性，次無自然性，後由遠離前，所執我法性。

（二五）此諸法勝義，亦卽是眞如，常如其性故，卽唯識實性。

後五行頌明唯識行位者，論曰：如是所成唯識性相，誰依幾位如何悟入，謂具大乘二種種性，一本性種性。謂無始來依附本識法爾，所得無漏法因。二謂習所成種性，謂聞法界等流法已，聞所成等熏習所成。具此二性方能悟入。

何謂五位？

一、資糧位。謂修大乘順解脫分，依識性相能深信解，其相云。頌曰：

（二六）乃至未起識，求住唯識性，於二取隨眠，猶未能伏滅。

二、加行位，謂修大乘順決擇分，在加行位能漸伏除所取能取，其相云何。

（二七）現前立少物，謂是唯識性，以有所得故，非實住唯識。

三、通達位，謂諸菩薩所住見道，在通達位如實通達，其相云何。

（二八）若時於所緣，智都無所得，爾時住唯識，離二取相故。

四、修習位，謂諸菩薩所住修道，修習位中如實見理數數修習，其相云何。

（二九）無得不思議，是出世間智，捨二麁重故，便證得轉依。

五、究竟位，謂住無上正等菩提，出障圓明能盡未來化有情類，其相云何。

（三〇）此卽無漏界，不思議善常，安樂解脫身，大牟尼名法。

三、《成唯識論》簡介

《成唯識論》是中國「唯識宗」立宗的主要理論依據，爲《唯識三十頌》的註釋書。以「大乘佛教唯識宗」創始人之一「世親菩薩」的《唯識三十頌》爲主線，由「唐代」著名高僧「玄奘法師」，依其弟子「窺基法師」的建議，將印度「十大論師」的論文，以「護法論師」的論文爲主，其他各家則各取其長，而揉合成一篇新的論文。

「玄奘法師」再將這篇論文與「世親菩薩」的《唯識三十頌》的「原頌文」合在一起，便成爲一部嶄新而完整的「唯識論典」，具備了「頌文」與「長行」的論文，「玄奘法師」把它取名爲

《成唯識論》，共十卷。這部論典最能體現「法相唯識學派」的基本思想，又被稱爲《唯識論》或《淨唯識論》。

「成唯識」是由「成」和「唯識」所構成，「成」是梵語的意譯，卽「成就」；「識」是「心地（菩薩是根據心而修行，故喻心爲地，稱爲心地。）本體」，離「識」變現之外，無任何實在，「萬有」都是從自己內心的「心識」所變，故稱爲「唯識」。

「唯識」是認爲「心外之物」的「諸現象」，皆由「八識」自體所變現的「主觀（見分）」與「客觀（相分）」，又將「所認識對象」的「相似形狀」，視爲「心內之影像」所映現，而認爲「實在實有」，而且作爲「認識對象」的「物境自體（本質）」，亦從第八識「阿賴耶識」中的「業識種子」變生，故「唯識」以外，無其他實在，稱爲「唯識無境」，意思是「萬有」皆從「識」所變，而稱爲「唯識所變」。

《成唯識論》的內容，是論說「人類」存在的根本依處，卽第八識「阿賴耶識」，其中所藏的「業識種子」，由於「緣起」而形成「現在」，同時又造作「未來」，因而展開「宇宙」之一切，期以「觀萬法唯心所現」，體證「諸法之眞理」。

《成唯識論》的內容，略述如下：

(1)卷一至卷二前段，論釋「由假說我法」等頌，破斥執著於「實我、實法」之「外道」及「小乘」。

(2)卷二中至卷四中，論釋「初阿賴耶識」等頌，闡明第八識「阿賴耶識」之相。

(3)卷四中至卷五中，論釋「次第二能變」等頌，闡明第七識「末那識」之相。

(4)卷五中至卷七中，論釋「次第三能變、此心所遍行、依止根本識」等頌，次第闡明「六識能變之相、六識相應之心所、諸識現起之分位」等。

(5)卷七中至卷八中，論釋「是諸識轉變、由一切種識、由諸業習氣」等頌，次第闡明「一切唯識之義、諸識輾轉之因果、生死相續之理」等。

(6)卷八中至卷末，論釋「由彼彼遍計」等頌，闡明「遍計所執性、依他起性、圓成實性」等「三性」之義。

(7)卷九，論釋「卽依此三性」等頌，闡明「三無性」之義。

(8)卷十，論釋「乃至未起識」等頌，闡明「五位」之相。「五位」是悟入「唯識相性」的次第。文中並多處引用其他「瑜伽行派論師」，例如「難陀、陳那」等的學說。

四、《八識規矩頌》簡介

《八識規矩頌》是「法相唯識宗」的精髓，是「玄奘法師」所著作。「玄奘法師」在譯得數百卷「唯識經論」之後，對「八識體系」融會貫通，用四組十二首四十八句的「七言絕句」，概述「唯識學說」，著重於講說「唯識學說」中心的「心識」問題。「前三頌」說「前五識」，「四至六頌」說第六識「意識」，「七至九頌」說第七識「末那識」，「末三頌」說第八識「阿賴耶識」。

「玄奘法師」將這包藏宇宙、探玄窺微地龐大「哲學體系」，提綱挈領式地和盤托出，令無數

後學如獲至寶，如探囊取物，抄捷徑直趨「佛法」的中心。

「八識」是一個佛教術語，指的是每一個「五根」具足的「有情衆生」身上都有的「眼識、耳識、鼻識、舌識、身識（以上合稱五識）」、第六識「意識」、第七識「末那識」及第八識「阿賴耶識」。在「佛教」學術研究，屬於「瑜伽行唯識學派」的分類。

「規矩」，此「八識」行相心所，攀緣「性境、量、界地」諸法，各有定數，所以稱爲「規矩」；又因爲「玄奘法師」將此「八識」，分爲四章，每一章作頌一十二句，將「五十一個心所」各配於「本識位」下，條理不紊，因此稱爲「規矩」；又謂「規矩」乃校正「方圓」之器，譬喻「八識」是「三界萬法」的「規矩」。「方圓」不出「規矩」，「萬法」不離「八識」，此「八識」即是「規矩」。

「頌」是一種「文字體裁」，含有「讚美」的意思，「印度梵語」稱爲「伽陀」，義譯爲「偈」。頌的形式似「詩」而不用「韻」，通常四句一首，用四、五、六、七字均可，若意思未表達完，可以繼續下去。「佛經」中用頌，目的在便於記憶。本頌用的是七字一句。

「八識」略述如下：

(1)前五識：分別名爲眼識、耳識、鼻識、舌識、身識，依於「有情」的「五根」所對應的「五塵（色、聲、香、味、觸）」而命名，「眼識」了別「色塵」，「耳識」了別「聲塵」，「鼻識」了別「香塵」，「舌識」了別「味塵」，「身識」了別「觸塵」。

(2)第六識「意識」：第六識「意識」了別「法塵（指爲『意識』所攀緣的『諸法』。經中常將『煩惱』比喻爲『塵垢』，因此等『諸法』能染污『情識』，故稱『法塵』。）」。體性爲

「審而不恆」，能對「五塵（色、聲、香、味、觸）」境界上的「法塵」做詳細地分析、推理、記憶等。

⑶第七識「末那識」：第七識「末那識」又稱爲「意根」，體性爲「恆審思量」。第六識「意識」覺知心必依之，而後方能現起，是第六識「意識」之根，故名「意根」。主宰第六識「意識」的思維，由於「意根」處處作主、時時作主的體性，恆常不斷的普遍計度「前六識」，於「依他起性」上，不知其妄而生起「遍計執性」，因此導致「生死輪迴」不斷。

⑷第八識「阿賴耶識」：又稱作「藏識、本識、種子識、第一識、初刹那識、初能變」，此識爲諸法的根本，爲「宇宙萬有」之本，含藏「萬有」，使之存而不失，能含藏生長萬有的種子。「宇宙萬物」生成之最初一刹那，唯有此「第八識」而已，而此識亦爲能變現諸境之「心識」。由於有「阿賴耶識」才能變現「萬有」，故「唯識學」主張一切「萬有」皆緣起於「阿賴耶識」。

《八識規矩頌》的原文如下：

⑴前五識頌：

性境現量通三性，眼耳身三二地居，遍行別境善十一，中二大八貪瞋痴。

五識同依淨色根，九緣七八好相鄰，合三離二觀塵世，愚者難分識與根。

變相觀空唯後得，果中猶自不詮眞，圓明初發成無漏，三類分身息苦輪。

⑵第六識頌：

三性三量通三境，三界輪時易可知，相應心所五十一，善惡臨時別配之。

性界受三恆轉易，根隨信等總相連，動身發語獨為最，引滿能招業力牽。
發起初心歡喜地，俱生猶自現纏眠，遠行地後純無漏，觀察圓明照大千。

(3)第七識頌：

帶質有覆通情本，隨緣執我量為非，八大遍行別境慧，貪痴我見慢相隨。
恆審思量我相隨，有情日夜鎮昏迷，四惑八大相應起，六轉呼為染淨依。
極喜初心平等性，無功用行我恆摧，如來現起他受用，十地菩薩所被機。

(4)第八識頌：

性唯無覆五遍行，界地隨他業力生，二乘不了因迷執，由此能興論主諍。
浩浩三藏不可窮，淵深七浪境為風，受薰持種根身器，去後來先作主公。
不動地前才舍藏，金剛道後異熟空，大圓無垢同時發，普照十方塵剎中。

五、《八識規矩頌》解析

《八識規矩頌》裡，有許多「唯識學」的專有名詞，請讀者參閱拙作《看懂禪機》下冊裡的「第十五單元初祖達摩祖師和二祖慧可傳授《楞伽經》」，裡面有非常詳細的解說和舉例「唯識學」的專有名詞。因為篇幅的關係，這裡只做簡單的解釋，不再贅述。

（一）前五識頌

性境現量通三性，眼耳身三二地居，遍行別境善十一，中二大八貪瞋痴。
五識同依淨色根，九緣七八好相鄰，合三離二觀塵世，愚者難分識與根。
變相觀空唯後得，果中猶自不詮真，圓明初發成無漏，三類分身息苦輪。

1.【性境⑴現量⑵通三性⑶】：

【註釋】

⑴性境：「性境」是「三境」之一。「三境」又稱爲「三類境」，是將所攀緣之對境，依其性質，而類別爲三種：

①性境：「性」是「眞實性、不虛假」的意思；「境」是「境界」，指眞實之境。

②獨影境：「獨」是指第六識「意識」不依靠「前五識」起作用，而能夠自己單「獨」產生心識；「影」是「影像」、「相分（由『心識』所變現的外境）」，這種情境是由我們心裡去幻想、夢想出來的境界。「獨影境」就是不依托「本質」，純粹是第六識「意識」自己「獨自」起了一個「影像」而已。簡單的說，「獨影境」就是沒有「眞實的景象」做依托，純粹是「心中想像」而得到的情境，我們通常稱爲「幻想」，例如：龜毛、兔角、空花等，全屬於「幻想」。

③帶質境：「帶」是「挾帶、連著、含有」的意思，「帶質」就是「挾帶本質、含有本質、連著本質」。我們所居住的這個物質世界，是第八識「阿賴耶識」的「業力種子」所變現出來的情境。所以，「帶質境」就是第八識「阿賴耶識」帶物質來的情境，「帶質境」也

是第八識「阿賴耶識」的「性境（眞實之境）」。「帶質境」就是依據心中所生起的景象，所產生的妄想；就是因爲面對所見的景象時，根據自己的經驗或習性，心中所生起猜疑不實的妄境假相，就是「錯覺」，例如：疑神疑鬼、杯弓蛇影、因爲光線不明錯認路旁的石頭是一隻狗等等。「帶質境」是由「心識」和「情境」二者合力而成，介於「性境」與「獨影境」之間。

(2) 現量：「現量」是「三量」之一。「量」的意思是「測量」，也就是我們「心識」的「攀緣能力」。我們以「心識」來測量外面的「情境」，就可以分辨「情境」，例如：好、壞、正、斜等等。我們在認識「外境」時，心理活動的「相狀（形相或狀態）」有三種狀況，稱爲「三量」：卽現量、比量、非量，簡介如下：

① 現量：就好像是你用照相機對著一個物體，照相機的鏡頭，就呈現出來這個物體眞實的形狀，這種情況就是「現量」。當你看到一輛車時，當下你的「眼識」直覺那只是一輛車，這個時候是「現量」的狀態。

② 比量：「比量」是「比較測量」的意思，是由「比較推理」而來。就是用「已經知道的事物和經驗」來比較「未知的事物」，經過分析、判斷，推測那個「未知的事物」後，所得到的結論，這就稱爲「比量」。我們「所有的思想」、「一切的理解」和「任何的學問」，都是第六識「意識」在作用（分析、判斷），都是屬於「比量」。「比量」就是第六識「意識」在生起「分別作用」，從比較當中得到「未知事情」的眞相，例如：看到遠方在冒煙，就知道那裡有火；聽到屋裡有人說話的聲音，就知道裡面有人。

③非量：就是「似是而非」的「測量」，「似是」好像是對的，其實是錯的；就是對所測量的對象，都是錯誤不正確的，與事實不相符合。用不正確的理由或例子來推論，推論出來的結果當然是錯誤的，例如：精神病患者的思想；做白日夢、幻想的情境。

(3)三性：善性、惡性、無記性。

①「善性」是「現世」及「來世」，對「自己」和「他人」，都有「益處」者，如信等「善心」及「善心所」起一切的「善根」。「心所」是指與「八識」八個「心王」相應，而起的八個「心理活動」。

②「惡性」是於「現世」及「來世」，對「自己」和「他人」，都有「害處」者，如貪等「惡心」及「惡心所」起一切的「惡業」。

③「無記性」是「非善非惡」爲中容之法，亦爲「順益」，亦爲「違損」，不可記別之法。

◎白話翻譯：【性境現量通三性】

「前五識（眼識、耳識、鼻識、舌識、身識）」所攀緣的只是「三境（性境、獨影境、帶質境）」中的「性境」，能攀緣的只是「三量（現量、比量、非量）」中的「現量」，但是實際上「前五識」常與第六識「意識」一起運作，與「善心所（心的作用）」相應者，就是「善」；與「煩惱心所」相應者，就是「惡」；與「善心所」或「煩惱心所」都不相應者，就是「無記」。

「前五識」是「感覺器官」，本來沒有善惡，但以第六識「意識」的「五俱意識」與之俱起，「五俱意識」隨著「前五識」攀緣「外境」而瞭解分別，因而「善心所」或「煩惱心所」與之相應，或者「善」和「煩惱」都不起，就是「無記」，這時「前五識」隨著第六識「意識」而行動，也就通於「三性」了。

所謂「五俱意識」，是與「前五識」同時生起的「意識」，即指「意識」中的「明了意識」。「明了意識」與「五識」俱起，幫助「五識」生起「現行」，又能令「五識」明了取境，故稱「五俱意識」。

2.【眼耳身三⑴二地居⑵】：

【註釋】

⑴眼耳身三：「欲界」有「段食（人類吃食物，以『香、味、觸』爲體，分分段段受用，以資益身分，故稱爲『段食』。）」，除了「眼識、耳識、身識」三識之外，尚須以「鼻識」嗅香，以「舌識」嘗味，所以「五識」俱全；若至「色界初禪天」的「離生喜樂地」，「初禪天人」以「禪悅」爲食，不食「段食」，因此「鼻識」和「舌識」兩識無用，故只有「眼識、耳識、身識」三識，所以稱爲「眼、耳、身三（識）」。

⑵二地居：「二地」是指「三界九地」裡的兩個地。「三界」即「欲界、色界、無色界」；「九地」，是「欲界」的「五趣雜居地」；「色界」的「離生喜樂地、定生喜樂地、離喜妙樂地、捨念清淨地」；「無色界」的「空無邊處地、識無邊處地、無所有處地、非想非非想處地」。我們所依託、生存的世界，是「欲界」和「五趣雜居地」。

「欲界」的範圍，上有「六欲天（四天王天、忉利天、夜摩天、兜率天、化樂天、大梵天）」，中有「人界四洲」，下至「無間地獄」。生活在「欲界」的衆生，即所謂「五趣（天趣、人趣、畜生趣、餓鬼趣，地獄趣）」。「五趣」即是「五道」，如果再加上「阿修

羅道」，就成爲「六道」了。

「九地」是指「有情」居止之世界，可分爲「欲界、色界、無色界」等「三界」。依「禪定三昧」之深淺，色界、無色界復分爲「四禪天」和「四無色天」，加上「欲界」，共計立九種「有情」之住地，稱爲「九地」，卽：

①欲界五趣地：爲地獄、餓鬼、畜生、人、天（六欲天）等雜居之所，故又稱爲「五趣雜居地」。

②離生喜樂地：離「欲界」惡後，所生得之喜樂，「色界初禪天」屬此。

③定生喜樂地：由「定」所產生之殊勝喜樂之境地，「色界第二禪天」屬此。

④離喜妙樂地：離於前地之喜，而身得勝樂之境地，「色界第三禪」天屬此。

⑤捨念清淨地：捨前前地之喜與前地之樂，而心達安靜平等（卽捨）、自覺（卽念）之清淨境地，「色界第四禪天」屬此。

⑥空無邊處地：離「色界」之物質性，而證得「虛空無邊自在性」之境地，「無色界第一天」屬此。

⑦識無邊處地：得「識無限闊達性」之境地，「無色界第二天」屬此。

⑧無所有處地：離前二地之動性，沈潛於「一無所有」之寂靜想境地，「無色界第三天」屬此。

⑨非想非非想處地：「有想」與「無想」俱離，而不偏於「有、無」，達平等安靜之境地，「無色界第四天（卽有頂天）」屬此。

本頌中所指的「二地」，是指「欲界」的「五趣雜居地」，及「色界」的「離生喜樂地」。「離生喜樂地」的範圍，「初禪三天」皆屬之；「居」是「止」的意思。「眼、耳、身三識」的作用，只到「初禪天」為止，若到「二禪天」的「定生喜樂地」，其「靜慮之心」，專注於第六識「意識」，「前五識」都不現起。

因為，此界眾生是「化生」，有微妙「色身」，為莊嚴「身相」，「五根」完整，但是不起用。所以，「欲界」眾生，「八識」具備；「色界初禪」的「離生喜樂地」，「前五識」的「鼻識」和「舌識」二識不起作用，只有「八識」中的「六識」；到「二禪天」，「眼識、耳識、身識」三識亦不起用。

◎白話翻譯：【眼耳身三二地居】

「眼識、耳識、身識」這三個識，除了在「三界九地」的「初地」，即「五趣雜居地」起作用外，還在「三界九地」中的「二地」，即「離生喜樂地」起作用。但是，作用止於「二地」，而「鼻識」和「舌識」只可以在「五趣雜居地」裡活動，在「離生喜樂地」就不起作用了。

3.【遍行⑴別境⑵善十一⑶】

【註釋】

⑴遍行：即「遍行心所」，指於一切性、一切地、一切時、一切俱生起的「心所」，即「觸、作意、受、想、思」等五種「心所」。

⑵別境：即「別境心所」，指於一切性、一切地，於境有起有不起的「心所」，即「欲、勝解、念、定、慧」等五種「心所」。

⑶善十一：卽「善心所」，指其性善，唯起於善心品的「心所」，卽「信、精進、慚、愧、無貪、無瞋、無癡、輕安、不放逸、行捨、不害」等十一種「心所」。

◎白話翻譯：【遍行別境善十一】

「八識」各有「心王」與「心所」，「識」的本體爲「心王」，與「識」相應而起的「心理活動」爲「心所有法」，簡稱「心所」。「心所」是指與「八識」八個「心王」相應，而生起的八個「心理活動」。

「前五識」與第六識「意識」相應，配合起來共同生起的「心所（心理活動）」，共有二十一個「心所」，卽：

①五個「遍行心所（觸、作意、受、想、思）」；

②五個「別境心所（欲、勝解、念、定、慧）」；

③還有十一個「善心所（信、精進、慚、愧、無貪、無瞋、無癡、輕安、不放逸、行捨、不害）」。

4.【中二⑴大八⑵貪瞋痴⑶】

【註釋】

⑴中二：卽「中隨煩惱」，指「無慚、無愧」二種「隨煩惱」。在「大乘唯識家」所立的二十種「隨煩惱」中，「無慚、無愧」二者乃遍一切「不善心」而俱起，其行位之寬狹，在「大隨煩惱」與「小隨煩惱」之間，故稱爲「中隨煩惱」。

⑵大八：卽「大隨煩惱」，指恆與「染污心」相應的「煩惱」。計有八種，卽：不信、懈怠、

放逸（卽放縱欲望而不精勤修習諸善之精神狀態）、掉擧（指心浮動不安之精神作用）、昏沉、失念（指對於所攀緣境及諸善法不能明白記憶之精神作用）、散亂、不正知（卽不符合佛教教義之認識）。

(3)貪瞋痴：卽「根本煩惱」，與「隨煩惱」對稱，指「貪欲、瞋恚（ㄔㄣ　ㄏㄨㄟˋ，忿怒怨恨）、愚癡（又稱作無明，卽無智無明，闇愚迷惑，對事物不能下一適當的判斷。）」。

◎白話翻譯：【中二大八貪瞋痴】

「隨煩惱」是指隨「根本煩惱」而生起的「煩惱心所」，卽「忿、恨、惱、覆、誑、諂、憍、害、嫉、慳、無慚、無愧、不信、懈怠、放逸、惛沈、掉擧、失念、不正知、散亂」等二十種「心所」，與「根本煩惱」相對稱。

根據《成唯識論》卷六記載，「隨煩惱」指「根本煩惱」之「六大惑」以外的二十種法，可分爲三類，故又稱「三隨煩惱」。卽：

(1)小隨煩惱：指忿、恨、覆、惱、嫉、慳、誑、諂、害、憍等十種；此十種煩惱各別而起，故稱小隨煩惱。

(2)中隨煩惱：指無慚、無愧；此二種煩惱遍於一切之不善心，稱爲中隨煩惱。

(3)大隨煩惱：指掉擧、惛沈、不信、懈怠、放逸、失念、散亂、不正知等八種；此八種煩惱遍於一切染污心，而輾轉與小、中隨煩惱俱生，故稱大隨煩惱。

在「煩惱心所」方面，可與「前五識」一同生起作用的，有兩個「中隨煩惱心所」，卽「無慚、無愧」；有八個「大隨煩惱心所」，卽「掉擧、惛沈、不信、懈怠、放逸、失念、散亂、不正

知」；還有三個「根本煩惱心所」，卽「貪、瞋、癡」。

5.【五識⑴同依淨色根⑵】

【註釋】

⑴五識：五種心識，指「眼識、耳識、鼻識、舌識、身識」，是「八識」中的前五識，故亦稱爲「前五識」。「五識」中，

「眼識」以「眼根」爲所依，攀緣「色境」；

「耳識」以「耳根」爲所依，攀緣「聲境」；

「鼻識」以「鼻根」爲所依，攀緣「香境」；

「舌識」以「舌根」爲所依，攀緣「味境」；

「身識」以「身根」爲所依，攀緣「觸境」。

⑵淨色根：又稱爲「正根、勝義根」，是以「地、水、火、風」四大種所造之「淨色」爲體，具有「發識取境」之作用，相當於「現代生理學」的「神經系統」。

◎白話翻譯：【五識同依淨色根】

「五識（眼識、耳識、鼻識、舌識、身識）」的生起，同樣都需要依靠各自細微的「色根」，卽「五根（眼根、耳根、鼻根、舌根、身根）」，相當於現代「生理學」的「神經系統」。

「小乘佛教」和「大乘唯識學派」將「五根（眼、耳、鼻、舌、身）」分爲「扶塵根」與「勝義根」，「扶塵根」卽指「眼球、耳朵、鼻柱、嘴巴」等可見部分；各「浮塵根」的內部，尚有一種卽「現代生理學」所講的「眼神經，耳神經」等「神經系統」，這些「神經系統」，還是由「四

大種」所造，屬於「色法」範圍。「五識」的生起，要靠這些「神經系統」的作用，而「神經系統」相當微細，其體清淨，故稱「淨色根」。

6.【九緣⑴七八⑵好相鄰⑶】

【註釋】

⑴九緣：「緣」是「助成」的意思，「九緣」即「九種之緣」生「八種之識」。「識」藉「緣」生，「緣」因「識」有，更互爲依，遞相倚託，而有多少不同，故稱「九緣生識」。根據《成唯識論》卷二至卷五所記載的「九緣」如下：

①明緣：「明」指日月之光，能顯諸色相。謂「眼」因「明」而「見」，無「明」則不能發於「眼識」，故「明」爲「眼識」之緣。

②空緣：「空（距離）」指蕩然無礙，而能顯「諸色相」。謂「眼」以「空」而能「見」，「耳」以「空」而能「聞」，無「空」則不能發「眼、耳」之識，故「空」爲「眼識」與「耳識」之緣。

③根緣：「根」指「五根（眼、耳、鼻、舌、身）」。謂「眼識」依「眼根」而能「見」，「耳識」依「耳根」而能「聞」，「鼻識」依「鼻根」而能「嗅」，「舌識」依「舌根」而能「嚐」，「身識」依「身根」而能「覺」，若無「五根」，則「五識」無所依，故「五根」爲「五識」之緣。

④境緣：「境」指「五塵（色、聲、香、味、觸）」之境。謂「五根」雖然具有「五識（見、聞、嗅、嘗、覺）」，若無「五塵」之境爲對，則「五識」無由能發，故「境」爲

「五識」之緣。

⑤作意緣：「作意」是「心所法」，卽突然警覺，而將心投注某處，以引起活動之精神作用，有「覺察」的意思。謂如「眼」初對「色」時，便能「覺察」，引領「趣境」，使第六識「意識」卽起分別「善惡之念」；及「耳、鼻、舌、身」初對「境」時，亦能如是「覺察」引領。所以，遍行一切「識境」，皆由「作意」，故「作意」爲「六識」之緣。

⑥根本依緣：「根本」卽第八識「阿賴耶識」；「依」指倚託。謂第八識「阿賴耶識」爲諸識的根本，「六識」依第八識「阿賴耶識」的「相分（由『心識』所變現的外境）」而得生，第八識「阿賴耶識」的「相分」，託「六識」而得起，故「根本依」爲「六識」及第八識「阿賴耶識」之緣。

⑦染淨依緣：「染淨依」卽第七「末那識」，一切「染淨諸法」皆依此識而轉。謂「六識」，於「六塵境」上，起「諸煩惱惑業」，則轉此「煩惱染法」歸於第八識「阿賴耶識」而成「有漏（有煩惱）」，若「六識」修「諸道品」的「白淨之業」，則轉此「道品淨法」歸於第八識「阿賴耶識」而成「無漏（無煩惱）」，故稱爲「染淨依」。然此第七識「末那識」亦依第八識「阿賴耶識」而能轉，第八識「阿賴耶識」依第七識「末那識」而隨緣，更互爲依，遞相倚託，故「染淨依」爲「八識」之緣。

⑧分別依緣：「分別」卽第六識「意識」，此識能分別「善惡、有漏無漏、色心諸法」；以「五根」雖能取境，然皆依第六識「意識」而有分別。是知「五根境」之好惡，由「分別」而生；第七識「末那識」之「染淨」，由「分別」而知；第八識「阿賴耶識」之「相

分」，由「分別」而顯，故「分別依」爲「八識」之緣。
⑨種子緣：「種子」卽「八識」之種子。謂「眼識」依「眼根種子」而能「見色」，「耳識」依「耳根種子」而能「聞聲」，「鼻識」依「鼻根種子」而能「聞香」，「舌識」依「舌根種子」而能「嚐味」，「身識」依「身根種子」而能「覺觸」，第六識「意識」依「意根種子」而能「分別」，第七識「末那識」依「染淨種子」而能「相續」，第八識「阿賴耶識」依「含藏種子」而能「生出一切諸法」，以「諸識各依種子」而生，故「種子」爲「五根諸識」之緣。
⑵七八：指「七緣」和「八緣」，「八識」需要依靠的「緣數」如下：
①眼識九緣（明、空、根、境、作意、分別依、染淨依、根本依、種子）；
②耳識八緣（耳識不要靠光明可以聽到聲音，所以耳識除明以外，只要其他八個緣）；
③鼻識、舌識、身識七緣（因爲鼻、舌、身等三識的生起，不需要距離與光明）。
⑶好相鄰：所以，「鼻識、舌識、身識」這三種識，除了「空、明」以外，只要「七緣」就可以。「前五識」所需要的「緣」大同小異，因此「好相鄰近」。
◎白話翻譯：【九緣七八好相鄰】
「眼識」生起「了別作用」，需要具備「九緣（九個條件）」，包括「光明、空間、眼根、色境、作意、分別依（卽第六識『意識』）、染淨依卽（第七識『末那識』）、根本依（卽第八識『阿賴耶識』）、因緣依（卽『自身種子）』；「耳識」生起「了別作用」，需要具備「八緣（八個條件）」，卽略去「光明」；「鼻識、舌識、身識」生起作用，需要具備「七緣（七個條

件）」，即略去「光明」和「空間（距離）」。不論「九緣」、「八緣」或「七緣」，每一組「緣」，都是一同起作用的「好相鄰」。

7.【合三⑴離二⑵觀塵世⑶】

【註釋】

⑴合三：要「根」和「境」相合，才能起作用的，有「鼻識、舌識、身識」三者。

⑵離二：要「根」和「境」分離，才能起作用的，有「眼識、耳識」這兩種識。

⑶觀塵世：「前五識」的作用是「觀察塵世」。

◎白話翻譯：【合三離二觀塵世】

「鼻識、舌識、身識」與「香、味、觸」等外塵，要相合的時候，才有感受，有了「空（距離）」反而無法感受得到。「眼識、耳識」則不同，一定要有「空（距離）」，才能夠看得到東西，聽得到聲音。「前五識」觀察塵世，有這樣的不同。

8.【愚者⑴難分識與根⑵】

【註釋】

⑴愚者：這裡所說的愚者，並不是指「沒有知識的愚人」，而是指「一般普通人」，包括許多「科學家」，對於人類的生理，也只能了解到眼睛、耳朵等的作用，是靠神經細胞。

⑵識與根：「唯識學」上的「八識」與「五根」。

◎白話翻譯：【愚者難分識與根】

一般普通人，無法理解還有一個超出「物理範圍」以外的「精神作用」，這一種「精神作用」，在「唯識學」上稱爲「八識」與「五根」。一般普通人，對於「八識」與「五根」，是很難分別清楚的。

9.【變相⑴觀空唯後得⑵】

【註釋】

⑴變相：變現「空相」。「空相」是指「諸法」皆「空之相狀」，或指「眞空之體相」。「因緣」生法，無有「自性」，即「空之相狀」。

⑵後得：即「後得智」，又稱作「無分別後智、後得無分別智」，是轉「前五識」成「成所作智」而得，與「根本無分別智（根本智）」相對。「根本智」是諸智之根本，以其能契證「眞如」之妙理，平等如實，無有差別，故亦稱「無分別智」。「根本智」爲「非能分別、非所分別」，「後得智」則爲「所分別、能分別」。

◎白話翻譯：【變相觀空唯後得】

修習「唯識行」，進入「見道位（爲修行之階位。見道以前者爲凡夫，入見道以後則爲聖者。）」之後，「根本智」生起，直證「眞如」，此時「前五識」從「有漏」轉爲「無漏」時，得到「成所作智」，即成辦自他所作事業之智。

轉「前五識」爲「成所作智」，是在得「根本智」之後，所以稱爲「後得智」。同時，「前五識」不能直證「眞如本性」，只能夠變「我空」的影像而「審觀」之，這就是「變相觀空唯後得」。

10.【果中⑴猶自不詮眞⑵】

【註釋】

(1)果中：「果位」之中，「果位」是指修佛所達到的境界。

(2)詮眞：「詮」是「證得」的意思，「眞」是「眞如」。

◎白話翻譯：【果中猶自不詮眞】

「前五識」只能夠觀察「境相」，即使在「佛的果位」中，仍然不能證得「眞如」。雖然「前五識」在證「佛果」時，轉爲「成所作智」，而「成所作智」依「色根」生起，外取「境相」爲用，雖然屬於「現量」，但是只能夠觀察「諸法事相」，不能觀察「諸法眞理」，必須在證到「根本智」以後始轉，所以屬於「後得智」，又於果位中不直證「眞如本性」，所以說「果中猶自不詮眞」。

11.【圓明(1)初發成無漏(2)】

【註釋】

(1)圓明：指第八識「阿賴耶識」轉爲「大圓鏡智」。

(2)無漏：「漏」爲「漏泄」之意，是「煩惱」的異名。「貪、瞋、癡」等「煩惱」，日夜由眼、耳等「六根門」漏泄不止，故稱爲「漏」。又「漏」有「漏落」之意，「煩惱」能令人落入於「三惡道」，故稱「漏」。此處的「無漏」，是指轉「前五識」而成「的成所作智」，這是一種「無漏智」。

◎白話翻譯：【圓明初發成無漏】

必須等待第八識「阿賴耶識」初轉爲「大圓鏡智」的那一刹那之間，「前五識」也同時轉爲

「無漏」的「成所作智」。「成所作智」成辦一切「佛事」，所以稱爲「成所作智」。至此，與「前五識」相應的「根本煩惱（貪、嗔、癡）」、「大八隨煩惱」、「中二隨煩惱」盡皆捨除，即「五遍行心所」、「五別境心所」、「善法十一心所」，也都轉成「無漏」了。

12.【三類分身⑴息苦輪⑵】

【註釋】

⑴三類分身：三類分身是：

①爲適應「大乘四加行位菩薩」的「機宜（依據當時情況處理事務的方針、辦法等）」，示現「千丈盧舍那身」，宣說地上的「十波羅蜜」，令其依法修行，息其「變易生死的苦輪」。

②爲適應「二乘」及「凡夫」的機宜，示現「六小化身」丈，爲說「四諦法門（苦、集、滅、道）」，令其依「四諦法」修行，息其「分段生死的法苦輪」。

③爲適應各類不同的衆生，示現種種化身，說不同的教法，使得不同的衆生，息諸苦輪。

⑵苦輪：「衆生」的「生死之苦果」流轉不息，迴轉如輪，故稱爲「苦輪」。「苦輪不息」是比喻「衆生」由於「貪愛」之故，遂於「六道」中流轉不息。

◎白話翻譯：【三類分身息苦輪】

「成所作智」既能變現出「千丈盧舍那身」，爲「四加行菩薩」說法，亦能變現出「丈六化身」，爲「二乘」及「凡夫」說法，也能變現出「種種化身」，爲「不同衆生」說法，目的都是止息衆生的「生死輪迴之苦」。

（二）第六識頌

三性三量通三境，三界輪時易可知，相應心所五十一，善惡臨時別配之。
性界受三恆轉易，根隨信等總相連，動身發語獨為最，引滿能招業力牽。
發起初心歡喜地，俱生猶自現纏眠，遠行地後純無漏，觀察圓明照大千。

1.【三性⑴三量⑵通三境⑶】

【註釋】

⑴三性：指「善性、惡性、無記性」三性。

①善性：第六識「意識」的作用，通於「善、惡、無記」三性，當「心識」生起，一念「濟世利人之心」生起，「十一個善心所」與之相應，則爲「善法」。

②惡性：如果一念「損人利己之心」生起，「二十六個煩惱心所」與之相應，則爲「惡法」。

③無記性：如果「獨頭意識」作意籌度，「或利人或利己」，亦通於「善惡」，如「獨頭意識」任由「意念」遊走，既無「有益人群之心」，亦無「謀己私利之意」，就成爲「無記法」。

⑵三量：「量」是尺度、標準之意，指知識之來源、認識形式，及判定知識眞僞之標準。「識量」有三種，卽「現量、比量、非量」。「前五識」唯是「現量」，第六識「意識」五俱意識初起，第一剎那是「現量」，第二念卽墮入「比量」。「獨頭意識」中的「定位意識」是「現量」，「夢中意識」是「非量」，「散位意識」通於「三量」。「三量」卽：

①現量：又稱「眞現量」。當「對境」時，無任何「分別籌度之心」，各各逼附自體，顯現分明，照了量知。亦卽由「五官能力」直接覺知「外界之現象」；此一「覺知」是構成「知識」的最基礎來源。

②比量：是由「既知之境」比附量度，而能正確推知「未現前」及「未知」之境。

③非量：卽「似現量、似比量」之總稱。乃非正確無訛之「現量、比量」，或「非可量知之量」。

⑶三境：又稱爲「三類境、三境」。「心識」攀緣「境（外境）」，「境」有三類，卽「性境、獨影境、帶質境」，「前五識」唯緣「性境」，第六識「意識」通於「三境」。「三境」是將所攀緣的「對境」，依其性質，而類別爲三種。卽：

①性境：指眞實之境。此境自守其性，並不隨心。卽指具有眞實體性與作用，由實種子所生起之境。包括第八識「阿賴耶識」的「相分（種子、五根、器世間）」、「前五識」及「五俱意識（與前五識之任一者同時生起）」之「相分」等。

②獨影境：「獨」者，簡別於「本質」；「影」，爲「影像」，卽「相分」。謂依「能攀緣之心」的「妄分別」而變起之境，別無「本質」，僅爲「影像」。如第六識「意識」的「妄分別」變出的「龜毛、兔角、空中之花」等，全屬「幻影」。

③帶質境：「帶質」卽兼帶「本質」。謂「能攀緣之心」攀緣「所攀緣之境」，其「相分」有所依的「本質」，而不得境之「自相」。此境是由「心、境」二者之力合成，居於「性境」與「獨影境」之間。例如第七識「末那識」攀緣第八識「阿賴耶識」「見分（指諸識

能攀緣的作用，爲認識事物的主體。）」的「相分」，及第六識「意識」追想「過去之形像」者。

◎白話翻譯：【三性三量通三境】

「前五識」通「三性（善性、惡性、無記性）」，而第六識「意識」卻具備了「三性」，也有「純然直觀、分析推理、錯誤認知」這三種認識方式，稱爲「三量（現量、比量、非量）」，而它所接觸的「境」，也有「眞實的境、半據實質半由構想的境、純粹構想的境」三種「境」，稱爲「三境（性境、帶質境、獨影境）」。

2.【三界⑴輪時易可知】

【註釋】

⑴三界：指衆生所居之「欲界、色界、無色界」。此乃迷妄之「有情」在「生滅變化」中流轉，依其境界所分之三階級；又「三界」迷苦之領域，如大海之無邊際，故又稱「苦界、苦海」。「三界」即：

①欲界：即具有「婬欲、情欲、色欲、食欲」等「有情」所居之世界。上自第六「他化自在天」，中包括「人界」之「四大洲」，下至「無間地獄」等二十處；因男女參居，多諸染欲，故稱「欲界」。

②色界：「色」爲「變礙」之義或「示現」之義，乃遠離「欲界」的「婬、食」二欲而仍具有「清淨色質」等「有情」所居之世界。此界在「欲界」之上，無有欲染，亦無女形，其衆生皆由「化生」；其「宮殿」高大，是由「色之化生」，一切均殊妙精好。以其尚有

「色質」，故稱「色界」。此界依「禪定」之「深淺粗妙」而分四級，從「初禪梵天」，終至「阿迦膩吒天」，凡有十八天。

③無色界：唯有「受、想、行、識」四心，而無「物質」之「有情」所住之世界。此界無一「物質之物」，亦無「身體、宮殿、國土」，唯以「心識」住於「深妙之禪定」，故稱「無色界」。此界在「色界」之上，共有「四天（空無邊處天、識無邊處天、無所有處天、非想非非想處天）」，又稱為「四無色天、四空處天」。

◎白話翻譯：【三界輪時易可知】

不管輪迴於「三界（欲界、色界、無色界）」中的哪一界，第六識「意識」都是很容易被覺察到的。「三界（欲界、色界、無色界）」是「有情業力」招感的依報，牽引「果報體（第八識『阿賴耶識』）」受報的，就是由第六識「意識」負責。第六識「意識」通於「三界」，若造作「五趣雜業」，則「業力」寄託的「果報體」就落入「欲果」；若造作「四禪定業」，「果報體」即落入「色界」；若造作「四空定業」，則「果報體」落入「無色界」。「果報識」在「三界」輪迴，以造作的「業力」而定。所以，「鑒因知果」，事先便有跡象可尋，此即是「三界輪時亦易可知」。

3.【相應⑴心所五十一⑵】

【註釋】

⑴相應：此指的是「王所相應」，即是八個「心王」與「心所」相應的情形。

⑵心所五十一：「心所」是指與「八識」八個「心王」相應，而起的八個「心理活動」。可與第六識「意識」一同生起的「心所」，共有五十一個心所：

①五遍行：五個「遍行心所」，「遍行」爲「唯識宗」所立「六位心所（遍行、別境、善、煩惱、隨煩惱、不定）」之一，與「別境」相對。「遍行」是指任何「認識作用」發生時，所生起的「心理活動」，因其具有「普遍性」，故稱「遍行」。「五遍行」是指周遍於一切「心王、心所」而相應的五種「心所」，卽觸、作意、受、想、思等五者。

②五別境：五個「別境心所」，卽攀緣各別不同的境界，所生的五種「心所」，卽「欲、勝解（心感到興趣，能夠了解與理解，能夠決定的能力。）、念、定、慧」。此五種「心所」通於「善、惡、無記」三性及「三界九地」而起，具「一切性」與「一切地」二義，而無「一切時」與「一切俱之」二義。其中，雖然「定、慧」二者爲「同一境轉」，但是「欲、勝解、念」等爲「別境轉」，故就多分而稱爲「別境」。

③十一善心所：十一個「善心所」，善的心理有十一種，稱爲「善心所法」，卽：「信、慚、愧、無貪、無瞋、無癡、精進、輕安、不放逸、行捨、不害。「心所有法」共五十一種，或善或惡不定，唯有這十一種「心所有法」，是純粹「善法」，爲一切「佛教徒」所需要學習。

④六根本煩惱心所：六個「根本煩惱心所」，又稱作「本惑、根本惑」，略稱作「煩惱」。與「隨煩惱」對稱。指諸惑之體可分爲「貪、瞋、癡、慢、惡見、疑」等六種根本之煩惱。

⑤二十隨煩惱心所：二十個「隨煩惱心所」，是「根本煩惱」以外的二十個法，爲「隨煩惱」，二十種「隨煩惱」卽：「忿、恨、覆、惱、嫉、慳、誑、諂、害、憍、無慚、無

愧、掉舉、昏沈、不信、懈怠、放逸、失念、散亂、不正知」。

⑥四不定心所：四個「不定心所」，是「六位心所（遍行、別境、善、煩惱、隨煩惱、不定）」的第六個。「不定心所」異於前五位的「心所」，是隨應於「善、染」等而不定的「悔、眠、尋、伺」等四心所。

◎白話翻譯：【相應心所五十一】

「心王」有八個，「心所」有五十一個，在八個「心王」中，唯一與「五十一個心所全體相應的，只有第六識「意識」。「五十一個心所」即：

(1)五遍行（作意、觸、受、想、思）

(2)五別境（欲、勝解、念、定、慧」

(3)十一善（信、精進、慚、愧、無貪、無瞋、無癡、輕安、不放逸、行捨、不害）

(4)六根本煩惱（貪、瞋、痴、慢、疑、惡見）

(5)二十隨煩惱（忿、恨、惱、覆、誑、諂、憍、害、嫉、慳、無慚、無愧、不信、懈怠、放逸、昏沉、掉舉、失念、不正知、散亂）

(6)四不定（悔、眠、尋、伺）

4.【善惡(1)臨時別配之(2)】

【註釋】

(1)善惡：「善念」和「惡念」。

(2)別配之：「五十一心所」分別支配與「善、惡、無記」之相應。

◎白話翻譯：【善惡臨時別配之】

雖然第六識「意識」可與「五十一個心所」相應，但是實際上與哪些「心所」配合，要看臨時的「個別情況」而定，比如「一念善」，則與「善心所」相應，「一念惡」，則與「煩惱心所」相應。

5.【性界受三⑴恆轉易⑵】

【註釋】

⑴性界受三：「性」指「善、惡、無記」三性；「界」是「欲界、色界、無色界」三界；「受」是「樂、苦、憂、喜、捨」五受；「三」是指「三性、三界、五受」這三項。

⑵恆轉易：恆常變動不居，就是所謂的「心隨境轉」。

◎白話翻譯：【性界受三恆轉易】

第六識「意識」既可以屬於「善性」、「惡性」或「無記性」，也可以處於「欲界」、「色界」或「無色界」，也可以感覺「樂受」、「苦受」、「憂受」、「喜受」或「捨受」，總是「心隨境轉」，恆常變動不居的。

6.【根隨⑴信等⑵總相連⑶】

【註釋】

⑴根隨：「根」是「根本煩惱心所」，「隨」是「大、中、小隨煩惱心所」。

⑵信等：「信等」是信、精進、慚、愧、無貪、無瞋、無癡、輕安、不放逸、行捨、不害等，十一個「善心所」。

(3)總相連：總會連同第六識「意識」而生起。

◎白話翻譯：【根隨信等總相連】

不論「根本煩惱心所」、「大、中、小隨煩惱心所」或「信」等十一個「善心所」，總會連同第六識「意識」而生起的。「善、惡、無記」這「三性」的轉易，第六識「意識」的「心王」與「心所」互相牽連，協同造作，造作的後果就是「業」。

7.【動身(1)發語(2)獨爲最(3)】

【註釋】

(1)動身：身體的動作。

(2)發語：口中的言說

(3)獨爲最：受「思心所」支配最厲害。

◎白話翻譯：【動身發語獨爲最】

「身體的動作」和「口中的言說」，都受第六識「意識」的支配，尤其是受「思心所」的支配最厲害。也就是說，「身體的動作」和「口中的言說」都是以第六識「意識」的作用最爲強大。因此，第六識「意識」若「一念起善」，則有「身體」和「口語」的「善行善語」；若「一念起惡」，則有「身體」和「口語」的「惡行惡語」，「身體」和「口語」兩者的行爲，全都是第六識「意識」推動引發，第六識「意識」作用強銳，所以稱它「動身發語獨爲最」。

8.【引(1)滿(2)能招業力(3)牽】

【註釋】

⑴引：是「引業」，是「起始之業」，「引」就是「引導牽引」，牽引到「六道」受報的「果業」，爲「滿業」的對稱。與第六識「意識」相應的「思心所」，造作的強有力的「善惡業」，「熏習」所成的「業種子」，含藏在第八識「阿賴耶識」中，到了「業力成熟」時，能牽引第八識「阿賴耶識」在「六道」中，感受一期相續不斷的「苦樂總報體」，即是在「某一道」中的一期「生命體」。

⑵滿：是「滿業」、可說是「業的究竟」，這是「前五識」相應的「思心所」，所造的「善惡業」，此業亦是由第六識「意識」所引起，但是不如「引業」的思強而有力，故其造成的「業力」非常薄弱，此種「薄弱業力」熏成的「業種子」，含藏在第八識「阿賴耶識」中，到了「業力成熟」時，能招感「六道總報」的「別報」。第八識「阿賴耶識」之果，稱爲「總報」；「前六識」之果，稱爲「別報」；二者合稱「總別二果」。因第八識「阿賴耶識」之「引業力」能牽引「衆生」感得「六道」等異熟之總體，稱爲「總報」；另外，「前六識」之「滿業力」所感受之異熟生各不相同，例如：肢體、諸根等各自有別，稱爲「別報」。譬如：人類，其同生爲「人界」之果報，即稱「總報」，而此中各人千差萬別之「貧富、美醜、智愚」等，即稱「別報」。

⑶業力：「善惡之業」有生起「苦樂果」之力用，稱爲「業力」。

◎白話翻譯：【引滿能招業力牽】

身口意三業，能招「引業」和「滿業」二種業果，第六識「意識」不斷造「善惡業」，在「業力」的牽引下，牽引第八識「阿賴耶識」受「生死輪迴」之苦。

9.【發起初心⑴歡喜地⑵】

【註釋】

⑴初心：是「菩薩」在修習過程中，歷經「十住、十行、十回向位」，初登「十地」中的「初地（歡喜地）」入心。

⑵歡喜地：「十地」中的「初地（第一地）」。「菩薩」修行的過程，必須歷經「五十二位」中的「第四十一」至「第五十」之位，即「十地」，「十地」的名稱如下：「歡喜地、離垢地、發光地、焰慧地、難勝地、現前地、遠行地、不動地、善慧地、法雲地」。「菩薩」初登此位之際，即生「無漏智」，見「佛性」，乃至成爲「聖者」，長養「佛智」。並以其護育一切衆生，故此位亦稱「地位」。「地位」之「菩薩」稱爲「地上菩薩」；登「初地（初歡喜地）」之「菩薩」，稱爲「登地菩薩」，「初地」以前之「菩薩」，稱爲「地前菩薩」，即指「十住、十行、十迴向」之「地前三十心」。

◎白話翻譯：【發起初心歡喜地】

「菩薩」修行登入「見道位」，即初登「十地」中的「歡喜地」。至此，已經斷分別的「我、法二執」，能夠「自利利他」，生「大歡喜」，故「初地」名「歡喜地」。入「歡喜地」，由第六識「意識」轉的「妙觀察智」，已經開始發起，所以說「發起初心歡喜地」。

10.【俱生⑴猶自⑵現纏眠⑶】

【註釋】

⑴俱生：又稱作「俱生起」，與「分別起」對稱。「煩惱」生起時，有二種型態，即：

①俱生起：與生俱來的「先天性煩惱」。

②分別起：因「邪教、邪師」等外部勢力，或「自己不當之推理分別」所起的「後天性煩惱」。

「分別起」的性質強烈，但是容易斷除，而「俱生起」的性質微細，反而極難斷。「斷除煩惱」有次第，「分別起的惑」當爲「佛道」實踐第一階段的「見道」所斷除，故稱「見惑」。「俱生起」的惑爲第二階段的「修道」斷除，故稱「修惑」。又「我執」，亦分「俱生我執」、「分別我執」二種。

◆我執：「執著實我」之意。衆生之體，原爲「五蘊」的假和合，若妄執具有「主宰作用」的「實體個我」之存在，而產生「我」與「我所」等的「妄想分別」，卽稱「我執」。「我執」可分爲二種：

①俱生我執：卽「先天性的我執」，由「無始」以來，虛妄熏習「內因力」之故，恆與身俱，不待「邪教」及「邪分別」，任運而轉，故謂「俱生」。

②分別我執：卽「後天所起之我執」，乃由現在「外緣力」之故，非與身俱，須待「邪教」及「邪分別」然後方起，故謂「分別我執」。

「分別起」的「我執」，能生「發業」之用；「俱生起」之「我執」，能起「潤生」之用，皆能擾惱「衆生」的身心，而令其「輪迴生死」。

(2)猶自：尙且；依然，表示進一層的意思。

(3)現纏眠：「眠」卽「隨眠」，爲「煩惱」的異名，又稱「種子」。「煩惱」隨逐我人，令入昏昧沉重的狀態；「煩惱」的活動狀態微細難知，與「對境」及「相應之心、心所」相互影響而增強（隨增），以其束縛（隨縛）我人，故稱爲「隨眠」。俱生二執種子（俱生我執、分別我執）現行，卽「現纏眠」。

◎白話翻譯：【俱生猶自現纏眠】

修行到了發起「初心」的「初地歡喜地」的時候，此時只斷除「分別我執」，還未能斷除「俱生我執」。於「入定」時，「俱生我執」雖然暫伏不起，但是「出定」時，「俱生我執」依然再起。因爲，「俱生二執」未斷，所以第六識「意識」所轉的「妙觀察智」，仍然是「下品的妙觀察智」。

11.【遠行地⑴後純無漏⑵】

【註釋】

⑴遠行地：爲菩薩「十地」的「第七地」。又稱作「深行地、深入地、深遠地」。此地的「菩薩」住於純「無相觀」，遠出過「世間」與「二乘」的「有相行」，故有此稱。「菩薩」於此地修行「方便善巧波羅蜜」，斷除「細相現行障」，證得「法無別眞如」。

⑵無漏：「有漏」的對稱。「漏」是「漏泄」之意，爲「煩惱」的異名。「貪、瞋、癡」等「煩惱」，日夜由眼、耳等「六根門」漏泄不止，故稱爲「漏」。又「漏」有「漏落」之意，「煩惱」能令人落入於「三惡道」，故稱爲「漏」。因之稱「有煩惱之法」爲「有漏」；稱「離煩惱垢染之淸淨法」爲「無漏」，如「涅槃、菩提」，與一切能斷除「三界煩惱」之法，均屬「無漏」。

◎白話翻譯：【遠行地後純無漏】

「菩薩」修行，直到「十地」中的第七地「遠行地」之後，即到達第八地「不動地」，第六識「意識」才轉爲「中品妙觀察智」，到「十地」圓滿，方成純淨「無漏」的「上品妙觀察智」。

12.【觀察⑴圓明⑵照大千⑶】

【註釋】

⑴觀察：卽「妙觀察智」，是巧妙觀察諸法而自在說法之智，爲轉第六識「意識」所得者。

⑵圓明：指圓鏡明亮光潔，比喻「徹底領悟」。

⑶大千：名相：卽「大千世界」，爲古代「印度人」的「宇宙觀」。古代「印度人」以「四大洲」及「日月諸天」爲一「小世界」，合「一千小世界」爲「小千世界」；合「一千小千世界」爲「中千世界」；合「一千中千世界」爲「大千世界」。今之俗語乃襲用佛教「大千世界」一詞，轉用於形容「人間之紛紜諸相」。「小千、中千、大千」並提，則稱爲「三千大千世界」。

◎白話翻譯：【觀察圓明照大千】

「菩薩」修行，直到第十地「法雲地」，當第六識「意識」在「成佛」的剎那間，轉爲「妙觀察智」，就像一面在「虛空」中的「鏡子」一樣，可以圓明觀照「大千世界」，觀看整個宇宙。

(三) 第七識頌

帶質有覆通情本，隨緣執我量為非，八大遍行別境慧，貪痴我見慢相隨。

恆審思量我相隨，有情日夜鎮昏迷，四惑八大相應起，六轉呼為染淨依。
極喜初心平等性，無功用行我恆摧，如來現起他受用，十地菩薩所被機。

1.【帶質⑴有覆⑵通情本⑶】

【註釋】

⑴帶質：即「帶質境」，「帶質」即「兼帶本質」。謂能攀緣的「心緣」，所攀緣的「境」，其「相分（由『心識』所變現的外境）」有所依的「本質」，而不得「境」的「自相（自性）」。此「境」是由「心、境」二者之力合成，居於「性境」與「獨影境」之間。如第七識「末那識」攀緣第八識「阿賴耶識」「見分（指諸識能攀緣的作用，爲認識事物的主體。）」的「相分（由『心識』所變現的外境）」，及第六識「意識」追想過去的形像者。

⑵有覆：即「有覆無記」，爲「無記」的一種。其性染污，覆障「聖道」，又能蔽心，使心不淨，故稱「有覆」；可是因其威力弱，不能引生「異熟果（現生所作之因，而於異世成熟其果。）」，故稱爲「有覆無記」。至於「不善等法」，雖亦能障蔽「聖道」，然以其威力強，可招感「異熟果」，故不稱爲有覆無記。

⑶通情本：第七識「末那識」的「帶質境」，通於「情本」，「情」是「能變識」，即第七識「末那識」的「見分（指諸識能攀緣的作用，爲認識事物的主體。）」；「本」是「本質境」，即第八識「阿賴耶識」「見分」，由能變的「情識」，托第八識「阿賴耶識」「見分」的本質，而挾帶出虛幻的「我相」。這一種「有情衆生」的「我執作用」，與第八識「阿賴耶識」的「根本」相通，所以稱爲「通情本」。

◆「帶質境」有三種「通情本」。「情」，爲「能變識」，卽第七識「末那識」的「見分（指諸識能攀緣的作用，爲認識事物的主體。）」能攀緣的「見分」；「本」，爲「本質境」。卽：

①性通情本：謂如第七識「末那識」的「見分」攀緣第八識「阿賴耶識」的「見分」時，所變的「相分（由『心識』所變現的外境）」無「別種」生，一半與「本質」同種生，一半與能攀緣的「見分」同種生，若從「本質」生者，爲「無覆無記性」，若隨「能攀緣的見分」生者，則爲「有覆無記性」，其性不定。

②界通情本：又稱「繫通情本」。謂此「相分」的「界地」通於「本質」與「見分」的「界地」繫而不定。

③種通情本：謂此「相分」的種子，亦隨「本質」與「見分」而不定。

◎白話翻譯：【帶質有覆通情本】

第七識「末那識」的「見分」以第八識「阿賴耶識」的「見分」爲「相分」，並且執著此爲「我」。其所攀緣的「境」，雖然有「本質」，但是於其上添加「妄情構想」，故屬於「帶質境」。又第七識「末那識」本身沒有「行善」或「做惡」的抉擇力，故屬於「無記性」，但是被「貪、癡、見、慢」四種「根本煩惱」覆蓋，誤把第八識「阿賴耶識」的「見分」執著爲「實我」，障礙「無漏智」生起，故屬於「有覆無記性」。

2.【隨緣執我(1)量爲非(2)】

【註釋】

⑴隨緣執我：第七識「末那識」的作用，是隨著因緣「任運而轉」，不假外力，所以是「隨緣執我」。

⑵量爲非：第七識「末那識」的認識，屬於「非量」。

◆三量：

①現量：「量」爲尺度之意，指「知識來源、認識形式」，及「判斷知識眞僞」的標準。「現量」即「直覺」，乃尚未加入「概念活動」，毫無「分別思惟、籌度推求」等作用，僅以「直覺」去量知色等「外境諸法」的「自相（自性）」。

②比量：謂「比知」之量。即用「已知之因」比證「未知之宗」，以生決定的「正智」。

③非量：指「似現量」與「似比量」，爲錯誤的「覺知」與「推論」。

◎白話翻譯：【隨緣執我量爲非】

第七識「末那識」只隨「因緣」，執取第八識「阿賴耶識」的「見分」爲「實我」，而第八識「阿賴耶識」的「見分」，並非「恆常的實體」，故第七識「末那識」的認識屬於「三量」裡的「非量」。

3.【八大⑴遍行⑵別境慧⑶】

【註釋】

⑴八大：即「八大隨煩惱、八大隨惑」，指恆與「染污心」相應的「煩惱」。計有八種，即：放逸、懈怠、不信、惛沉、掉舉、失念、散亂、不正知。

⑵遍行：即「五遍行」，指周遍於一切「心王、心所」而相應的五種「心所」，即：觸、作

意、受、想、思等五者。

(3)別境慧：「別境」是「五別境」；「慧」是「五別境」中的一種「心所」。「別境」即攀緣各別之境，所生的五種「心所」，即：欲、勝解、念、定、慧。

◎白話翻譯：【八大遍行別境慧】

可與第七識「末那識」一同生起的「心所」，有八個「大隨煩惱心所（放逸、懈怠、不信、惛沉、掉舉、失念、散亂、不正知）」、五個「遍行心所（觸、作意、受、想、思）」，以及五個「別境心所（欲、勝解、念、定、慧）」中的「慧心所」。

4.【貪痴我見慢(1)相隨】

【註釋】

(1)貪痴我見慢：諸惑之體，可分爲「貪、瞋、癡、慢、見、疑」等六種根本之煩惱，稱爲「根本煩惱」。又稱作「本惑、根本惑」，略稱作「煩惱」，與「隨煩惱」對稱。「貪痴我見慢」是指「貪、癡、見、慢」這四種「根本煩惱」。

◎白話翻譯：【貪痴我見慢相隨】

第七識「末那識」還與「貪、癡、見、慢」四種「根本煩惱」相應，形成「我貪、我癡、我見、我慢」相隨而不捨離，簡單的說，就是「我執」。

5.【恆審思量(1)我相隨】

【註釋】

(1)恆審思量：這是「八識」中，第七識「末那識」的性質。亦即歷經三世，無有間斷，審查一切事理而思慮量度之意。於「八識」之中，獨有第七識「末那識」有此作用；第八識「阿賴耶識」雖亦有「三世無間斷、恆常相續」的性質，可是沒有「分別思慮」的作用；第六識「意識」雖然能夠「審查思量」，可是有「間斷」，故無「恆義」；「前五識」則有「間斷」，又不具「分別審思」的作用。

◎白話翻譯：【恆審思量我相隨】

第七識「末那識」既「恆常」又「審細」，即不斷執取第八識「阿賴耶識」的「見分」為「自我」。

6.【有情⑴日夜⑵鎮⑶昏迷】

【註釋】

⑴有情：舊譯為「衆生」，即「生存者」之意，指「一切衆生」。

⑵日夜：表示「生死」。

⑶鎮：是「常」的意思。

◎白話翻譯：【有情日夜鎮昏迷】

一切「有情衆生」，都日夜恆常處於有「我執」的「迷惑狀態」之中，而不得醒悟，這是第七識「末那識」的「業識作用」。

7.【四惑⑴八大⑵相應起】

【註釋】

⑴四惑：指「我貪、我癡、我見、我慢」等四個「根本煩惱」。

(2)八大：八個「大隨煩惱」，指恆與「染污心」相應的「煩惱」。計有八種，即：不信、懈怠、放逸（即放縱欲望而不精勤修習諸善之精神狀態）、掉舉（指心浮動不安之精神作用）、昏沉、失念（指對於所攀緣境及諸善法不能明白記憶之精神作用）、散亂、不正知（即不符合佛教教義之認識）。

◎白話翻譯：【四惑八大相應起】

「四惑（我貪、我癡、我見、我慢）」以及八個「大隨煩惱（不信、懈怠、放逸、掉舉、昏沉、失念、散亂、不正知）」常與第七識「末那識」相應而起。

8.【六轉(1)呼爲染淨(2)依】

【註釋】

(1)六轉：即「六轉依」，「前六識」對第七識「末那識」而言，稱爲「六轉識」，「轉依」即轉捨「下劣之所依」，而證得「勝淨」者。

(2)染淨：指「染法、淨法」之並稱，「染」即「煩惱汙穢」之義，是「無明之法」。「淨」即「遠離煩惱」，「清淨」之義，是「法性之法」。

◎白話翻譯：【六轉呼爲染淨依】

「六轉識」的「染、淨」，全受第七識「末那識」的影響，故稱第七識「末那識」爲「染淨依」。在「唯識學」上，以第八識「阿賴耶識」爲「本識」，「前七識」通稱「轉識」，因爲「前七識」都是由「本識」轉變生起。「前七識」雖然同稱「轉識」，但是彼此之間又有「相生爲依」的關係。

例如：第六識「意識」以第七識「末那識（意根）」為所依，第六識「意識」得以生起；「前五識」又以第六識「意識」為所依，「前五識」得以生起。因此，「前七識」對「本識」而言，稱為「七轉識」；「前六識」對第七識「末那識」而言，稱為「六轉識」，這是以「前六識」的「染淨轉易」而說的。因為，「前六識」的「轉染轉淨」，全受第七識「末那識」的影響。

9.【極喜初心⑴平等性⑵】

【註釋】

⑴極喜初心：「極喜」是「十地」中，「初地歡喜地」的異稱；「初心」是登入「初地歡喜地」入心。

⑵平等性：第七識「末那識」轉為「下品的平等性智」。

◎白話翻譯：【極喜初心平等性】

「初地菩薩」見道的時候，稱為「歡喜地」。登入「十地」中的「歡喜地」，「分別我執」已經斷除，第七識「末那識」於此時轉為下品的「平等性智」。這是第七識「末那識」在修行階位中，依「無漏種子」轉識成智的情形。

10.【無功用行⑴我恆摧】

【註釋】

⑴無功用行：指「十地」中的第八地「不動地」。

◎白話翻譯：【無功用行我恆摧】

「菩薩」修行第七識「末那識」，到達第八地「不動地」之後，才進入「無功用」之用。亦即

不要用「功夫」來控制，自然的除去「俱生我執」，第七識「末那識」轉爲中品的「平等性智」。此時，「人我相」恆常的被摧滅，不復增長。

11.【如來⑴現起他受用⑵】

【註釋】

⑴如來：指證覺的「佛陀」，爲佛的「十號」之一，卽佛的尊稱。梵語的「如來」，可分解爲「如去」和「如來」二種，若作「如去」來解釋，爲乘「眞如之道」，而往於「佛果涅槃」之義，故稱爲「如去」；若作「如來」來解釋，則爲由「眞理」而來，而成「正覺」之義，故稱「如來」。「佛陀」卽乘「眞理」而來，由「眞如」而現身，故尊稱「佛陀」爲「如來」。

⑵他受用：「如來」所示現的「三身相」，有「自性身、受用身、變化身」三種。「受用身」有「自受用」和「他受用」之別，「他受用」卽由「平等智」所示現的微妙淨功德身，爲住「十地菩薩」所現之身。

◎白話翻譯：【如來現起他受用】

「菩薩」修行至「十地」圓滿，到達「佛位」，第七識「末那識」才轉爲上品的「平等性智」，此智可變現「如來」的「他受用身」和「他受用土」。這種「他受用身」，是「神通妙用」所變化而成，專爲「利他」而起用。

12.【十地菩薩⑴所被機⑵】

【註釋】

⑴十地菩薩：就是第十地的「法雲地菩薩」，謂「菩薩」至此「第十地」，修行功滿，唯務化利衆生，大慈如雲，普能陰覆，雖施作利潤，而本寂不動。

⑵被機：「被（ㄆㄧ）」是蒙受；「機」是「機宜」爲依據當時情況處理事務。「被機」是爲「地上菩薩」示現及說法。

◎白話翻譯：【十地菩薩所被機】

「如來」以「他受用身」和「他受用土」，爲「地上菩薩」示現及說法，令各獲得諸利樂事。

（四）第八識頌

性唯無覆五遍行，界地隨他業力生，二乘不了因迷執，由此能興論主諍。
浩浩三藏不可窮，淵深七浪境為風，受薰持種根身器，去後來先作主公。
不動地前才舍藏，金剛道後異熟空，大圓無垢同時發，普照十方塵剎中。

1.【性唯無覆⑴五遍行⑵】

【註釋】

⑴無覆：即「無覆無記」，若以「道德」之性質爲準則，「一切諸法」可大別爲「善、惡、無記」等三大類。其中，「無記」是指「非善非不善」，不能記爲「善業」或「惡業」之法，又可分爲「有覆」與「無覆」兩種。「無覆無記」即指不覆障聖道的非善非惡之法。

⑵五遍行：「唯識家」所立六位心所（遍行、別境、善、煩惱、隨煩惱、不定）之一。指周遍於一切「心王、心所」而相應的五種「心所」，即「觸、作意、受、想、思」等五者。

於「無覆無記」，它只與五個「遍行心所（觸、作意、受、想、思）」一同生起。

◎白話翻譯：【性唯無覆五遍行】

第八識「阿賴耶識」屬於「非善非惡」的「無記性」，而且不會障礙「無漏智」的生起，故屬

2.【界地⑴隨他業力⑵生】

【註釋】

⑴界地：卽「三界九地」，「三界」指衆生所居之欲界、色界、無色界；「九地」又稱「九有」，是「有情衆生」居止的世界，可分爲「欲界、色界、無色界」等「三界」。依「禪定三昧」的深淺，「色界、無色界」復分爲「四禪天、四無色天」，與「欲界」，計立九種「有情之住地」，稱爲「九地」或「九有（九種生存）」。「九者」卽：欲界五趣地（地獄、餓鬼、畜生、人、天）、離生喜樂地、定生喜樂地、離喜妙樂地、捨念清淨地、空無邊處地、識無邊處地、無所有處地、非想非非想處地。

⑵業力：「善惡之業」有生起「苦樂果」之力用，稱爲「業力」。一切「苦樂之果」皆因「業力」所致。

◎白話翻譯：【界地隨他業力生】

隨著「前六識」造業的力量，不斷的生起和積聚「善惡業力」，第八識「阿賴耶識」就跟隨著「善惡的業力」，引發本身的功能，一生又一生的流轉於「三界九地」之中。

3.【二乘⑴不了因迷執⑵】

【註釋】

(1)二乘：「乘」爲「運載」之意。運載「衆生」度「生死海」之法，有二種之別，故稱「二乘」。「小乘法」分爲「聲聞乘」與「緣覺乘」二種：

①直接聽聞「佛陀」之教說，依「四諦理」而覺悟者，稱爲「聲聞乘」。

②不必親聞「佛陀」之教說，是獨自觀察「十二因緣」之理，而獲得覺悟者，稱爲「緣覺乘」。

(2)迷執：「迷惑」和「執著」。

◎白話翻譯：【二乘不了因迷執】

「聲聞乘」與「緣覺乘」二乘行者，因爲「迷惑」和「執著」，只知道有「前七識」，不了解還有第八識「阿賴耶識」。他們只證到「空」，不曉得第八識「阿賴耶識」的實際體用。「空」與「有」，都只是第八識「阿賴耶識」功能的作用，而「二乘」只「觀空」，認爲就是究竟。其實，是他們「執迷不悟」的緣故所致。

4.【由此能興論主諍(1)】

【註釋】

(1)諍（ㄓㄥˋ）：是「爭執」的意思。

◎白話翻譯：【由此能興論主諍】

因爲「佛陀」住世的時代，不曾說過第八識「阿賴耶識」，所以「聲聞乘」與「緣覺乘」二乘行者迷惑執著，不承認第八識「阿賴耶識」的存在，導致引起大、小乘「論師」的爭執辯論。

5.【浩浩(1)三藏(2)不可窮】

【註釋】

(1)浩浩：廣闊宏大。

(2)三藏（ㄘㄤˊ）：此「三藏」，並不是指「佛學」的「經、律、論」三藏，而是指第八識「阿賴耶識」有三種大功能：「能藏、所藏、執藏」，即：

①能藏：謂第八識「阿賴耶識」善於自體中，含藏「一切萬法」的「種子」。

②所藏：指現行「熏種子」義而說，亦即第八識「阿賴耶識」爲七識「末那識」轉識熏習「諸法種子」的場所。

③執藏：謂第八識「阿賴耶識」恆被第七識「末那識」妄執爲「實我、實法」，故又稱爲「我愛執藏」。

◆三藏（ㄗㄤˋ）：又稱作「三法藏」。「藏」，意謂「容器、穀倉、籠」等。指「經藏、律藏、論藏」。是「印度佛教」聖典的三種分類：

①經藏：佛所說的經典，上契「諸佛之理」，下契「衆生之機」；有關「佛陀教說」的要義，皆屬於「經部類」。

②律藏：佛所制定的「律儀（僧侶遵守的戒律和立身的儀則）」，能治「衆生之惡」，調伏「衆生之心性」；有關佛所制定教團的「生活規則」，皆屬於「律部類」。

③論藏：對「佛典經義」加以論議，化精簡爲詳明，以決擇諸法性相；爲「佛陀」教說進一步的發展，而「後人」以殊勝的智慧，加以組織化、體系化的「論議解釋」，皆屬於「論部類」。

◎白話翻譯：【浩浩三藏不可窮】

第八識「阿賴耶識」有三種大功能：「能藏、所藏、執藏」，有如浩瀚汪洋一般。過去的「諸法種子」，持而不失，是「能藏」的功能；現在受「諸識」所熏習，「現行」生「種子」，這是「所藏」的功能；第八識「阿賴耶識」「能見」的功能，爲第七識「末那識」所執，認以爲「實我」，故稱「執藏」。

因此，「識體」具此持種受熏，執以爲我，令「無邊有情」無始相續，輪轉的體用，實在是甚深廣大而不可窮盡。

6.【淵深七浪⑴境爲風⑵】

【註釋】

⑴七浪：第八識「阿賴耶識」，譬如是「大海」，而「前七識」就像是「海水」所起的浪濤。

⑵境爲風：第八識「阿賴耶識」如「大海」，淵深不可測；而「色、聲、香、味、觸、法」諸境如「風」，「境風」鼓動，生起「七識波浪」。這比喻「前七識」，爲「外境」所轉，起惑造業。

◎白話翻譯：【淵深七浪境爲風】

第八識「阿賴耶識如深淵大海，而「色、聲、香、味、觸、法」諸境如「風」，「境風」動則生起「前七識」波浪。這是比喻我們的「前七識」，爲「外境」所轉，起惑造業。

7.【受薰⑴持種⑵根身器⑶】

【註釋】

⑴受薰：即「薰習」，又稱作「熏習」。如人以「香氣」「薰附」衣服，染淨「迷悟諸法（特指『身、口、意』三業；『業』即『行爲』。）」之勢力，薰附殘留在我們「心識」上的作用，即稱爲「薰習」。依據「大乘唯識宗」的說法，「薰附」之「能薰法（其身口意所現者）」爲「現行」，「受薰附」的「所薰法」爲「心」，「薰附作用」能在「所薰之心」上，留下「殘氣、習慣、餘習（習氣）」等諸「種子」。「唯識宗」以「七轉識」的「現行」爲「能薰之法」，而以第八識「阿賴耶識」爲貯藏「種子」的「所薰處」。此「所薰、能薰」之關係，即爲第八識「阿賴耶識」因果相續之理。

⑵持種：「持」是「拿、握」之意；「種」是「種子」之意。「持種」就是「攝持種子」，「種子生現行」的種子，是「能藏（能持）」，「現行薰種子」，就是「所藏（所持）」。這是指第八識「阿賴耶識」攝持「萬法種子」而說的。如同「穀類」等，由其「種子」所生，「色法（物質）」與「心法（精神）」等，一切現象亦有其產生的「因種」，稱爲「種子」。「唯識宗」將「種子」攝於第八識「阿賴耶識」中，稱爲「內種子」。「內種子」是指其「生果功能」而言，爲「現行諸法（現在所顯現的諸現象）」薰習於第八識「阿賴耶識」中，而形成一種特殊的「習性」者，故又稱爲「習氣」或「餘習」。

⑶根身器：指「根身」和「器界」。

①根身：由「四大」和合而成的「根身」，即「眼、耳、鼻、舌、身」的「五根身」，是第八識「阿賴耶識」中的「色法種子」所變現。原來第八識「阿賴耶識」所攀緣的，是「根身、種子、器界」三類色法，「種子」是識中的「潛在能量」，「根身、器界」是從這個

「潛在能量」變現出來的。

②器界：器界卽物質世界，佛經上稱之爲器世間，此亦第八識色法種子所變現，如上節所述。

◎白話翻譯：【受薰持種根身器】

第八識「阿賴耶識」接受「前七識」熏習，攝持種子，就是第八識「阿賴耶識」能夠執持「過去的種性」，變爲「現在的現行」；「現在的現行」，「受薰」以後，又變成「未來的種性」，這些「過去，現在、未來」的「種子」，都藏持在第八識「阿賴耶識」裡，使之不散失，以及變現「根身」和「器界」。

「根」指「六根（眼、耳、鼻、舌、身、意）」，「身」指「四大（地、水、火、風）」，「器界」指「物質世界」。「根身」所產生的「精神作用」，與「器界」所產生的「物質世界」，都由第八識「阿賴耶識」的功能產生而來。

8.【去後來先⑴作主公⑵】

【註釋】

⑴去後來先：「去後」是人死亡之後，在「八識」中，第八識「阿賴耶識」是最後離開身體的「心識」；「來先」是人投胎時，在「八識」中，第八識「阿賴耶識」是最先進入「母體」的「心識」。

⑵主公：「主公」是古時臣對君的稱呼，比喻在「八識」中，第八識「阿賴耶識」是「輪迴」的主體及「業力」的載體。

◎白話翻譯：【去後來先作主公】

於一期「生命結束」時，在「八識」中，第八識「阿賴耶識」是最後離開身體的「心識」。當另一期「生命開始」時，第八識「阿賴耶識」又是最先投入「受精卵」中的「心識」。第八識「阿賴耶識」作爲「輪迴主體」及「業力載體」，貫穿一期又一期的「生命輪迴」。

人將死時，「前五識」先停止作用，「意識」進入「獨影境」，「第七識」陷於昏迷。等到「前七識」都不起作用，在眞正死亡的那一剎那，「第八識」最後離開。

胎兒在成胎的一剎那，必須「父精」、「母血（卵）」，與「中陰身」所附帶的第八識「阿賴耶識」，三緣和合才能「成胎」。在八個識中來講，「前七識」還沒有發起作用以前，第八識「阿賴耶識」最先來。

因此，「三界」有情的「衆生」，之所以會有「生死」的狀況，是以第八識「阿賴耶識」作「主人公」。

9.【不動地前⑴才舍藏⑵】

【註釋】

⑴不動地前：指在「十地」裡的第八地「不動地」之前的第七地「遠行地」。

⑵舍藏：捨去第八識「阿賴耶識」之名。

◎白話翻譯：【不動地前才舍藏】

「菩薩」修行到第七地「遠行地」圓滿之後，進入第八地「不動地」之前，「俱生我執」斷除，才捨去第八識「阿賴耶識」之名。「我執種子」一捨，「眞如佛性」就顯現出來。

10.【金剛道⑴後異熟⑵空】

【註釋】

⑴金剛道：亦名「無間道」，謂菩薩修行，達將成佛時，先起「金剛喻定（指如金剛一般堅利之定）」，此定觀智明利堅強，能斷「所知煩惱」二障種習，堅固無上，猶如「金剛」，故名爲「金剛道」。以此破「俱生法執」，而成「無上正等正覺」。

⑵異熟：卽「異熟識」，爲第八識「阿賴耶識」的異稱，是「因果業報」的主體。「唯識家」以第八識「阿賴耶識」是由「善惡業」所薰習，以「業種子」爲「增上緣（是一切有爲法生起或結果之間接原因，凡有強勝之勢用，能成爲他法生起、結果之助力者。）」而招感「異熟果」，故稱「異熟識」，爲第八識「阿賴耶識」的果相。

◎白話翻譯：【金剛道後異熟空】

「菩薩」修行到了「十地圓滿」，「金剛道」出現後，「因果」的「行相（指各『心王』及『心所』所具有的『認識作用』或『所映現的影像狀態』。）」空了，一切「習氣」斷除，「異熟識」亦捨去。

11.【大圓⑴無垢⑵同時發】

【註釋】

⑴大圓：卽「大圓鏡智」，卽指可如實映現「一切法」的「佛智」。種「佛智」，如「大圓鏡」之可映現「一切形像」，「密教」稱爲「金剛智」。依「唯識宗」所說，成佛以後，「煩惱」卽轉變爲「智慧」。此種「智慧」可分四種，其第四種，卽第八識「阿賴耶識」，

轉變爲「清淨智」，此即「大圓鏡智」。

(2)無垢：「垢」爲「煩惱」的異稱，指「污穢心」的「垢物」；「無垢」指離「煩惱」之「清淨」，又稱作「無漏」。「煩惱」有多種，如「貪、瞋、癡」之「三垢」，「惱、害、恨、諂、誑、憍」之「六垢」等，爲妨礙實現「覺悟」的一切精神作用。

◎白話翻譯：【大圓無垢同時發】

第八識「阿賴耶識」轉爲「大圓鏡智」，而「無垢識」亦同時生起。第八識「阿賴耶識」究竟轉爲「大圓鏡智」，這是「果相」轉；而「因相」的「一切種子」，盡成爲「無漏智」，故名爲「無垢識」。此「無垢」的成就，「大圓鏡智」因之而發起。

12.【普照十方(1)塵剎(2)中】

【註釋】

(1)十方：爲四方、四維、上下之總稱。即指東、西、南、北、東南、西南、東北、西北、上、下。佛教主張十方有無數世界及淨土，稱爲十方世界、十方法界、十方淨土、十方剎等。又其中之諸佛及眾生，則稱爲十方諸佛、十方眾生。

(2)塵剎：「剎」爲「國土」之意。「塵剎」，謂多如「微塵數」的「無量世界」。

◎白話翻譯：【普照十方塵剎中】

以此「大圓鏡智」，普照十方的「無量世界」。

國家圖書館出版品預行編目資料

看懂中國及藏傳佛教／呂冬倪著. --初版.--臺中市：白象文化事業有限公司，2023.12
面； 公分
ISBN 978-626-364-139-6（平裝）
1.CST: 佛教史 2.CST: 藏傳佛教 3.CST: 中國
228.2 112016124

看懂中國及藏傳佛教

作　　者　呂冬倪
校　　對　呂冬倪
發 行 人　張輝潭
出版發行　白象文化事業有限公司
412台中市大里區科技路1號8樓之2（台中軟體園區）
出版專線：（04）2496-5995　傳真：（04）2496-9901
401台中市東區和平街228巷44號（經銷部）
購書專線：（04）2220-8589　傳真：（04）2220-8505
專案主編　李婕
出版編印　林榮威、陳逸儒、黃麗穎、水邊、陳媁婷、李婕、林金郎
設計創意　張禮南、何佳諠
經紀企劃　張輝潭、徐錦淳、林尉儒、張馨方
經銷推廣　李莉吟、莊博亞、劉育姍、林政泓
行銷宣傳　黃姿虹、沈若瑜
營運管理　曾千熏、羅禎琳
印　　刷　基盛印刷工場
初版一刷　2023年12月
定　　價　400元